# 礼仪常识
# 全知道

夏志强⊙编著

中国华侨出版社
北京

**图书在版编目（CIP）数据**

图解礼仪常识全知道 / 夏志强编著 . —北京：中国华侨出版社，2016.12
ISBN 978-7-5113-6564-4（2020.8 重印）

Ⅰ.①图… Ⅱ.①夏… Ⅲ.①礼仪 – 通俗读物 Ⅳ.① K891.26–49

中国版本图书馆 CIP 数据核字（2016）第 294769 号

## 图解礼仪常识全知道

编　　著：夏志强
责任编辑：姜　婷
封面设计：冬　凡
文字编辑：徐　云
美术编辑：张　诚
插图绘制：圣德文化
经　　销：新华书店
开　　本：720mm×1020mm　1/16　印张：28　字数：530 千字
印　　刷：三河市华成印务有限公司
版　　次：2017 年 5 月第 1 版　2021 年 6 月第 4 次印刷
书　　号：ISBN 978-7-5113-6564-4
定　　价：75.00 元

中国华侨出版社　北京市朝阳区西坝河东里 77 号楼底商 5 号　邮编：100028
法律顾问：陈鹰律师事务所
发行部：（010）88893001　　　传　真：（010）62707370
网　　址：www.oveaschin.com　　　E－mail：oveaschin@sina.com

如果发现印装质量问题，影响阅读，请与印刷厂联系调换。

# 前　言

　　礼仪是人类为维系社会正常生活而要求人们共同遵守的最起码的道德规范，它在人们长期共同生活和相互交往中逐渐形成，并且以风俗、习惯和传统等方式固定下来，是个人、组织外在形象与内在素质的集中体现。对于个人来说，礼仪是思想道德水平、文化修养、交际能力的外在表现，在个人事业发展中起着举足轻重的作用。它提升人的涵养，增进与他人的了解沟通，对内可融洽关系，对外可树立形象，营造和谐的工作和生活环境。对社会来说，礼仪是一个国家社会文明程度、道德风尚和生活习惯的反映。自古以来，中国就以礼仪之邦著称，中国人更以修炼成彬彬有礼的君子为追求，在我们这个被儒家文化浸染数千年的中华民族，礼仪已经如血液一般渗透在人们生活的方方面面，以至于在生活中，人们往往靠礼仪方面的短暂印象来判断一个人是否值得交往、一个企业是否值得合作。在与世界各国、各民族交往的过程中，如果双方不懂对方礼仪，人与人之间就无法交流，企业也没法合作。翻开人类的历史，礼仪贯穿在文明传播与传承的整个过程。

　　礼仪是通过人们的具体行动和一些程式化的行为和语言表现出来的，可以说，我们日常生活中的任何一个角落，只要有人存在，就不能没有礼仪。礼仪就像空气一样无所不在，不可或缺。孩子们在学校或者参加生日聚会时需要遵守礼仪；成人上班或者陪客户外出就餐时需要遵守礼仪；开车、到国外度假或者筹备婚礼，同样需要遵守礼仪。事实上，当你翻开日程记录时，会发现在各种场合和交流过程中都需要遵守一定的礼仪。因此，在现代社会中，礼仪作为一套规范性的程式、一种文化，约束和支配着每个人的一切行为，它能调节人际关系、减少冲突、化解矛盾，也能凝聚情感、增进友谊、促进合作，不仅适应了时代的发展，而且还促进了个人的进步和成功。难怪越来越多的大企业家、外交家、形象设计专家都站出来自信地向我们宣传礼仪的魔力。

　　学习礼仪能塑造个人乃至集体的完美形象，礼仪周全的人和企业就会得到社会的认可与尊重。礼仪就是在点滴之处影响着人们的生活，也改变着人们的命运。日常生活中讲礼仪，就能创造和谐；职场上讲礼仪，则铺平坦途；商场上讲礼仪，能赢得商机……懂得礼仪的人收获信誉、人脉、财富、成功，不懂礼仪的人则损失多多。面对同等水平的竞争者，人们更愿意把机会给予更懂礼仪的那一个。从一定程度上来说，对于个人与机构，礼仪是成功的催化剂。没有礼仪，就没有人生和事业的成功。

俗话说"礼多人不怪"，懂礼节，遵循礼节，不仅不会被别人厌烦，相反还会使别人尊敬你、认同你、亲近你，无形之中拉近了同他人的心理距离，也为日后合作共事创造宽松的环境，使事情向好的方面发展，取得良好的结果。相反，若不注重这些常识问题，犯了"规矩"，就可能使人反感，甚至会使关系恶化，导致事情朝坏的方向发展。所以，在把握原则问题的前提下还应注重礼节，并尽可能地遵守这些礼节，才能确保事情的正常发展。正因为礼仪在人际交往中具有不可忽视的作用，有时甚至决定事情的最终结果。所以，在现代社会，任何人都不能轻视礼仪，都应学习礼仪、讲究礼仪，一个不懂礼仪、行为鲁莽的人只会在这个社会上处处碰壁、遭遇难堪。

为了帮助广大读者提高礼仪修养，掌握工作和生活中必知的礼仪常识，我们精心编写了这本《图解礼仪常识全知道》，内容涉及仪容礼仪、仪态礼仪、服饰礼仪、寒暄礼仪、称呼礼仪、握手礼仪、名片礼仪、介绍礼仪、日常交往礼仪、交谈礼仪、电话礼仪、书信与邮件礼仪、拜访与待客礼仪、办公场合礼仪、面试场合礼仪、职场人际交往礼仪、商务与公务礼仪、送礼礼仪、舞会礼仪、宴会礼仪、会务场合礼仪、婚寿丧礼仪、应对媒体礼仪、涉外涉教礼仪、校园礼仪、游览观光礼仪等方面，无所不包，篇幅短小而精悍，内容全面、通俗、实用性强，关注细节，关注成败，体贴入微，适合当今快节奏生活的人群阅读，让你真正对礼仪规则做到心中有数，在各种交际场合游刃有余。衷心希望你能在阅读本书后有所启发，在生活中灵活掌握和运用，在实践中不断提高礼仪方面的修养，让自己的举止显得更加自信和得体，使人际交往更加顺利。

# 目录

# 第二十九章　出行与游览礼仪 ·········································· **375**

# 第一章
# 仪容礼仪

## 塑造一个清新爽朗的形象

生活中有许多人穿脏兮兮、皱巴巴的裤子，有时候还故意在衣服上剪几个洞；男性留络腮胡，女性留爆炸头；头发尽可能地让它乱去，鞋子尽可能地让它破去，手和脸也顺其自然地让它们灰扑扑的，似乎这就是"潇洒"。

这真是大错特错。我们常人不修边幅，应该说是对自己不够尊重、对别人的不尊敬。况且我们不可能总出入于摇滚音乐会、舞会、狂欢派对等场合，在大多数时间和场合，还是让自己的形象清新爽朗比较好。

**温馨提示：**

□ 衣服和鞋脏了要及时清洗、擦拭，衣服破了要及时修补，实在不能穿了要及时扔掉。

□ 头发脏了要及时洗，长了要及时理，乱了要及时梳。

□ 勤洗澡、勤换衣，保持身体和服饰的清洁自然是非常重要的。

## 丰富自己的表情

许多明星的标志性表情是严肃、冷漠。如果你觉得面无表情就是酷，那你的观点绝对是错的。明星的酷是一种包装策略，是一种风格。目的是用精心设计的"面无表情"来传达多元化的流行信息，塑造令人难忘的演艺形象。

无论别人说什么、做什么，都无视别人的身份和与自己的亲疏关系，一味以"面无表情"来应对，并自诩为"酷"，真是太辜负"礼仪"二字了。

**温馨提示：**

□ 路遇熟人、与人见面时要微笑，与人交谈、争论时表情应缓和。即使有激烈争论，也不要过于冷酷。

□ 拜访师长、应邀访问、接待客人时，表情要丰富而热情、柔和。

□ 当众讲话时，表情要随着发言的内容做相应变化，不要一个表情做到底。

## 笑容要适度

舞台剧和搞笑题材的电影中，夸张的笑容随处可见。我们并没有感到突兀和生硬，反倒觉得如果不这样笑，剧情就无法淋漓尽致地得到展现，人物的个性就难以得到突出。

有人可能想，笑容夸张一些会显得自己更热情、乐观，于是就把"放大"的笑容运用到日常生活里去。打招呼时，边笑边飞速眨眼；见到老熟人或上司，立刻笑得恨不得把嘴巴咧到耳朵后面；别人讲了个大家听过无数次的笑话，其他人都礼貌地呵呵一笑，他却哈哈大笑，甚至捶胸顿足。

在日常生活中，夸张的笑容只能使人显得虚伪。笑，这种美好的表情，只有适度，才能真正发挥其礼仪效果。

## ◇ 微笑时要分清场合和对象 ◇

微笑是人类最美的表情，它传达尊重、爱、友好、期待、赞许。但如果滥用，或者在不适当的时候绽放，就免不了让人感到莫名其妙。

别人都这样了，她居然还笑得这么开心！

别人在难过需要安慰的时候，你却露出微笑，会让别人觉得你没有同情心，甚至是在幸灾乐祸。

一个人在葬礼上微笑，别人会以为他居心不良。参加葬礼应该表情严肃，至少不应该露出笑容。

所以说，只有在必要的场合、面对合适的对象，微笑才能体现出对别人的尊重。

**温馨提示：**

□ 笑的时候，露出上排八颗牙齿即可。

□ 笑的时候，声音不要刺耳、拖长，和自己平时说话的音量相当即可。

□ 笑的时候，身体不要前仰后合，做出上气不接下气的样子，除非别人的笑话真的有这种威力。

## 发型要与年龄相匹配

一个正上中学的女生烫着大波浪；一个年过30的女性梳着一翘一翘的小辫子；一个中年男性留着在年轻人中流行的寸头，在额前留几根刘海，并将其染成炫亮的金色。无论从外表上给别人的印象，还是从尊重别人的角度，这样做都是失礼的。

发型与年龄不相称，会使人觉得你是在故作老成或"装嫩"，是不能清楚地认识自己、不能准确为自己定位的表现。

发型与年龄不配，即使头发主人的发型很美观，也会让人见笑。

**温馨提示：**

□ 年轻人的发型适宜清新、阳光、时尚、有个性的风格。

□ 中年人发型适宜干净利落、稳重大方、有职业感的风格，头发不宜过长。

□ 老年人发型应体现出稳重感，并适当显得年轻。

## 发型要与职业相匹配

不同的职业，人们的发型特点不同，我们甚至能从一个人的发型大致判断出他的职业。

餐饮服务业的女性，多半是高马尾或盘发；专业理发师的发型通常会与众不同。男性军人中间，我们还没看到过有谁留长发。然而服装模特、车模等职业女性，发型以长发居多。教师职业虽然没有规定女性不准留长发，但留或短或长的爆炸头则是不符合从教标准的。

发型不符合职业形象，不与职业合拍，就会显得另类、缺乏合作精神，有桀骜不驯、不懂规矩之嫌。

**温馨提示：**

□ 运动员、车间工人、厨师、露天作业的人，可以选择短发。

□ 演艺界、艺术界的人士发型可以经常变换，从而突出个性、引领潮流。

□ 公务员、白领、服务人员的发型不宜夸张，男性不宜留长发，女性不宜留披肩发。

# ◇ 发型要与服饰相匹配 ◇

发型不配服饰，款式再新颖的服饰都无法现出应有的光彩。当你无法以一个整体和谐的形象出现在别人面前时，这本身就是对别人的不敬，你自然也难以在短时间内赢得别人的欣赏。

男性穿西服时，适合留有绅士味道的短发，而不适合留有摇滚味道的乱发、长发、彩发。

女性穿旗袍时，适合盘发，不宜留马尾和披肩发。

不过女性在平常穿衣时的发型就可以随意一些。

穿礼服时，男性和女性的发型都应以端庄、保守为基本准则。

## 使用发胶要适量

头发是人仪表礼仪中很重要的一环，它在一定程度上左右了别人对你的第一印象。头发整洁、自然与否，在应聘、出席重要活动、会见贵宾等场合的意义格外重大。如果发胶使用过多，头发会显得油腻、不自然；如果发胶香精的含量较大，头发上散发出来的气味会使头发主人显得庸俗不堪。有人为过分追求定型效果，原本顺滑的头发被过多的发胶粘连成片，从而缺少光泽，显得僵硬死板。

**温馨提示：**

□ 头发本身较油的人，要格外控制发胶类美发用品的使用量。

□ 发胶过多时，可以用干净的干毛巾或干纸巾覆在头发上轻拍蘸取。

□ 使用发胶时，要分多次涂用，一次一点点。

## 一只耳朵只能戴一个耳环

一只耳朵上戴多个耳环不合礼仪。

有些职业是不允许戴耳环等耳饰的，比如电信行业的女性服务人员、空姐。在传统礼仪中，耳朵上的饰物应当成对佩戴，也就是一只耳朵上戴一个。

女军人穿军装、女性穿套装和礼服时，不能只戴一只耳环或一只耳朵上戴多个耳环。时尚男性只能在非工作场合、非正式场合佩戴耳环，并且只能戴在左耳上。如果男性两只耳朵都戴，在西方会被误认为是同性恋者。

**温馨提示：**

□ 耳饰一定要配合脸形、肤色、气质，还要迎合所处环境。

□ 在工作场合中佩带的耳环、耳钉等耳饰，不宜选用造型夸张、色彩耀眼、不停发出响声的类型。

□ 残损的、陈旧的、有脏污的耳饰不宜佩戴。

## 画眉要与眼睛相配

"眉目如画"，讲的就是眉与眼的相互配合展现出的和谐。眉毛画得不与眼睛相配是化妆的失败，同时也是仪表礼仪上的失败。

画眉不配眼睛，你的妆容会给人以做作、虚假之感。妆容给人的印象会自然地影响到别人对你人品和交际能力的印象，尤其是在初次交往的情况下，你不妥当的眉妆很可能让你失去与别人交往的机会。

**温馨提示：**

□ 画眉时，应根据眼睛的形状、大小以及瞳孔的颜色进行。

□眉毛要顺着眼睛的走向画。眼睛上挑，眉毛也要画得上挑。

□圆脸适合化稍粗的、眉头位置略低而眉尾上提的眉形，长脸适合化看起来平直的眉形，方脸适合化眉尾稍微延长、眉峰不显突兀的眉形。

## 小心将胭脂涂抹成两团"高原红"

胭脂，又叫腮红，是女性化妆的一大法宝，白里透红的肤色可借助它来打造。但如果使用不当，两团"高原红"只能让美丽变成别人口中的笑话。

职业女性涂两团红脸蛋，无法展现专业形象，更会让人怀疑你的身份。举办婚礼时新娘涂两团"高原红"，众人会疑心你抗议结婚。年轻女性如此打扮，显得粗俗、没教养；成熟女性如此打扮，会让人觉得媚俗、心理扭曲。

如果你不想成为任何场合的交际活动中受到排斥的人，就不要盲目地使用胭脂。

温馨提示：

□胭脂的颜色和涂抹方法要与脸形和肤色相配。

□胭脂要和眼影、口红的颜色一致，至少要和口红是同一色系。

□胭脂的用量要根据年龄和自身腮红的面积来调整，不能随意使用。

## 女性出席正式场合必须化妆

"素面朝天"是一种姿态，也是一种风格，代表着朴素和真实。但对于面部有明显瑕疵且要参加大型活动的女性来说，不化妆就出席是一种失礼。

女性出席正式场合一般都要穿正式的套装或礼服，搭配质地精良的首饰、合适的发型。

如果女性出席正式场合而不化妆，会使其在所有的参加者中黯然失色，且与环境极不相称。恐怕连她自己环视众人后，也会为自己没有精心打扮而后悔。

温馨提示：

□出席白天的大型活动时，女性化妆要自然，以淡雅为佳。

□出席夜晚的活动时，妆容可以浓艳一些。

□女性出席正式场合时化妆，总的原则是必须符合本人气质和所参加活动的性质。

## 化妆要与个性相符

化妆除了应该符合年龄、肤色等因素，还应该符合个性。

温柔优雅、行事稳重的女性化艳丽的浓妆，给人的感觉像戴了一张面具。同样，个性泼辣、风风火火的女性化清淡的妆容，难免让人觉得是"假扮淑女"。化妆不符合个性，对私人交往与工作中的交往都难以起到积极作用。化妆必须符合本人的个性才可以。

**温馨提示：**

□ 性格豪爽的人，适合化线条简洁明朗的妆，以突出干练而智慧的特点。

□ 性情温柔的人，适合化淡雅柔和的妆，可展现稳重大方的特点。

□ 性格活泼、喜好运动的人适合化暖色调为主、亮丽的妆，以突出亲和力。

## 化妆要与年龄相称

化妆而不考虑自己的年龄是不对的，这样不仅不美，还涉及待人接物时的礼仪问题。

化妆不符合年龄，容易分散别人的注意力，使对方不自觉地将目光更多地投入到你的古怪妆容上，从而对你的社交乃至人际关系起到负面作用。

三十岁的女性不能学二十岁的女孩化粉嫩妆容，二十岁的女孩更没有必要效仿中年女性化浓艳的妆容。化妆的目的是扬长避短，如果执意无视年龄而化妆，则很难恰当地展示自我的风貌，反而可能惹出笑话。

**温馨提示：**

□ 少男少女除了演出等特定场合外，应尽量保持自然的容貌，不宜化妆。

□ 年轻女性适合化有透明感的自然淡妆。

□ 中老年人可以化稍浓的妆，但不宜使用色彩鲜艳的彩妆。

## 化妆要与职业相称

"淡妆上岗"是很多职业对女性员工的要求。淡妆既达到了修饰自己的目的，又避免妆痕太明显而影响工作中的人际交往，是一种恰到好处的礼貌。然而相当一部分女性"坚持自我"，让别人一眼就能被她的妆容吸引住——当然是不合适的妆容。

教师、销售人员、医生等工作者化浓艳的妆容，会让别人质疑其工作态度和能力；晚会主持人化过于清淡的妆容，会让人疑心其心情不好，或者其他方面出了什么变故。化妆不合职业要求，就是对自己工作的不负责。

**温馨提示：**

□ 职业为服务业的人应该化淡妆。

□ 在娱乐场所就职的人可以适当化浓妆。

□ 无论什么职业，化妆都应遵循职业要求。

# ◇ 根据场合选择化妆 ◇

化妆只想到适合自己，却不去想是否符合场合，是不合礼仪的。妆容符合场合既是对在场者的尊重，也是对自己的尊严、形象、品位和亲和力的肯定。

在家中接待客人、日常生活中拜访友人、外出旅游时，适合化亲切自然的淡妆。

在工作场合，或者去见客户，适合化清新大方、体现职业色彩的淡妆。

参加正式的舞会或宴会，适合化浓妆。而参加严肃的场合如葬礼，化妆应尽可能地素淡，唇膏和眼影都要涂暗色的。

# 妆容要与服饰相协调

化妆不与服饰相协调，也是不合礼的。

穿一身华贵的粉色真丝礼服，却涂了深棕色的唇膏和眼影，这会让你的妆容与服装的色彩严重冲突；佩戴贵重的黄金首饰，却化显得很"居家"的淡妆，这会让人怀疑你首饰的真假；穿着休闲装逛街，却化了很浓的妆，这会让人觉得你的整个外表很怪异。

妆容与服饰不协调，就无法体现出整体的和谐；带着与服饰风格迥异的妆容与别人交往，会给人以难以接近、缺乏共同语言的感觉。

**温馨提示：**

□ 穿居家服、运动衣，饰物少而简单时，适合化淡妆。

□ 穿工作服，佩戴简单而精致的饰物时，适合化职业妆。

□ 穿礼服、西服，佩戴华丽贵重的饰物时，适合化色彩明艳的浓妆。

# 聚会过程中要注意及时补妆

在活动量大、人多、容易出汗的聚会场合，如舞会、宴会，当你的脸色变得像经历风雨的墙壁一样斑驳，当眼影晕开、粉底不再伏贴时，面对面与你交谈的人，多半会难以接受这样的脸。如果你又坚持不补妆，那就简直是对别人审美的"伤害"。

妆容残损不仅令自己仪表失色，同时会给别人留下不修边幅、不够自尊自爱、做事不够勤快的印象。残妆在脸上停留时间越久，给别人的负面印象越深。

不只是聚会场合需要补妆，工作场合中，特别是一些负责接待工作的人员，因为事关单位形象，所以及时补妆是非常重要的。

**温馨提示：**

□ 一定要随身携带化妆包，常备眉笔、眼影、唇膏、粉底、腮红、指甲油，随时都可用来救急。

□ 补妆时要根据妆面的残损程度进行。如果残缺较少，只局部补妆即可。

□ 吃饭、喝水、运动出汗或者短暂睡眠、躺卧后，一定要及时检查妆容，及时补妆。

# 女性化妆不可片面追求"一白遮百丑"

"肤如凝脂"是中国传统美人的标准之一，俗语又说"一白遮百丑"，因此很多女性将白作为化妆成功的标准也就不足为奇了。其实这种认识是有失偏颇的。如果女性这样化妆，则很容易出错。

中国人是标准的黄皮肤，过白的肤色反倒显得不健康、不自然。带着在别人看来有病态之嫌的妆容与别人交往，对方一方面会觉得你的品位、审美能力有问题，一方面会觉得你不懂得与他人沟通、固执而狭窄，否则你怎么会特立独行地以这种"石灰脸"示人呢？从礼貌角度而言，没有人会觉得你这样出现在众人面前是得体的表现。

**温馨提示：**

□使用美白类化妆品时，应事先选用适合自己肤色的产品。

□女性化妆时，应根据自己的肤色进行适当的调整和美化，以免显得虚假。

□涂粉质化妆品时，应避免涂得过于厚重、单调。

## 女性化妆时要顾及脖子和耳朵

提到化妆，人们很少想到脖子和耳朵。

女性脸色粉白却暴露着黑黄的脖子，难免令人反胃。脸上涂化得白里透红，脖子也涂得和脸部色泽一致，但暗淡的耳朵一定会点破你"天生美肤"的谎言。肤色不匀却不注意在化妆时照顾脖子和耳朵，一方面会显得"脏"，另一方面会显得你不细心、抱有侥幸心理。

女性化妆，一定不要忽视了"边边角角"的阵地。

**温馨提示：**

□在脸上涂粉底之后，一定要同样给脖子施粉，力求颜色均匀、与面部色泽一致。

□要随时注意耳朵上是否有皮屑、耳垢，一定要及时清理。

□化妆时应在耳廓和耳垂上涂适量胭脂。

## 不对他人的化妆评头论足

不要非议他人的化妆。

非议妆容漂亮、身份较高的人的化妆，别人会觉得你嫉妒心强；非议妆容不得体、身份普通的人的化妆，别人会认为你刻薄、以取笑他人为乐；非议外地人的化妆，别人会觉得你有排外心理、太过好奇；非议与自己有矛盾的人的化妆，会让人觉得你有报复心理。

由于文化、肤色等差异以及个人审美观的不同，每个人化的妆都不可能是一样的。一个懂得尊重别人和尊重自己的人，是不会随便对他人的妆容品头论足的。

**温馨提示：**

□无论别人的妆容如何，都不应非议。

□男性尤其不应该非议女性的化妆。

□当别人的化妆不妥时，应在了解对方的前提下私下善意地提醒对方。

# 喷洒香水要适量

香水的味道可以改变一个人的形象。但如果香水用过了量，它对人的形象所起的作用，将不是美化，而是丑化。

在社交场合使用过多香水，别人会尽可能地与你拉开距离。在餐桌上使用过量的香水，会使就餐气氛受到破坏，引发"公愤"。在办公室、会议室、谈判室等严

◇ 化妆、补妆时要尽量避开人 ◇

很多女性常在办公室里、餐桌上、火车上等公众场合当众化妆、补妆，这是有失礼貌的。

化妆、补妆要到专门的化妆间或者洗手间。实在没有条件，也应尽量避人。

我呀，是用……

你今天的妆真好看，怎么化的呀？

不要在工作岗位上与别人讨论化妆品和化妆技巧，商务人员、公务员等职业女性更应注意。

除了化妆之外，其实当众梳理头发、频繁照镜子也是不合适的，应该尽量避免这些行为的发生。

肃场合过量使用香水，会令别人质疑你的专业素质和专业精神。喷洒过量的香水乘坐轿车、乘电梯、挤公交车，香水很容易与狭窄空间里的汗味等其他气味混合，从而形成难闻的气味，令人避之不及。

在任何时候使用过多的香水，都会让人觉得你不够谦虚谨慎，容易给人以太过炫耀自我的感觉。

温馨提示：

□ 判断香水是否过量的标准是它的气味会不会散发到两米以外。

□ 使用的香水应该与你所在场合的气氛相符。应使用化学成分较少的香水。

□ 与对香水过敏的人接触时，最好不使用香水。

## 仪容要与言行相配

在大街上走着一个衣饰精致、妆容雅致的女孩，路人正暗自赞叹她的美丽优雅，不料她一张口就吐出一串脏字；某明星的仪容堪称典雅，但面对提出一个棘手问题的记者大动肝火，接连做出威胁和鄙视的动作。这样的人，是不是辜负了自己的一身打扮？

如果你的仪容是"贵族"级别，言行举止却是"小市民"级别，在工作场合，你将难以获得重要的工作和职位；在社交场合，你不仅难以得到新朋友，连老朋友也可能失去。

温馨提示：

□ 在任何时候面对别人，都不应当吐脏字、说粗俗不堪的话、开恶俗的玩笑。

□ 穿庄重的礼服时，行为举止一定要端庄大方，避免挖鼻孔、随地吐痰等不雅的行为。

□ 任何时候，都应当善待自己的妆容和服饰，不要随处乱坐，拿袖子当抹布或者将手机、打火机等拿在手中把玩不止。

## 女性穿衣服要松紧适宜

仪表美是礼仪的重要方面。衣服上露出内衣的线条，使身体呈现出令人惊讶的"沟沟坎坎"，不能说是符合礼仪的行为。

穿成肉粽的你，如果身份是服装行业的业务员，联系业务时，对方一定会怀疑你所在单位"审美"的眼光和"创造美"的能力；如果作报告，台下的听众一定在看到你的第一眼就否定了你的内涵和实力；如果你身为一名教师，讲课期间，学生们大概会把注意力更多地放在研究你内衣的款式和形状上。

温馨提示：

□ 女性在任何时候和任何场合都不要穿会在身上勒出痕迹的内衣，型号适中

# ◇ 谨慎借用他人的化妆品 ◇

使用他人的化妆品，从卫生角度来讲，这样是很不可取的；从礼仪方面来讲，如果你把别人的化妆品当公用品借来使用，也是错误的。

我今天忘记带化妆盒了，用一下你的吧。

这都第三回借化妆盒了，真是不想借啊。

化妆品是个人用品，它和牙刷一样，是不能混用的。个人的化妆盒相当于私人领地，你擅闯"禁区"，即使人家嘴上不说，心里也是不愿意的。

早就说了不要随便用我的化妆品，会互相感染的！

我的脸上都起痘痘了。

借用他人的化妆品容易导致皮肤的交叉感染，对别人和自己都不好。同样，自己的化妆品也不要随便借给别人用。

不知道多少人用过了，得把表层去掉才行。

使用商场的化妆品试用装之前，或者在影楼拍照时，最好用干净的棉棒或卸妆棉将受过污染的表层剔除。

才好。

▫ 女性不要穿过紧的贴身裤子、外套、窄裙。

▫ 大一号的衣服或者款式较为宽松的外衣可以弥补身体赘肉明显突出的缺点。

# 避免在公共场合照镜子

不少爱美的人，特别以女性居多，任何时候、任何场合都不放过欣赏自己的机会：在大街上、在汽车上、在办公室里……丝毫不顾及别人的侧目。

在马路上照镜子，你可能会被人误认为"不良女性"，因此而招来麻烦也未可知；在空间狭小的火车、汽车上照镜子，你理所当然地成为众目睽睽的对象；在办公室里照镜子，遇上领导推门进来，结局可想而知。

**温馨提示：**

▫ 不要在办公室桌面上摆放自己的化妆品和小镜子，上班时间也不要取出来当众揽镜自顾。

▫ 如果担心自己脸上有污渍或饭粒，出门前就应该处理好；如果工作期间担心自己化的妆变"花"，可以在休息时间到化妆间或卫生间处理。

▫ 在公共场所，要克制自己当众对镜自我欣赏的念头，应把"自恋"的情绪转移到工作等其他方面。

# 杜绝当众整理内衣

正行走着，发觉内衣的肩带滑落了，看看别人都行色匆匆，于是赶快停下整理；正在公司参加会议，突然感觉内衣勒得自己不舒服，心想自己没有坐在第一排，于是赶快伸进衣服去放松；正在家中接待客人，突然感到内衣位置偏移，以为在自己家里随便点没什么，于是急忙伸手去调整。面对这样的人，真不知道该让自己的眼睛放在哪里好。

在正式场合不加掩饰地整理内衣，会给人以粗俗之感；在工作场合当众整理内衣，会给人以邋遢、愚蠢之感；在长辈或领导面前整理内衣，会有轻浮之嫌；在异性面前整理内衣，会有发出性暗示之嫌。即使面对小孩和同性，整理内衣也是自毁形象的做法。

**温馨提示：**

▫ 穿用品质好、保险系数较高、不易变形和移位的内衣。

▫ 整理内衣之前，先找到卫生间或能暂时独处的场所。

▫ 出门前，先检查内衣有无松动、脱线、脱钩等问题，不给它们以在公众场合出现的机会。注意保持正确姿势，也能防止内衣移位。

# ◇ 杜绝经常用手整理头发的习惯 ◇

　　不时用手拢一下头发，从前向后抚一下头发，或者干脆在头上挠几下，这种镜头常常在各种场合出现在我们眼前，然而这种行为是有失礼节的。

　　出门前将头发梳理好。如果有风雨天气，可使用发胶给头发定型。整理头发时要避人，要在卫生间等场所私下整理。

　　及时修剪头发、清洗头发，避免头发脏污、发痒，不要养成总是用手摸头发、捋头发、搔头发的习惯。

　　头发是你自己的，你的仪表和举止却是给别人看的，想要给别人留下一个好的印象，就要时刻注意这些小的细节。

# 第二章

# 仪态礼仪

# 站立时不可趴伏倚靠

站姿能体现一个人的风貌，也能毁了一个人的形象，能促进交际的成功，也能加速交际的失败，就看你是否懂得站姿对于礼仪的意义。

站立时趴伏倚靠，显得无精打采、心不在焉，给人的印象要么傲慢、目中无人，要么是懒惰、没有主见。教师讲课，站立的时候趴伏在讲台上，一定会让学生难以提起精神；礼仪培训师培训时仰身靠在椅背上，必然难以令人信服其职业的水平；演讲者发表演说时站立在台上背靠墙壁，无疑会令现场气氛沉闷。站立时趴伏倚靠，很容易使别人产生不快。

## ◇ 站立不可歪斜 ◇

"站如松""玉树临风""亭亭玉立"，从这些形容词中，我们能想象出优美的、笔挺站立的姿态。如果歪斜着站立，你必定与这些美好的形容词无缘。

站立时，身体肌肉要自然紧张，同时略微放松，不要僵硬，身体要自然挺直，收腹挺胸。

站立时不能低头，头和肩不歪斜，更应避免站立时在手中拿取私人物品把玩或者有其他小动作。

歪斜站立，本身就传达出一种不恭敬的态度，任何人都不会对这样姿势的陌生人产生信赖感和与之交往的渴望。

**温馨提示：**

□ 站立时，身体应自然挺直，不倚靠任何桌椅、墙壁等物。

□ 站立劳累时，可稍事走动或坐下休息、找人替换等，但不应随意借力。

□ 站立时，身体不要随意扭动，不要有跺脚、踏步、抖腿等小动作。

## 落座时只坐椅子的前端2/3

自己就座时把整张椅子都坐满，也许这样很舒服，但却是不合适的。

把椅子坐满的话，身体必然是紧靠椅背的，并且稍微后仰，这种姿势看起来很慵懒，也显得有点自负。如果接待客人时这样坐，客人会因为感到受了轻慢而不快；做客时这样坐，主人会因为你的过于随便而感到不快；招聘时这样坐，你可能会把一个很优秀的人才气走；参加面试时这样坐，你可能会被一个很难得的老板"判处死刑"。

在家里独处，或与很熟悉的亲朋私下交谈，坐满椅子不算失礼。但面对不太熟悉的人，或者身处公共场合、工作场合、社交场合时坐满椅子，既是对他人的不敬，也是对自己形象的不负责。

**温馨提示：**

□ 面对客人、主人，或在较为正式的场合，坐椅子前端的 2/3 即可。

□ 半躺半坐、身子歪斜、身体大幅度前倾，双腿乱抖，也都是不雅的坐姿。

□ 坐在椅子上时，不要把脚架在椅子扶手上或用力向下、向后缩在椅子下面。

## 女性落座应双腿并拢

男性张腿而坐无可厚非，因为这种坐姿使男性显得很有气势、很自信、很豪迈。女性张腿而坐，就是大大的不雅了。

女性穿裤装时张腿而坐，容易给人以倨傲张狂的印象，面对长者张腿而坐是藐视，面对异性张腿而坐是暧昧的暗示，面对晚辈张腿而坐，长辈的威严尽失。女性穿短裙时张腿而坐容易露出内裤、长筒丝袜的袜口和大腿，有损形象。女性公务员、商务代表在公众场合如此就座，连同自己单位的面子都会丢掉。

**温馨提示：**

□ 女性落座时，不要紧靠椅背而坐，背部与椅背之间应至少有一拳的距离，上身要端正，背要挺直。

□ 女性落座时，两腿应紧并，两膝相抵并拢。双腿也可叠放，但是不能把脚尖翘起来，更不能冲着别人。

□ 女性落座时，不要把手夹放在两腿之间，也不要搓弄衣角，自然叠放在膝盖上即可。

## 下蹲时应避开人流

你正在走廊里匆匆赶往会议室，对面的一位同事走着走着突然直冲着你蹲下去，让你躲避不及，差点扑到对方身上。此时的你，一定会感到这个同事很讨厌。你正在办公室的椅子上坐着看文件，下属突然面对着你蹲下来，捡拾落在地上的文件，头部正好抵着你的腿。此时的你，一定会感到很不自然。你正在图书市场的书摊前低头看书，一个陌生人突然背对着你下蹲，硕大的臀部距离你的脸不到两尺。此时的你，一定会感到很恼火。

下蹲时如果不避人，就很容易出现各种冒犯他人的结果，于人于己都不方便。几个人同时下蹲，如果不避人还容易引起彼此碰撞。

**温馨提示：**

□ 下蹲时，应尽量从别人的侧面下蹲，不要直冲别人或正背对别人下蹲。

□ 不要在人流拥挤的地方突然下蹲。

□ 在别人面前下蹲前，应礼貌地事先声明，以免对方起身或行走时猝不及防。

## 结伴走路时步伐速度要与大家一致

一行人结伴而行，大家都保持相距不远的距离，唯独你一个人，把大家远远地抛在后面，或者慢吞吞地跟在大家看不见的后面。这种表现显然是社交礼仪所不允许的。

陪同上级领导参观、视察时脱离队伍，别人会以为你目无领导，这次接待必然失败；和同事或朋友出游时脱离队伍，别人会以为你自私自利，大家无形中会与你疏远关系；别人引导你游览观光时脱离群众，别人会觉得你辜负他的好意，感到失望和尴尬；在陌生的野外结伴而行时脱离队伍，别人会担心你的安全，无意间给大家带来心理负担。

无论在什么情况下，从众人同行的行列中脱离出来都是一种令人反感的行为。

**温馨提示：**

□ 结伴行进时，步伐不要太快或太慢，应与同伴们保持一致。

□ 结伴出行时，不要只考虑自己的需要，而应处处以大多数人为行动的参照对象。

□ 有必要先行一步或稍后赶上时，一定要礼貌地提前和大家打招呼，并随时保持联系。

## 走路时不可用鞋底蹭着地面

脚蹭着地面走路，就是拖着鞋走路、鞋底不离地面。这样走路，即使再调整姿态也不会美观。

与朋友约会，拖拉着鞋、蹭着地面走，别人难免把注意力从对你的了解上转移到你的脚下；接待访客，对方难免私下认为你这样的姿态太不尊重人；洽谈业务，也许很好的一单生意就被你贴着地面的鞋子蹭丢了。脚蹭着地面走路，人会显得邋遢、散漫，没有魄力，还让人有不受尊重之感。

**温馨提示：**

□ 走路时，一定要把脚掌抬起来，但不要抬得太高而不自然。

□ 走路时，即使穿拖鞋也要把脚和鞋抬起来。

□ 走路时，不要歪歪斜斜，而要走直线。

## 走路昂首挺胸

走路不抬头的人，是因为思索呢，还是因为心中有愧，或者是因为疾病而不抬头？无论什么原因，低头走路都是不合礼仪的。

走路的时候不抬头，就不能看到前方，只能根据脚下的情况前进。这样一来，很容易走错方向或妨碍别人。低头走路会给人一种不自信的印象，如果你在招聘人员的注视下低着头走进面试考场，主考官一定不会优先考虑你。低头走路还容易使认识你的人误解你的动机，当你和一个低头走路的熟人相遇，是不是会很自然地疑心他是故意不想和你打招呼呢？

走路不抬头，如果再加上步伐迟缓，则越发有损仪态。

**温馨提示：**

□ 走路时应昂首挺胸，自然地抬头，但不要傲慢地扬着下巴。

□ 走路时表情要自然、从容。

□ 走路时跳着走也是不合礼仪的。

## 走路时要抬头目视前方

"走马观花"是很多人的习惯，尤其是到了旅游胜地，边走边看、目光四处投射再平常不过。但是，如果你养成走路时东张西望的习惯，就会让别人习惯不了。

假设你和一个人面对面行走，如果你东张西望，对方就不太清楚你会向哪个方向走，再假设你走路速度快一些，对方就会很担心与你相撞；假设路边有人在交谈，你东张西望的姿态会使对方误认为你在偷听；假设你路遇领导，领导借同路的时机向你交代一项任务，你的表现会使领导误以为你心不在焉。

**温馨提示：**

□ 走路时目光应该直视前方，不要任何时候都像观光一样四处张望。

□ 路上遇到异性，不要盯着对方看，以免别人误会。

□ 走路时可适当将目光投到别处，但要控制频率，目光要自然。

# ◇ 走路姿态要适应场合 ◇

　　行走姿态是判断一个人仪态是否优雅大方的重要标准，仅走姿美还不够，同时适应场合才算过关。

　　参加宴会、典礼时，走路要昂扬自信，步伐轻捷端庄。

某某同志追悼会

　　参加葬礼时，走路要沉痛缓慢，体现出对逝者的尊重和哀思。

　　平常散步，或者游览时，走路要从容悠闲，宜慢不宜急。

　　人们在不同环境里的走姿必须能够"融入环境"才合乎礼仪。

# 不可在人多的地方奔跑

在人多的地方奔跑不礼貌。

首先，在人多的地方奔跑会给行人带来麻烦，如果撞到别人，不仅节省不了时间，反而会浪费时间。其次，在人多的地方奔跑会使自己风度尽失，乱了的头发、发红的脸，不会让看到你的人感到愉快。再次，在人多的地方奔跑会给自己带来麻烦，如果是在商场、店铺里，奔跑者很可能会被误以为是盗窃或打架，如果被人扣住询问，岂不平添尴尬？

**温馨提示：**

□ 在人多的地方行走，要注意避让车辆和行人，避免横冲直撞；撞到别人一定要马上道歉。

□ 在人多的地方行走时，不要东张西望，举目四顾，女性这样做尤其不雅。

□ 在人多的地方行走，应尽量走在路的右侧，不和别人抢行。

# 女性要避免在散步时吸烟

女性有吸烟的权利，但不分场合地抽烟是不应该的。

散步时吸烟必然会污染身边的空气，别人不得不与你"同呼吸，共空气"，强迫别人吸你的"二手烟"，自然不是礼貌之举。散步时吸烟，女性无意中呈现出颓废、放肆的姿态，这种消极第一印象很容易使别人打消和你交往的念头。若女性散步的范围是在酒店、影院等娱乐场所的门口，则容易给别有用心的异性以可乘之机。

不只是在散步时，女性在任何公众场合吸烟都不是值得肯定的行为，应该竭力避免。

**温馨提示：**

□ 女性在社交场合吸烟，必须先征得在场人们的许可，尤其是征得长者的许可。

□ 女性吸烟后，要及时清除身上残留的烟味，清洁口腔和手，避免牙齿发黑和手指变黄。

□ 与人交谈时，不要叼着烟说话。

# 女性穿裙装时不可随意下蹲

女性当众下蹲本来就已经很失礼，有损形象，更不要说穿容易"走光"的裙装随意下蹲，这简直就是给自己的形象泼脏水。

女教师在课堂上随意下蹲，损害的不仅仅是自己的形象，更是老师的形象；女主持人在舞台上下蹲，她的举动会引发出负面的娱乐新闻。女性穿长裙随意下蹲，飘逸之美顿失；女性穿短裙下蹲，无意间会给偷拍者制造机会。

　　无论如何，女性穿裙装随意下蹲都是极其缺乏礼貌的表现。在公众场合，即使自己面对的只有一个人，女性也应避免穿裙装随意下蹲。

**温馨提示：**

□ 穿长裙下蹲时，不要让裙角拖地，应适时挽一下。

□ 穿短裙下蹲时，两膝要靠近并拢，可采取一膝稍高于另一膝的高低式蹲姿。

□ 女性穿裙装下蹲时，动作应缓慢、从容。

## ◇ 下蹲时要注意姿势 ◇

　　东西掉了，鞋带开了，别人的东西散落在你脚边，这些非蹲不可的时刻下蹲时，你是否注意过自己的姿势呢？

在公共场合，应尽量避免用下蹲的姿势休息，同时也不要在公共座椅上下蹲。

捡拾东西时，不要距离很远就开始弯腰下蹲。下蹲时，应注意保持身体整体的挺拔。

# 第三章

# 服饰礼仪

# 男性不可随意戴首饰

男性首饰丝毫不比女性首饰的品种少，但男性不分场合、不顾身份地随意佩戴首饰还不如不戴。

在商务洽谈会上戴一枚超大的金戒指，客户会认为你故意露富、华而不实；在公务访问中戴一条耀眼的金属项链，别人会认为你作风不严谨；一个股票经纪人戴华丽的领带夹，别人会认为你经不起风险，不可信赖；一名男性中学教师戴粗犷的手链，人们会认为你不具备教书育人的素质。

男性随意戴首饰，也许看起来很漂亮，但不分场合却只能给交际带来负面影响。

**温馨提示：**

□ 公务员、商务人员中的男性不应戴戒指、耳环等首饰。

□ 在时尚媒体或娱乐界工作的男性可以佩戴数量有限的戒指、耳环和项链。

□ 在正式场合，男性可以用精致大气的袖扣、皮带扣来作为装饰。

# 穿着要符合年龄

该穿什么衣服，年龄是一个重要标准。

年轻男性穿设计上毫无特点、特别显老成的夹克，年轻女性穿中老年风格的暗色唐装，会使人觉得矫揉造作。中年男性穿颜色鲜艳的衬衣，中年女性穿年轻女性风格的浅粉色小西装，会给人一种媚俗、轻佻的印象。

穿衣不符合年龄，人就无法恰当地展现出应有的内涵，无法充分地体现对别人的尊重。这是礼仪所不能容许的行为。

**温馨提示：**

□ 年轻人服装的色彩应以明亮轻快为主，中老年人服装的色彩应以素雅庄重为主。

□ 年轻人的服装可以考虑新潮的样式，中老年人的服装应以体现成熟的经典款式为主。

□ 无论在什么场合，中年女性都不宜穿鞋跟过高的高跟鞋、低胸上衣和超短裙。

# 穿着要符合身份

每个人在公众面前都有较为固定的身份，穿着不应该与身份相悖。

一个普通秘书穿得像个老板，就可能在陪老板会谈时被初次见面的客人误认为是老板，从而使三方都尴尬非常；一个律师穿着运动套装，就无法取得别人的信任；一个大学生穿得奢华怪异，就会让人怀疑其人品和生活习气；一个经理穿得邋

# ◇ 体型对服装选择的影响 ◇

形体条件对服装款式的选择也有很大影响。

身材较胖、粗颈圆脸者，宜穿深色套装。浅色高领服装则不适合。

而身材瘦长、颈细长、长脸形者宜穿浅色、高领或圆形领服装。方脸形者则宜穿小圆领或双翻领服装。

身材匀称，形体条件好，肤色也好的人，着装范围则较广，可谓"浓妆淡抹总相宜"。

遍、随意，就会让人怀疑其单位的实力。

衣着是一个人身份的最好说明书。说明书不规范，当然是错误。

**温馨提示：**

□ 穿着不能低于身份，但也不能高于身份太多。

□ 当自己的身份在不同的时间里进行转换时，应该及时改变衣着。

□ 每个人穿衣都应当穿出属于自己的风格。

## 穿着要符合场合

出入不同的场合应该遵循相应的规则。在着装方面，不同场合一样有其规则。

在对着装要求严格的写字楼里办公时穿休闲装，是在向别人暗示自己厌倦工作，公然藐视公司规定；在盛大的晚会上穿牛仔服、职业装，是在表示自己对晚会和参加者的轻视；代表公司参加展销会时穿质量低劣的衣服，无异于向别人表明：我们的产品质量像我们的衣服一样不过关。

穿着不符合社交场合，就无法很好地融入其中并赢得其他人的好感，从而顺利展开交往。

**温馨提示：**

□ 出席严肃场合，着装要庄重大方、中规中矩。

□ 出席休闲、娱乐场合，可以穿得活泼多样。

□ 着装时除了看场合，还要看档次和规模。

## 商务人士不可穿棕色西装

服装的色彩在很多人看来是个人喜好的问题，并不重要。其实，颜色问题并非这么简单，商务人士穿棕色西装就是一个错误。

西装的颜色必须与人的肤色、所处环境相搭配。棕色系的服装不适合亚洲人的肤色，会使人脸上呈现出病态。还有一点，英国人忌讳在正式场合中穿棕色西装，会见英国客人穿棕色西装，显然意味着不庄重。

无论是从塑造自身形象的角度还是从尊重别人的角度考虑，穿棕色西装都是不合适的。

**温馨提示：**

□ 蓝色、灰色、黑色等深色系是西装的经典色彩，素色或暗条纹都可以。

□ 穿灰与蓝色西装时，不要搭配棕色皮鞋。

□ 穿西装时，除了出席重大活动时胸口的口袋可以放装饰性手帕或鲜花，其他场合不要放任何东西。西装上衣两侧及裤子上的口袋也不能放东西。西装上衣胸部内袋可以放不影响西装造型的东西。

# 在正式场合要穿庄重的正式西装

休闲西装款式多样，色彩丰富，能塑造出轻松活泼、有青春活力的形象，但是不能不分场合地穿。

穿休闲西装去谈判，就算你谈判技巧再高，也免不了失败的结局；穿休闲西装做礼仪培训，首先在以身作则方面，你就无法令学员信服，更不要说指导他们了；穿着休闲西装参加葬礼，死者的亲人估计会把你当作捣乱分子驱赶出门。

在正式场合穿休闲西装，既发挥不了休闲西装的作用，又会给别人留下糟糕的印象。

**温馨提示：**

☐ 在办公场合应该穿正式的西装或制服套装。

☐ 在法庭、葬礼等场合，应穿深色、款式正式的西装；在婚礼等庆典场合，应穿浅色、款式庄重的西装。

☐ 在涉外场合，应穿不犯交往对象禁忌颜色的西装或民族服装。

# 男性穿西装不可内衣一层套一层

外着笔挺的名牌西装，从里到外依次是高领内衣、衬衣、毛衫、马甲，如此穿西装是低级错误。

西装的作用在于使人看起来干练挺拔，修饰体型、烘托气质。西装里面如果套太多内衣就无法发挥功能，更无法起到应有的礼仪功用。如果一个西装里面只穿一件衬衣的人和一个西装里面穿了多层的人同时去应聘一个职位，在他们两人实力相当的前提下，招聘方一定会选择穿西装更简洁的那一位。

衣服一层套一层，会给人一种做事很没有条理的直觉印象，这么穿可不会给人好印象。

**温馨提示：**

☐ 穿西装时，至少应该从视觉上尽量减少衣服的层数，比如在衬衣内不穿高领、宽松内衣。

☐ 春秋季节，西装搭配一件衬衣即可。即使是冬天，也不应把毛衫穿在衬衣里面。

☐ 任何季节都不要穿太厚的内衣和毛衣，且颜色不能过于杂乱。

# 西装里面的衬衫袖子要长短适宜

西装是不能配短袖衬衣的，如果你的衬衣袖子太短，容易给人造成穿短袖衬衣的错觉。在正式场合，这是绝对不允许的。

衬衣的袖子如果太短，通常是因为不合身，穿着这样的衬衣举手投足之间容易

# ◇ 穿西装要注意纽扣的扣法 ◇

西装给人一种庄重严肃的印象，因此许多人都以为西装的扣子要规规整整地全部扣上，其实不然。只有双排扣的西装纽扣才需要全部扣上。

西装内穿配套马甲时，应将马甲的扣子全部扣好，西装则不必扣。

只有一颗扣子的西装，扣也可，不扣也可。单排两颗纽扣的西装，可以不扣或只扣上面一颗。

单排3颗纽扣的西装，可以只扣上面两颗或只扣中间一颗，也可以不扣。

总之，任何场合下穿西装应该尽量不要将纽扣都扣上，否则会显得呆板不说，也是不合礼仪的。

出现领子变形、衣服变皱的现象。当你的衬衣因为短小而使胸前的纽扣之间露出皮肤，造成尴尬是必然的。

**温馨提示：**

□ 穿西装时，衬衣的袖口要长出西装袖口 2 厘米左右。

□ 衬衣的经典颜色是白色和淡蓝色，条纹和方格图案均可，但必须线条细小，色彩浅淡。

□ 衬衣的领口要高出西装领口 2 厘米左右。领带不能从西装后面的领子露出来。

## 不可穿着已经磨损的衬衣

衬衣领子上露着多次洗涤而产生的小线头，袖口上露着磨破的小洞，颜色也因为日久而黯淡、不匀，等等。无论如何，穿着磨损的衬衣出现在别人面前都是不礼貌的。

服装是一个人身份和地位的标志。人们习惯于从服装的精致程度来判断一个陌生人是否值得结交。穿旧衬衣，一方面让人感觉你很吝啬，另一方面让人感觉你没有高远的志向，还让人感觉你生活和事业上的状态都不太良好。旧衬衣会向别人暗示：你以为别人不会注意到细节，你会在细节上欺骗别人。

**温馨提示：**

□ 衬衣必须合身，且保持整洁，造型挺括。

□ 即使精心修补也会露出磨损痕迹的衬衣应该丢掉。

□ 平时应准备多件衬衣，及时替换；洗衬衣时应尽量轻柔，减少磨损。

## 穿西装必须打领带

在正式场合穿西装不打领带，也许有的人认为这样会显得轻松、随和，事实上这是很失礼的行为。

法官在法庭上穿西装不打领带，是不尊重法庭和出庭人员的行为；司仪在主持婚礼时穿西装不打领带，是对新人的侮辱；出席高级会议穿西装不打领带，是无知、无视规则的行为。即使在非正式场合，穿正式的西装而不打领带也不算会穿西装。

**温馨提示：**

□ 如果你参加的是娱乐界的典礼，穿的是休闲西装或时装款的西装，可以不打领带。

□ 领带的质地以丝质最佳，图案可选小的点状、斜条纹状、素色等。除非是穿制服，原则上不要使用领带夹。

□ 领带的长度以领带尖不触及腰带为宜，宽度以西装衣领的宽度为参照。

## 不可穿短袖衬衫打领带

穿正式西装时一定要打领带，而穿衬衣时就不一定要打领带。

穿短袖衬衣打领带，在深谙着装之道和社交礼仪的人们眼中，是严重的无知和粗鲁。穿短袖衬衣打领带去见银行家、证券专家，对方会因为你不够严谨而不愿与你合作；穿短袖衬衣打领带去听音乐会，剧院会因为你衣冠不整而拒绝让你入内；穿短袖衬衣打领带去参加要求正装出席的多方会谈，大家会因为你无视规则与惯例而拒绝给你机会。

但如果你所穿衬衣为带领带的制服，则不在限制范围之列。

**温馨提示：**

□ 穿休闲衬衣、花衬衣、立领衬衣时，可以不打领带。

□ 穿硬领衬衣时，无论是长袖还是短袖，都应将下摆束在裤子里。

□ 在非正式场合穿西装不打领带时，衬衣最上端的纽扣要解开。

## 领带的长短要适度

领带款式相宜、色彩大方、系得漂亮，但如果长度出了问题，照样不合礼仪。

从外表形象而言，领带过长或过短都会影响你的整体形象，使你在别人眼中"稍微有点别扭"。领带太短使人看起来不够大度、底气不足，领带太长则使人显得散漫、拖沓，还会使人显得不够果断、缺少魄力。从人际交往的角度而言，领带的长短代表着"分寸"。一个在领带长度上都没有分寸感的人，在别人眼里看来，做事也不会掌握分寸。一个对人对己都严格要求的交际高手，不会愿意与一个连领带长度都把握不好的陌生人交往。

**温馨提示：**

□ 领带的长度以尖端触及皮带扣为宜。

□ 系领带时，应注意宽片和窄片长短的协调。

□ 领带的宽度应该与西装翻领的宽度接近。

## 领带要及时更换

有的人只准备一条领带，每天佩戴，这样做很不恰当。

天天系同一条领带，即使你天天换衬衫和西装，给人的感觉仍然是天天穿同一套衣服，这样，不整洁的形象就进入到别人的心目中了。天天系同一条领带，难免有与西装、衬衣无法搭配的时候，这样会给人留下做事不会规划的印象。

天天系同一条领带就像天天不洗脸，如果你意识到这种错误，就赶快改。

# ◇ 系领带要讲究章法 ◇

出席正式场合胡乱将领带系上，不讲章法，势必会引起别人的侧目和不满。

公务、商务场合常用的领带系法有温莎结、平结、四手结等。

参加酒会等场合或者是穿燕尾服时，应系蝴蝶式领结。

穿休闲式衬衣时，可以使用风格多样的其他系法，以使服装整体显得活泼。

领带的系法从细节上体现出你对所在场合规则的了解和重视程度，也显示出你是否见过世面，是否有涵养、风度，是否对自己重视、有信心。

**温馨提示：**

□ 至少应准备 3 条领带，最基本的是蓝色、红色。
□ 一条领带系过后，应熨好放到隔潮隔热的地方，用领带架悬挂存放，隔三四天再系。
□ 领带出现皱褶、污渍后应当及时更换，出现脱丝而无法弥补时应该让它永久性退休。

## 皮包与服饰要搭配

皮包对经常出入社交场合和公共场合的男性和女性来说，都是必不可少的工具，同时也是重要的装饰品。但如果皮包和你的服装及其他饰品不相配，就是错误的。

女性去同行单位参观访问时拎一个缀满亮片的晚会用包，对方一定会认为她不重视这次访问，而是在走过场；一个银行家提一个尼龙运动包为大客户介绍业务，对方一定会怀疑银行家的真实身份，不放心把巨额资金交给他打理。

皮包质量也许很好，但如果不能与服饰相得益彰同样体现不出礼仪之美。

**温馨提示：**

□ 皮包的设计应该简洁大方，选经典款式而不选流行款式，这样搭配服饰的余地会更大。黑色、深红色、深棕色是最易搭配的颜色。
□ 皮包永远不要塞得鼓鼓囊囊。
□ 皮包也要和衣服、皮鞋一样及时进行清洁保养，不应出现破洞和掉色现象。

## 内衣不可露出外套

人们穿衣，常常不经意间犯下相似的错误：冬天，男性的高领保暖内衣从衬衣领口中露出来，袖口从衬衣袖口中露出来；夏天，女性的内衣肩带从上衣的领口露出来或从短袖上衣的袖口中滑落出来。

男上司给女下属交代任务时内衣露出外套，女下属会缺乏安全感；女主管给下属开会时内衣从外套中露出来，有损自己的尊严；接待外国客商时内衣露出外套，对方会认为本单位不正规、不可靠。

内衣露出外套，对人对己都容易尴尬，应当避免。

**温馨提示：**

□ 应尽量穿贴身、弹性好、隐蔽性高的内衣。
□ 穿西装、职业装时，尽量不要穿高领内衣、高腰衬裤或衬裙。
□ 外出前、见人前，一定要检查自己的内衣是否外露。

## ◇ 穿新衣注意事项 ◇

保留衣服上的商标并不能说明你的服装档次多么高以及你的品位多么非凡，反而会暴露出你的"暴发户"心态，使你更像一个会说话的品牌广告牌。

衣服买来后，首先应该将袖口、领口、裤缝上的品牌标签剪掉。不要故意炫耀自己衣服的牌子。

不必为品牌而买衣服，只要质量好、造型好、符合自己，就可以穿出很满意的效果。

服装的功能是让人的形象更容易被别人接受，而不是为了炫耀它值多少钱。要想体现品牌服装的档次，重要的是让自己的言行举止得体大方，这样才能使服装与人完美结合。

## 不可穿着睡衣逛街

穿睡衣逛街似乎早已经不是什么新鲜事：穿睡衣买菜、临时出门找人，甚至穿睡衣乘公交车或者逛超市。虽然多数都在傍晚或晚上，或者所有这样行动的人都是在办私事，但依然不能否认如此行动是礼仪上的错误。

领导穿着睡衣逛街，被下属看到会大窘；明星穿着睡衣逛街，立刻会成为负面新闻的头条。睡衣是自己居家时室内穿的，与外衣有着本质性不同的适用场合。穿着睡衣逛街，会让别人觉得你太随便、太邋遢，如果你的睡衣过于皱乱不堪且短小，更是对行人眼睛的"伤害"。对于穿睡衣与裸体性质相等的西方人而言，穿睡衣逛街简直不可想象。

**温馨提示：**

□即使有急事出门，也不能穿睡衣示人。

□睡衣只能在家穿，临时性接待客人时应避免穿过于暴露、透明的睡衣。

□借用邻居物品、串门时，最起码也应在睡衣外套上便装。

## 女性穿套裙不可露出袜口

　　女性穿套裙时露出袜口，从着装的整体美观和待人接物中的礼仪两方面来说都是错误的。

　　如果女性腿部皮肤上有瘢痕、汗毛，露出袜口的同时这些瑕疵也容易暴露出来，这是"自爆其短"；如果是故意露出袜口来，就会引起别人的强烈反感和不信任；女性作为知名企业的代表出席公众场合露出袜口，就是企业形象的失败。

### ◇ 女性穿套裙要配长袜 ◇

　　女性穿套裙往往是为了更有气质和修养，或者显示自己干练的一面，这样的着装一定要配长袜，不能选择短袜或者中筒袜。

女性穿套裙时应该穿长筒袜或连裤袜，最好是肉色、净面，不能穿图案夸张、有明显的金银线的长袜。

短袜只适合穿长裤时穿，穿短袜配套裙会让别人质疑女性的素质和修养，更不要说欣赏她的气质了。

女性当众整理丝袜更是无礼的行为。

**温馨提示：**

□女性穿套裙时，丝袜应该足够长，应保证坐下时袜口不被暴露出来。

□女性的丝袜穿好后应该是贴身而无皱褶，应避免穿太松的丝袜，否则很容易
　向下滑落。女性不要穿太短的套裙，裙子的长度应该不高于膝盖10厘米。

□女性穿套裙时对坐立、行走姿势稍加注意，也可以避免丝袜袜口露出。

## 女性不可穿破损的丝袜

当女性的丝袜破损时，它所起到的作用就不是美化和体现优雅庄重，而是起相
反作用。

从仪表上讲，破损的丝袜会使腿部皮肤显露，使整体形象不和谐，如果露出汗
毛，则更是粗俗。从留给别人的印象上讲，丝袜上有破洞和断裂的细丝，这样的女
性起码会让人质疑她的谨慎细心，继而怀疑她的认真负责；穿着破丝袜见人，说明
她不重视与她会面的对象。精细的丝袜本是女性表达对他人尊重的一种载体，丝袜
破了，礼仪也就有了漏洞。

**温馨提示：**

□购买丝袜时，应该挑选韧度和弹性较高的优质丝袜。

□女性上班或外出时应该随身准备一双备用的丝袜。

□破损的丝袜一般不容易修补得无痕，如果破损部位无法遮掩，就必须换掉。

## 丝袜里面不可戴脚链

丝袜里面戴脚链是多此一举，会使女性的得体形象遭到贬值。

女性穿丝袜是为了遮掩腿部缺陷，使腿部看起来美观，更是为了给别人一种清
新、庄重、礼貌的形象。脚链是一种强调腿部和足部美的饰品，且不适宜在正式场
合出现。穿丝袜的同时在里面套上脚链，从装饰角度来说是一种矛盾，使两者的修
饰作用相互抵消；从礼仪角度来说是一种无知。职业女性这样做，说明你关心自己
胜过关心交往对象和工作。

无论什么场合，穿丝袜都不应在里面戴脚链。

**温馨提示：**

□职业女性不应该戴脚链等足部装饰物。

□如果女性的腿部或脚部不够美观，任何时候都不应该戴脚链。

□在适合的场合戴脚链，应该将其戴在丝袜外面且应保证它不发出明显的声音，
　不会刮坏丝袜。

## 配饰要讲究品位

塑料手镯、样式笨重的镀金胸针，诸如此类的配饰都是没有品位的体现。佩戴这样的配饰是错误的行为。

一个戴劣质配饰的人，会让人觉得不诚实；一个戴样式夸张配饰的人，会让人觉得不稳妥；一个戴陈旧、有瑕疵的配饰的人，会让人觉得思考问题、办事不周全；一个戴色彩杂乱配饰的人，会让人觉得浮躁。如果你展现出的形象"级别"很低，那些"级别"较高的人们自然会觉得你不适合与其交往。

如果配饰没有品位，则无法起到积极作用，还不如不戴。

**温馨提示：**

□ 配饰的选择标准是质优、精致、简洁。

□ 配饰的佩戴法则是少而有特色。

□ 配饰的色彩要求是同色。

## 不可在单层袖口的衬衫上别袖扣

袖扣被视为高雅男人的身份标志甚至个性标志。它是衬衫专用饰品，但是不能扣在普通衬衫上。

拥有庞大家族产业的继承人在单层袖口的衬衫上戴袖扣，别人会认为他没有接受良好的教育，更怀疑他能否承担重任；一个衣冠楚楚的、与女性约会的经理人把袖扣装饰在单层袖口的衬衫上，即使他一再暗示自己的身份，也不可能轻易取得对方的信任；一个出席时装界聚会的设计师在单层袖口的衬衫上别袖扣，别人会认为他的职业有待商榷。

袖扣戴错地方只会浪费袖扣的功能。

**温馨提示：**

□ 袖扣只能用在俗称法式衬衫的双层袖口衬衫上。

□ 袖扣适合在出席正式场合、隆重场合时佩戴。

□ 材质精、设计美的袖扣才能起到应有的作用。

## 不可戴劣质或造型特别的手表

戴什么样的手表，可以看出一个人个性上的特点甚至为人处世的习惯。

戴劣质手表不能说明一个人简朴，只能说明他对自己的期望值不高；戴怪异的手表不能说明一个人有个性，却能说明他耐心不足。戴卡通造型的手表，说明这个人幼稚、不够独立；戴花色艳丽的手表和运动手表的人，说明这个人多变。

# ◇ 戴戒指要遵循传统习惯◇

　　戴戒指不单是为了美观和体现身份，还应该考虑不同手指上的戒指代表什么意义，否则就犯了社交礼仪的忌讳。

　　食指上戴戒指，表明正在寻找恋人。

　　中指上戴戒指表示已有恋人

　　无名指上戴戒指表明已婚

　　小指上戴戒指表示独身。

　　戒指一般应戴在左手上，并且戴一枚就足够了。戒指戴得太多有自大之嫌，戒指戴错了手指会引起麻烦。

为了证明你的人品、实力、品位，在最短时间内吸引别人的欣赏，一定不要戴劣质手表和造型怪异、特别的手表。

**温馨提示：**
□要戴经典款式的质量好的精工机械表。
□手表的材质以钢、合金等质地上乘的金属为好。
□手表的首选颜色是黑色，其次是金色和银色。

# 女性戴饰品切忌太多太杂

脖子里挂着珍珠项链、白金项链和玉石吊坠，左手上两个金戒指，右手上一个钻戒，耳朵上分别戴了两个耳钉、两个耳环，手腕上还不忘左右各一串鱼骨手链。这个形象也许有些夸张，但在生活中往身上堆砌饰品的女性随处可见。

饰品戴得多，别人就会感到你爱慕虚荣，喜好修饰和炫耀。既然你的心思全用在了打扮上，工作能力一定欠缺。如果以这样的形象去应聘一个销售公司，结果必定失败；如果参加宴会和典礼，别人会觉得你肤浅而不愿与你接触。

人们不会看好不懂搭配、外表一团杂乱的人，因此，女性千万不要把自己打扮成饰品杂货铺。

**温馨提示：**
□女性不要同时佩戴风格反差很大的饰品。
□首饰可以成套戴，但应该不超过3种，每种应该不超过两件。
□女性佩戴的饰品应该保证同质同色。

# 第四章

# 寒暄礼仪

## 不要随便在路上寒暄"吃了没""上哪儿去"

"吃了没？""上哪儿去？"这两句对于中国人来说差不多已经是具有口头禅性质的招呼语了。不论场合，不分时间，只要是熟人见面，甚至不太熟悉的两个面孔相遇，这两句都会条件反射般脱口而出。在中国人的传统意识中，它们是不需要给出确切答案的问候语，相当于"您好""早上好""下午好"等。

然而把"吃了没""上哪儿去"这两句话用做招呼语是不合礼仪规范的。假如一个人刚从厕所出来，你随口说上一句"吃了没"，太不合理，也太有失文雅。同样，"上哪儿去"也不能随意用，这是干涉他人隐私的行为，特别是你这样问候一个外国人时，对方一定会十分生气。

**温馨提示：**

□ 招呼用语要随时间和场合变化而变换。早晨可说"早上好"，晚上说"晚上好"；遇见出席会议的人，可以说"准备发言吗""会议什么主题"等。

□ 寒暄的内容可丰富多彩，最近看过的电影、热点新闻、公众人物等都是合适的题材。

□ 天气是永远不会过时和出错的寒暄题材，"你好""您好"是放之四海而皆准的招呼语。

□ 寒暄时的话语和表情应该自然而随和。

## 和人打招呼时不能把手插在口袋里

把手插在口袋里打招呼，是轻视别人的表现，是不提倡的。

手插在口袋里和人打招呼时，除了使用语言，就只能使用眼神和头部动作。试想：一个人傲慢地冲你微笑一下，然后点几下头，如此招呼是不是很令你失望呢？没有人愿意理会不尊重自己的人。看似无关紧要的动作，实际上已给别人留下了不懂礼貌的印象。

**温馨提示：**

□ 打招呼时应把插在口袋里的手拿出来。

□ 打招呼时，可以将一只胳膊举起，掌心向外，左右摇晃手掌。你也可以小幅度、有规律地上下屈伸手指，手势要自然。如果是久违的朋友，你可以举起双手，用力挥舞向对方表示招呼。

□ 如果你正在吸烟或吃东西，打招呼时，应该把烟从嘴上拿下来，把食物吃完再说话。

## 晚辈要先向长辈打招呼

打招呼时等着长辈先开口，不用推敲就知道是错误的行为。

尊重长辈是中国的传统美德。路上相遇，上门拜访，长辈已经向你投来问候的目光，你却面无表情，径直走向对方，死活不肯张开"金口"。这于情于理都不合适。等着长辈先打招呼，对长辈而言很丢面子；在别人眼里，你很缺少教养。

无论是因为你觉得长辈不值得尊敬，还是因为你害怕长辈的威严，你的沉默在长辈看来都是示威和轻蔑。如果长辈比较孤独而敏感，你的沉默还可能会对他造成伤害。沉默并不能表达你的问候，因此，见到长辈千万不要不开口。

温馨提示：

□ 除非是在厕所、澡堂等地，在任何时候遇到长辈，晚辈主动问候都是必需的礼仪。

□ 当你偶遇长辈而没有注意到对方时，一定要在发觉后第一时间主动而礼貌地打招呼。

□ 即使你匆忙赶路或有事在身时，也不要忘了主动向长辈热情地招手致意。

## 向别人介绍自己的同伴时只需作简单介绍

向别人介绍自己的同伴是坦诚和礼貌的表现，但事无巨细地详细介绍就不必了。

一个关系一般的朋友和恋人在公园里散步，与你相互打过招呼后，你热情无比地向对方介绍你身边的妹妹芳龄几何、职业如何，对方一定会感觉短短的几分钟"度秒如年"。详细介绍自己的同伴，对于没必要了解、根本不想认识你同伴的人而言是骚扰，对于有事在身的忙人而言是妨碍，对于和你关系一般的人而言是谄媚、讨好。

向别人详细介绍自己的同伴是对双方时间的浪费，这种看似礼貌的举动千万不能养成习惯。

温馨提示：

□ 如果同伴和别人之间彼此没有认识的必要，只简单介绍自己与同伴的关系即可。

□ 正式场合，简单向对方介绍同伴的姓名、单位、职务即可；在社交场合，只介绍同伴的姓名或姓即可。

□ 偶遇的情况下，如果双方距离较远，不必介绍自己的同伴给对方。

## 寒暄要适可而止

寒暄是我们日常见面最平常且简单不过的礼仪，彼此微笑一下，互相说一声"你好"，几秒钟时间已足够。如果你寒暄起来无休无止，问候过"你好"，紧接着又问"你父母好吗""你家的宠物好吗"……必定会让人不胜其烦。

寒暄的作用就是打招呼，表示双方看到彼此了。寒暄的内容无非就是问候彼此，谈谈天气。关系好一点儿的，询问对方最近有何事由、家里亲人如何等，通常不会有实质性内容。无论你与对方关系如何，如果把寒暄变成"废话联播"，你的礼貌就变成了对方的负担。换言之，如果你在路边或门口看到两个人仁立着喋喋不休地寒暄，想必定会感到很滑稽。如果他们的声音很大，你就会为自己受到了干扰而不开心。

寒暄，还是适可而止好。

**温馨提示：**

□ 如果你们以寒暄为切入点，准备开始一场正式的沟通，那么赶快换个地方，以免隐私泄露。

□ 如果是许久不见的人，你可以多说几句，但最好不要超过3分钟。

□ 如果你和对方关系一般，不要询问实质性问题，如询问对方身体是不是不好。

□ 如果对方很匆忙，不要刻意地一定要和对方寒暄，招招手、点点头即可。

## 不可以敷衍的态度应对别人的寒暄

敷衍应对别人的寒暄，等于让别人的热情碰到了寒冰，看来是不值一提的小事，却能反映出一个人是否有修养、懂礼貌。

当你热诚地和一位偶像打招呼，他却做出一副不耐烦的样子，以"哼""哈"来应对你的寒暄，估计你以后再也不会认为他值得尊敬了。如果你很忙，没有时间说话，短暂回应一下对方的问候也是能做到的；即使你身份、地位非同一般，真诚地回应别人善意的问候也是应该的。

将心比心，敷衍应对别人寒暄的行为是不礼貌的。故意躲避想要与自己寒暄的人，也是不应该的。

**温馨提示：**

□ 当别人问候你时，一定要真诚道谢并向对方致以同样的问候。

□ 如果对方地位高于你，你的敷衍会让他认为你对他有成见；如果对方地位低于你，你的敷衍会让他觉得你目中无人。

□ 除非对方真的不礼貌或寒暄起来没有分寸，否则一定不要流露出厌恶、不屑的表情。

## 遇到认识的人要主动打招呼

中国有句话叫"多一事不如少一事"，表现在打招呼、寒暄上，就是看到自己面熟却不熟悉的人就当不认识，一掠而过，也省得认错了人而尴尬。

这么做是不对的。如果对方是你的新朋友，你沉默地从他身边走过，对方会认

# ◇ 不可用碰触他人身体的方式打招呼 ◇

见到别人时用碰触他人身体的方式打招呼，这不是个好习惯。这样打招呼看似亲密，其实很容易引起被接触者和旁观者的反感。

见到好友，猛地在背后拍对方的肩膀打招呼，不仅会惊吓到对方，还可能会让对方生气。

见到女性熟人，面带笑容地用手指捅捅对方的胳膊或用肩膀碰碰对方的肩膀打招呼，对方会觉得你行为暧昧、惹人猜疑。

为你存心不愿与他深交；在电梯里遇上面熟的人不吭声，下次再见面，双方肯定都觉得尴尬而不好相处；在走廊里与一个其他部门的人同行时一声不吭，这短短的几分钟内，足以让你给对方留下顽固而不擅交往的印象。

**温馨提示：**

▢ 如果你在狭小的空间遇到自己认识的人，无论你是否确定他认识你，都应当礼貌地打个招呼。

▢ 如果是在大街上、肃静的公共场合遇到自己认识的人，可以不打招呼，只用目光向对方表示你认识他即可。

▢ 在和自己认识但不熟悉的人打招呼、寒暄时，可以先做简单的自我介绍，以便使对方加深印象。

## ◇ 在别人故意躲避的时候不可上前寒暄 ◇

我们在日常生活中随时都会遇到熟人，随时都可能用到寒暄。但如果别人显然是在回避你，你依然上前寒暄就不合时宜了。

她怎么歪着脸装没看见我啊，我还是别去打招呼了！

当你发觉别人在躲避你时，你应该很自然地假装没看到对方。

原来他有女朋友啊，既然他没有承认过就是不想让别人知道，我还是赶紧走吧。

当你遇到别人不愿让熟人看到的举动时，迅速躲开才是礼貌。

昨天我在超市见到你了，你明明看见我了怎么还走了呢？"

是吗？我没有看到你啊。

如果别人在某一刻或某个地方躲避了你，下次见面时不要提及此事。

# 第五章

# 称呼礼仪

# 不可称呼自己为"某先生／某小姐"

"您好！我是李先生""我是张小姐"……这样的自称听起来很堂皇，却是错误的。

作为上门推销的业务员如此称呼自己，表明他连起码的职业素养都没有；作为参加求职面试的大学生如此称呼自己，表明他缺乏实践经验，待人接物的能力欠缺；作为演员或主持人在公众面前如此自称，表明他严重自恋、虚伪做作。

中国人向来奉行谦恭的态度，称呼自己为"先生"或"小姐"，显然是有违传统礼仪规矩的。

**温馨提示：**

□ 面对长辈、亲朋，可以用自己的名字或小名自称。

□ 向不熟悉的人或通过电话沟通的陌生人进行自我介绍时，应以全名自称，也可以以自己的姓自称，如"我姓李"。

□ 对方是上司或上级领导时，应以全名加职务说明自称，比如"我叫某某，是财务科的负责人"。

# 在非正式场合也不可随意称呼别人

在非正式场合称呼别人并非不需要讲究。

对女服务员称"小姐"，会被对方视为侮辱和调戏；用对方恋人专用的昵称来称呼异性朋友，对方难免认为你有什么企图。在把"小姐"当作某种不良职业象征的地区称呼年轻女性为"小姐"，在把"同志"当作同性恋者代名词的地区称同性陌生人为"同志"，对方一定会生气、恼火。

从你对别人的称呼中，别人考察出你的素质和教养，判断出你对别人的尊敬程度，甚至从称呼中判断你的人际关系。不假思索地使用称呼，既容易造成误解，又可能给自己招来意外的麻烦。

**温馨提示：**

□ 称呼别人之前，应先了解当地习惯，考虑自己和称呼对象的关系。

□ 称呼同事、朋友、邻居、熟人，可直呼其名，或只叫对方名字而省略姓，或以"老谁""小谁"的方式称呼其姓。

□ 在公共场合称呼陌生人，应根据对方的年龄和性别进行称呼，如"女士""先生""小伙子""老伯""大妈"等。

# 在职场上对别人称呼要恰当

在职场上使用不当的称呼是不礼貌的。

初入职场，跟着别人叫同事为"小王"，其实他比你大两岁且资格很老，你这种"自来熟"的称呼一定会令对方不悦。在公司总结会上，莽撞地以私下的叫法"小王"来称呼王总监，这对于王总监本人和你所处的场合来说都是不尊重的。同事已经换了部门了，你却还用对方原来的职务称呼他，如果对方提升了，他会认为你嫉妒他；如果对方降职了，他会认为你挖苦他。

由此看来，在职场上称呼别人不单是凭自己的经验就能让对方满意、让大家满意的，你必须综合考虑自己的身份、工龄、与别人的关系等各个方面，这样才不会出错。

**温馨提示：**

□ 在正式场合可按对方的职务以姓相称，如"某教授""某主任"等，在特别正式的场合应以对方的全名加职务相称。

□ 在对称呼有特定习惯的单位，应按照惯例称呼别人，比如在一些外企中彼此直呼其名。

□ 不要随便使用自创的绰号称呼同事，如果绰号不雅或含有戏弄意味更不能使用。

# 和别人说话要使用适当的称呼

和别人说话不用任何称呼，无论是对熟人还是对陌生人，都不是礼貌之举。

不使用称呼，只是用眼神、动作来告诉别人你是在叫他，有涵养的人会认为你是不好意思或害怕出错而不和你计较，自尊心或虚荣心强的人则会认为你轻视他而明里暗里地责怪你。想向陌生人求助，你突兀地走过去直接表达了你的想法，对方先是会被吓了一跳，接着就会为你的莽撞而不悦，继而不愿意提供帮助。

称呼虽然只有几个字，但它包含了一个人对另一个人身份的肯定和最起码的尊重。只要与人说话，就不能省略称呼。

**温馨提示：**

□ 在任何时候，因为任何原因和别人说话之前，一定要根据其身份礼貌地称呼对方。

□ 不要用"哎"来称呼陌生人，对不太了解的熟人也不要这样称呼。

□ 不要用"胖子""麻脸""稀毛"等别人的生理缺陷作为称呼。

## ◇ 称呼别人要尊重个人习惯 ◇

称呼该如何叫，就像一个人有特殊的爱好，千万不要无视主人的喜好和习惯而乱用称呼。

# 第六章

# 握手礼仪

# 握手要注意场合

握手是一种礼貌，但如果不看场合握手，就不能说是礼貌之举了。

听名人作报告，对方报告完毕，正在喝水解渴，你热情地伸手相握，无疑是对他的不敬；初次拜访别人，对方正在接电话，你迫不及待地与对方握手，显然是对他的打扰；别人双手抱着一堆资料从图书馆出来，你殷勤地伸手与对方相握，明显是给对方出难题；参加社交聚会，看到一个朋友正在和别人交谈，你马上要求握手，一定会被人视为冒犯。

握手不看场合会引起误会和尴尬，因此，握手之前一定要事先"观察好形势"。

**温馨提示：**

□ 与人握手应选择合适的时间和场合。

□ 握手的同时应该看着对方的眼睛，并致以问候。

□ 在餐桌上、厕所里以及别人有事在身时不要与之握手。

# 避免死鱼式握手

握手者伸出的手又凉又湿，像死鱼一样软绵无力，这就是俗称的"死鱼式握手"。虽然这种方式历来被人们所厌恶，却总有人这样和别人握手。

学生和老师这样握手，老师会觉得自己不受尊重；上司和下属这样握手，下属会觉得上司傲慢且没有内涵；应聘者这样和招聘者握手，招聘者会认为应聘者紧张、畏缩；男士与女士这样握手，女士会觉得男士没有魄力，能力欠缺；商人与客户这样握手，客户会觉得商人没有诚意，缺乏热情；记者与采访对象这样握手，被采访者会觉得记者虚伪做作。

死鱼式握手会在引起别人误解的同时，无形中贬低自己的形象和价值。

**温馨提示：**

□ 握手之前，最好先擦去手上的汗。

□ 握手时，手要用力，不要被动握手。

□ 握手时，不要只给对方手指尖。

# 握手不可太用力

握手太用力是不合礼仪的。

与身体孱弱的人用大力握手是一种折磨；与敏感的人用力握手是一种侵犯；与上级握手太用力是一种谄媚；与竞争对手握手太用力是一种示威；与同性握手用力太大是不友好的表现；与异性大力握手是一种暗示。在公众场合握手用力过度是炫耀自己，在私人场合握手太用力是小题大做。

握手太用力，会让你的热情被误解为敌意或恶意，进而为你的交际之路造成障碍。

**温馨提示：**

□ 握手时的力度以不使对方感到紧张为限，可以参考握一个鸡蛋而不至于将其捏碎的力度。

□ 握手时不要紧紧抓住对方的手腕。

□ 握手时轻轻摇晃两三下即可，避免大力摇摆。

# 握手的时间不可太长

遇到多年不见的老相识，握住对方的手就不放；看到自己崇拜的偶像，握住对方的手久久不舍得放开。你这样做也许自以为热情有加，在对方和别人看来却很不礼貌。

## ◇ 切忌戴着手套或墨镜握手 ◇

戴着手套握手不能说明你很讲卫生，正如戴着墨镜握手不能说明你有神秘迷人的气质。这是错误的、不受欢迎的行为。

握手前应该把手套或墨镜摘下，如果有特殊情况，一定要事先说明并道歉。

在社交场合，女性戴薄纱手套与人握手是被允许的。

戴着手套或墨镜握手，别人会感觉不到你的温度，看不到你的眼神，无法感知你的内心，无法相信你的真诚。

握住异性的手长时间不放，会令对方感到自己受到骚扰；即使握住好朋友的手长时间不放，也会令对方心烦。如果你握手的对象有事需要马上去做，或者他周围还有许多人等着和他握手，你这样做便是浪费大家的时间。

不要握着别人的手不放，除非是在私下场合，并且对方乐意这样做。否则，一般情况下握手要避免时间过长。

**温馨提示：**

□ 握手持续 3 秒钟左右就要及时放下。

□ 握手的同时应该露出热情和友好的表情。

□ 握手的同时不要说太多客套话，也不要显得太殷勤、卑躬屈膝。

## 握手的时候应让女士先伸手

握手是表示友好和问候的一种方式，那是否谁先伸手就表示谁更礼貌呢？不一定，如果男士先伸手就是不礼貌的。

在公共场合，如果女性并不打算认识陌生男士，男士先伸手就是为难女性；在社交场合，如果男士先伸手，会给对方留下强势、自大、倨傲的印象；在公务和商务场合，男士先伸手与身份较高的女性握手，对方会觉得你"不知道天高地厚"。

握手时，男性一定要看清情况再伸手，不能贸然先于女性主动伸手。

**温馨提示：**

□ 在社交场合，握手时应由女士先伸手；在公务和商务场合，则应根据职务和身份高低确定谁该先伸手。

□ 握手的原则是尊者先伸手，即长辈、身份高者先伸手。

□ 客人上门时应主动与主人握手，客人告辞时主人应主动与客人握手。

## 握手前应保证自己的手干净

用脏手与别人握手，先把你会弄脏对方手的结果放到一边，这样做起码是不礼貌的。

主人接待访客，用刚打扫过房间的脏手与客人握手，客人会感到你太不重视他；刚上完厕所就与人握手，对方会感到难堪；刚抠完鼻孔就与人握手，别人会感到恶心；医生刚做完手术就与人握手，别人会感到不安全；长辈用脏手与晚辈握手，是对自己身份的贬低。无论你的身份地位如何，与对方的关系如何，用脏手握手都会令对方十分不悦。

用脏手握手，还不如不握手。

**温馨提示：**

□ 握手时应该保证自己的手洁净、干爽。如果所处环境不方便清洁双手，应该告诉对方。

□ 不要戴着手套（女性的薄纱手套除外）或帽子与人握手，也不要跨着门槛握手。

□ 如果接触了潮湿、脏污的物品，握手前要洗手。

# 切忌同时与两人握手

老朋友聚会、同时接待多位客人、演出结束时接受观众的问候……当面对的人员众多时，同时与两人握手似乎能表示自己对握手对象同等的、迫不及待的热情，其实这样做对被握的两个人同样不敬。

同时与两个人握手，便无法很好地与其中任何一位进行交流。如果两人身份较高，他们都会感到受了冷落；如果他们关系不和，他们会以为你别有用心。同时与两人握手，传达给别人的信息是：我没有时间，我对你们每个人都不感兴趣，我和你们握手，只是走过场而已。

同时与两人握手相当于同时对两个人冷笑。如果你不想得罪任何一个人，一定不要那样做。以交叉十字的形式握手被视为不祥，也应避免。

**温馨提示：**

□ 一次只能和一个人握手。

□ 握手时应根据一定次序，如职位、长幼等。

□ 不清楚握手对象的身份、年龄等具体情况时，可按顺时针次序或从距离自己最近的人开始。

# 不可无故拒绝握手

无故不要拒绝握手，否则让别人伸在空中的手放也不是，不放也不是，从而陷入尴尬。

无故拒绝与人握手，别人的第一反应多半是"他是不是看不起我"；名人在签名售书时拒绝与读者握手，就是摆架子；记者采访农民工时拒绝与对方握手，就是身份歧视；颁奖典礼上颁奖者拒绝与受奖者握手，就是暗示对方不配受奖；谈判双方无故拒绝握手，说明彼此缺乏信任；普通职工在接受上级慰问时拒绝与对方握手，就是冒犯上级。依次与一行人分别握手，却拒绝与其中的某个人握手，是公开蔑视对方。

无故拒绝与别人握手，不容置疑是礼仪的失败。

**温馨提示：**

□ 别人提出握手时，应该主动配合并回应。

□ 握手时不可勉强敷衍，而应真诚且力度得当。

□ 需要与一群人握手时，要一视同仁。

## ◇ 握手时应起身站立 ◇

坐着握手是向握手对象暗示你不想和他握手，代表和传达出的是消极态度。

除非你是残疾人，否则应该站起来与人握手，这是对握手对方最起码的尊敬。

年长者或身份较高的女性可以坐着与人握手。

另外，握手时，另一只手不能插在衣兜里，嘴里不应该有食物、香烟等物。

# 第七章

# 名片礼仪

# 名片上的头衔不超过两个

有的人名片上的头衔多达五六个，更夸张的人把各种名誉主席、某某协会等有名无实的头衔都列到名片上，达10个左右。这是错误的行为。

名片上乱印头衔对交往不利。名片上头衔太多，别人就难以确定你的身份，且不利于别人记忆。任何人乱印头衔都会给人一种虚张声势的印象，甚至会让人误以为你有欺骗目的而容易引起别人的反感和戒备心理，此外还会显得滑稽可笑。因此，名片上印什么头衔，一定要仔细斟酌。

在名片上印自己的生活照、大头照、艺术照等任何个人照片，也是多余的。

**温馨提示：**

□ 名片上印最主要、最关键的一个或两个头衔即可，不应超过两个。

□ 不要在名片的一面上同时印两种或两种以上文字。

□ 名片上的字体不要使用太多，字号应适当。

# 以双手递接名片

名片虽小，送出和接受时也不该只用左手，甚至只用左手的两个手指，因为这是令人厌恶的行为。

左手递名片是对接受者的不敬，左手接名片是对递出名片者的不敬。在公众场合中，如果你的公众形象很好，左手递接名片会使你的形象受损；如果你尚未达到一定的知名度，左手递接名片会让你的公众形象贴上负面标签。面对长者这样做，你会给对方以"犯上"的印象；面对晚辈这样做，你会给对方以"耍大牌"的印象；面对平辈人这样做，对方会觉得你对他有消极看法。

**温馨提示：**

□ 递接名片时动作应从容。

□ 递送和接受名片时应用双手或右手。

□ 男性不应主动向同性的配偶或其他女性亲属递送名片。

# 收到名片后要回应对方

收到名片后，在表情和语言上没有任何表示，往往会让送出名片的人摸不着头脑，从而产生怀疑、失望、生气等负面情绪。

代表单位外出参观访问或接待来宾时收到对方人员名片后再无任何表示，对方会认为你所在的单位员工素质低下；作为个体与别人交往时接到名片后不做回应，别人会认为没有与你继续交往的必要。收到名片而不做回应，在别人看来，你把送

# ◇ 切忌在别人的名片上胡写乱画 ◇

别人的名片不是便笺，也不是随手可弃的废纸。名片既然代表了本人，就应该妥善对待。在别人的名片上胡写乱画，其结果与画在他脸上一样。

出名片的人当成了"透明人"。

收到名片不理不睬，就像得到别人的帮助后表现得若无其事一样令人厌恶。

**温馨提示：**

□ 收到别人的名片后首先应面露微笑，态度恭敬。如果你坐着，接名片时一定要站起来。

□ 接过别人的名片后要向对方表示感谢。

□ 接到别人名片后应回赠自己的名片给对方。

## 收到名片后不可立刻放入皮夹

收到名片后立刻放入皮夹不是一种好习惯。

名片相当于对方的脸，一眼都不看就装起来肯定是不礼貌的。如果对方地位远远高于你，对方会认为你情绪紧张，没接触过"大人物"；如果对方身份比你低，对方会认为你无意与他交往，心生失望；如果对方身份、年龄与你相仿，对方会认为你缺乏耐心，不够成熟。

**温馨提示：**

□ 收到别人的名片后，首先应仔细阅读名片上的内容。如果你能重复一下名片上的职务，对方会很高兴。

□ 拿到别人的名片后，不要拿在手里把玩，更不能折叠。

□ 放入名片夹中时动作不要显得仓促、满不在乎。

## 不可无故拒绝别人索要名片的要求

无故拒绝别人索要名片的要求是错误的。

如果对方身份比你低很多，拒绝递名片，对方会认为你看不起他；如果对方身份比你高很多，拒绝递名片，对方会认为你不尊敬他。如果对方态度很真诚，拒绝递名片是辜负对方；如果对方仰慕你而提出请求，你的无故拒绝是伤害对方；如果你觉得对方与你没有交往的可能，断然拒绝递名片会破坏你在对方心目中原本不错的形象。

无故拒绝给别人名片会让对方无法下台，尴尬收场。

**温馨提示：**

□ 无论对方身份地位如何以及与自己的关系如何，都不应断然拒绝发送名片。即使拒绝，理由和态度也要委婉。

□ 平时应随身携带足够多的名片以备发送和交换。如果自己未携带名片或名片已用完，应礼貌地向对方说明。

□ 事先可以准备未留详细地址的社交名片，预备发给不准备深交的人。

# ◇ 不宜在用餐过程中交换名片 ◇

在进餐过程中交换名片，会影响大家吃菜、饮酒、交谈，影响宾主尽欢的气氛。

在进餐过程中交换名片也不卫生，将名片上的细菌等脏污带到手上，会引起别人的不快。

再者，在餐桌上交换名片，给人的感觉是功利性太强，容易引起别人的戒备心理。

从任何角度来考虑，在用餐过程中交换名片都是不合礼仪的。如果想要交换名片，应该在见面之初就进行。

# 将别人的名片妥善存放

名片不能随处存放。

作家热情地招待一位读者，却随手将他的名片放在装废旧稿件的纸袋里，这无疑是告诉对方，你对他的热情是虚假的；多方打听和努力才得到机会拜访某人，接到对方名片后却随手塞在牛仔裤的后兜里，对方有限的耐心很快会被你这个动作冲得消失殆尽；你值班时遇到一位找别人的访客，你随手把他的名片夹在一大堆资料里，对方一定不会对你有什么好印象。

随意放别人的名片，一方面容易丢失，一方面是对别人的轻慢。养成习惯的话，等待你的会是越来越多的麻烦和误解。

**温馨提示：**

□ 名片应放在上衣内袋或皮包、专用的名片夹中。

□ 如果是在自己的室内接受别人的名片，可以在办公桌或窗台上放置名片盒。

□ 接到名片后不要一直拿在手里，不要把别人的名片随意扔在桌上、随意装在容易丢失的地方，更不要转送他人。

# 交换名片时要遵循次序

不按次序交换名片会使在场的人产生疑惑和误解，给人际交往带来不必要的障碍。

陪同上司出访，接待单位的人员提出交换名片，上司尚未递出自己的名片，你就抢先向对方送名片，你的举动既抢了上司的风头，又给对方留下目无尊长的印象；面对一群陌生朋友，你先给衣着最鲜亮的人递名片，必然会落得个"势利眼"的评价；只和年轻女性交换名片，一定会受到其他人的指责，而接受你名片的女性也会心存戒备。

交换名片不遵循次序，不仅贻笑大方，还会招来质疑。

**温馨提示：**

□ 交换名片应该按照对方身份、地位的高低依次交换。

□ 可以按照顺时针方向交换名片。

□ 可以按照对方与自己的距离由近及远交换名片。

# 第八章

# 介绍礼仪

## 同时招待几个客人时要作一番介绍

如果你同时接待几个客人，而他们彼此又不熟悉，不作介绍是很失礼的。

组织两个集体进行联谊活动却不对双方成员进行介绍，彼此间就不太容易确定身份，从而阻碍交往，产生交流障碍。如果不事先作介绍，个别人因为互不了解而随口说了不利于在座的其他人的话题，会让彼此都有误解，无法继续交流。

当有人拜访自己而又与在场者不相识时，不将来访者介绍给在场的其他人也是不可取的。

**温馨提示：**

☐ 应该把晚辈介绍给长辈，把职务低的人介绍给职务高的人。

☐ 应将男性介绍给女性，把后来者介绍给先到者。

☐ 应将本单位的人介绍给外单位的人，将自己的家人介绍给客人。

## 为他人作介绍要注意时机

别人正在和同伴讨论问题，你突然插入他们要介绍一个刚认识的朋友，对方一定会为受到打扰而不快；别人正在忙于公事，你强行介绍他给别人，对方一定没有心情接受；别人正在欣赏艺术作品或正投入地运动，你上前为他介绍自己的同伴，对方一定会心不在焉；别人刚听到一个噩耗，正陷入忧伤，你上前热情为其介绍新朋友，对方会觉得你不会察言观色，不懂得体谅别人；别人正准备开车赶路，你热情地邀他认识某人，对方一定不胜其烦。

为他人作介绍不看时机，不仅事倍功半，还会招人诟病。

**温馨提示：**

☐ 作介绍应选择被介绍者有空闲且有心情的时候。

☐ 作介绍应选择气氛比较融洽的时机。

☐ 作介绍应选择被介绍者精神比较充沛的时机。

## 将某人介绍给别人之前要事先得到其允许

如果自作主张地充当介绍人，往往事与愿违。轻者别人怪你多管闲事，重者对方会为此恼火，与你关系僵化。

如果甲与乙身份、地位悬殊且生活和工作环境完全不同，介绍双方认识则没有意义；如果甲与乙原本认识而有过结，介绍双方认识会使他们矛盾加剧，且会对你产生误解；如果一个人对某个群体没有兴趣，你介绍他加入是徒劳无功；如果某些人迫切想结识甲，但甲反感与陌生人接触过多，你未经同意介绍一群人给甲，必定会招致他的厌烦，且无法向群体交代。

因此，千万不要未经同意就将某人介绍给别人。对于被介绍的任何一方，这条法则都是适用的。

**温馨提示：**

□ 为他人作介绍之前，必须私下分别征求双方的意见。

□ 必须经过被介绍的双方首肯，介绍才有意义。

□ 不要介绍明显没有共同点的人相互认识。

## 作介绍时要态度端正

作介绍时态度不端正，别人就会认为你缺乏诚意，被介绍的双方也容易产生误解，双方交往也会因此而进展缓慢或不畅。

作介绍时虚张声势、语调夸张，别人会认为你介绍的对象比较虚伪；作介绍时语速过快、声音不清晰，别人会认为你敷衍塞责；作介绍时态度畏畏缩缩、谨小慎微，被介绍者会感到紧张、不自然，认为介绍对象凶恶、不好相处。

被介绍者往往还会根据你的表现来推测自己即将认识和交往的对象，如果你态度不合适，作介绍就起不到应有的效果。

**温馨提示：**

□ 作介绍时应礼貌对待双方，不能厚此薄彼。

□ 介绍一方的同时应用目光照顾到另一方。

□ 作介绍时姿态要热情大方。

## 作介绍要强调重点

为他人作介绍时不强调重点，被介绍的人们之间就难以相互理解。自我介绍时没有重点，你给别人留下的印象就会比较模糊。当在场者众多、需要被介绍的人数众多时，作介绍不强调重点，别人就可能不容易完全正确地分辨彼此，不知道该用怎样的态度来对待别人，不知道该用什么话题展开交谈和交往。

为他人作介绍也好，自我介绍也罢，你所起的作用都是便于沟通的"纽带"。任何情况下，都不能无的放矢、想到什么说什么地胡乱介绍。

**温馨提示：**

□ 作介绍时首先应让被介绍者清楚彼此的身份，应从被介绍者的职业、籍贯、爱好等主要方面入手。

□ 作介绍时应该突出介绍被介绍者的优点或特点。

□ 为双方作介绍时可以突出双方的共同点。

# ◇ 作介绍时的性别差异 ◇

所谓女士优先，不是说先介绍女性，而是女性有优先认识别人的权利。所以，一般情况下，要先把男士介绍给女士。

在社交场合中作介绍时，应该先把男士介绍给女士。

同时为多位女士作介绍时，可将年轻女士介绍给年长女士。

在社交场合，如果男士的年龄或地位远远高于女士，应将女士介绍给男士。

# 作介绍要讲究顺序

作介绍不讲究顺序，千万别觉得这样做会显得作介绍的方式灵活自然。

作介绍很随意，对应该被先介绍的人而言是不敬，对应该被后介绍的人而言是挪揄；在正式场合作介绍不讲究次序，会降低所在场合的档次和水准；在私人场合作介绍不讲顺序，会引起尊者的不满。无论在什么场合、为什么人作介绍，不讲究顺序都说明你不懂得礼仪规则。

**温馨提示：**

☐ 作介绍时应把自己认识的人介绍给陌生人。

☐ 应把晚辈介绍给长辈，把地位低者介绍给地位高者，把家人介绍给客人。

☐ 为两个集体作介绍时，应该先介绍规模小、地位低的单位，并按照其成员身份由高到低的次序进行介绍。

# 被别人介绍时要面带微笑

被别人介绍时表现得糟糕是绝对不可取的行为。

被介绍给别人时无精打采、心不在焉，另一方会觉得你不值得交往，介绍人会觉得你辜负了他的好意，或者疑心你对被介绍的其他人心怀不满；被介绍给别人时盛气凌人、态度倨傲，另一方会认为你难以接近且徒有虚名，介绍人会觉得你故意耍酷，成心给自己使坏；被介绍给别人时与其他人谈笑说话，另一方会觉得你有意制造矛盾，介绍人则会觉得你同时侮辱了在场的所有人。

被介绍给别人时，一定要注意杜绝自己"非正常"的表现。

**温馨提示：**

☐ 当别人介绍自己时，表情和动作要自然，要展现良好的精神状态。

☐ 被介绍的同时应礼貌地向介绍人和其他人点头致意。

☐ 被介绍完毕后应得体地和别人问好、寒暄。

# 自我介绍切忌啰唆

自我介绍是别人认识你的常见的、必要的环节。如果这一环做不好，你就难以给别人留下得体的第一印象。

应聘时自我介绍太啰唆，用人单位就可能认为你办事没有效率，很自然地就把你排除在录用名单之外；演讲、作报告时自我介绍太啰唆，听众就会认为你狂妄自大，并对你演说的内容持怀疑态度，不认真听你讲话更是不足为奇。即使在日常生活中初次与人相识的场合，自我介绍时太啰唆，别人也会对你冗长的内容感到厌烦。

**温馨提示：**

□ 自我介绍时，要根据场合和对象有重点、有选择地进行介绍，无须为讲自己
的生活细节或剖析自己的性格而喋喋不休。

□ 进行自我介绍时语言要精练、准确。

□ 自我介绍时，动作要简练利落，应避免下意识的小动作，如搓手、吐舌头等。

# ◇ 自我介绍应掌握好时间 ◇

自我介绍时不考虑时间，对人对己都没有好的影响。

你的介绍已经超过1分钟了……

别人要求你作1分钟自我介绍，你却滔滔不绝说了3分钟，无论是比赛还是求职，你一定会被认为是总结能力差、爱出风头，必然会被淘汰。

别人要求你作3分钟左右的自我介绍，你却用不到1分钟的时间解决了问题，别人会认为你情绪紧张、思维滞涩、言语贫乏。

让你作3分钟自我介绍，你这连1分钟也不到啊。

作自我介绍如果不掌控好时间，未达到时间要求或超过时限，内容准备得再充分也不会受到肯定。

# 第九章

# 日常交往礼仪

## 切忌叫错别人的名字或职务

任何人都不希望别人叫错自己的名字或者职务。

名字和职务是一个人最珍视的个人标志，不容亵渎。叫错别人的名字，说明你对他了解太少；叫错别人的职务，说明你居心叵测。当着总经理的面，把张副总经理叫成张总经理，总经理会皱眉，张副总会暗暗叫苦；别人已经升迁，你却依然用原来的职务称呼别人，对方会认为你心怀嫉妒。一次叫错可以原谅，如果多次叫错就是"顽固不化"。

**温馨提示：**

□ 和别人打招呼时应看清楚对象再说话。

□ 如果不能肯定对方的身份，可以事先询问别人。

□ 叫错别人名字或职务后应及时道歉并改正。

## 忘记别人的名字要及时询问

在社交活动中与人交往时，不可能总不提对方的名字，即使不叫全名，至少也该称呼对方的姓或职务。

在社交场合中结识了新的朋友，却忘记对方的姓名，一味用"你""您"称呼，会让对方感到生疏、不受尊重；路遇一个多年未见的同学，忘记对方的名字又不好意思说，只做出熟络的样子，对方会觉得你虚伪做作；在新的工作环境中与同事相处忘了对方的名字，既不便于双方交流、协作，又会给对方留下生涩、傲慢的印象。

如果忘记别人的名字，千万别一直"忘记"。

**温馨提示：**

□ 忘记别人的名字时，可以礼貌地询问对方，或者悄悄向别人询问，或听其他人怎么叫。

□ 再次询问别人的名字后，一定要记住并保证下次能够准确而迅速地叫出他的名字。

□ 不要用"哎""那个谁"等字眼称呼别人。

## 切忌脏话不离口

"国骂""京骂"……无论什么样的脏话，都不宜出口。

在大街上口出脏话，会让你仪态尽失，并给人以没有教养的印象；在长辈面前说脏话，会让对方认为你不把他放在眼里；在异性面前说脏话，会将对方置于尴尬的境地；在办公室里说脏话，会"污染环境"；在外宾面前口出脏话，对方会质疑中国国民的素质。说脏话会降低人的身份，还会给人以故意惹是生非的嫌疑。在任何场合、任何时间，面对任何人，口吐脏话都会让别人鄙视。

开口说话前，一定要事先检验其中有没有脏字。

**温馨提示：**

□ 和别人说话要注意自己的身份和所处场合。

□ 当众说话要礼貌，用语要文雅。

□ 说话要看对象，养成"三思而后说"的习惯。

## 请人帮忙要说"请"

"喂，给我拿某某东西！""快来帮忙！"听到这样生硬的请求，你愿意帮助对方吗？

请友邻单位帮助解决会议场馆的问题时不说"请"，对方会觉得你态度强硬，难以接受；请陌生人帮你指路时不说"请"，对方会觉得你粗野无礼，"活该没有人帮助"，不愿帮忙。请人帮忙不说"请"，无论对方是长辈、晚辈还是同事、亲朋，都会有受逼迫、被斥责的感觉。如果对方较真起来，你不经帮助就无法完成的事就肯定完不成了。

任何人都没有义务无条件帮助你。因此，请人帮忙，千万别忘记说"请"。

**温馨提示：**

□ 请人帮忙时一定要使用礼貌用语，如"请""劳驾""拜托"等。

□ 即使被拒绝或别人没有做到你满意的程度，也要向对方说"谢谢"。

□ 不要勉强别人为你做事，不要用命令的语气要求别人。

## 帮助别人不可主动要求回报

主动要求回报，就是要求别人对你的付出做出对等的交换。

在自己职责范围内帮别人处理一些事务就主动要求回报，有滥用职权、玩忽职守之嫌；为别人传话、替别人买票等举手之劳就主动要求回报，有唯利是图之嫌；别人占用你一点时间或空间而主动要求回报，有一毛不拔之嫌。

主动要求回报给人以没有度量、冷酷无情的印象，相信没有人会愿意和这种人打交道。因此，即使你不是真心索取，也不要主动要求回报。

**温馨提示：**

□ 不应以交换的目的和原则与别人交往。

□ 对于别人的请求应该本着力所能及的原则去做。

□ 不要在别人向你求助的时候提要求。

# 拒绝他人要委婉

直截了当地拒绝别人很不礼貌。

别人刚提出他的请求，你就不假思索地一口回绝，对方自然会认为你不近人情，过于冷漠；熟人提出请求，你断然拒绝，对方会觉得自己很没面子；别人抱着很大希望请求你帮忙，你却当众毫不客气地断然拒绝，对方一定感到你是在"作秀"；心胸狭窄的人遭到你的果断拒绝，心中难免抑郁不平。如果拒绝方式不当，还会导致误会或矛盾甚至事故。无论对方身份如何，要求是否合理，断然拒绝都会对双方造成不利影响。

为了不给求助者带来伤害，也为了使自己不被误解，绝对不要断然拒绝别人的要求和请求。

## ◇ 不要利用友情请求帮助 ◇

利用友谊请求帮助，多半是请别人做对方不想做或者超越对方职责范围的事情。这样做显然是不为对方着想、对对方不利的。

以友情为筹码请别人做事，会让对方认为你自私自利，把友情当作利用别人的手段，别人会觉得受到威胁。

利用友情请人帮忙，本身就是对友情的伤害，会让别人怀疑你交友的初衷，降低对你的信任。

你的要求再迫切、理由再充分，即便你只是想强调一下你的需求很重要，也不该拿友情说事。

**温馨提示：**

▢ 对于违法、违背自己原则的事情可以直接拒绝，但仍要态度礼貌。

▢ 对于自己办不到的事情，要耐心向对方说明原因并请对方谅解。

▢ 如果对方和自己关系很好，拒绝时要考虑对方的感受，说话要委婉。

# 不可对别人吹毛求疵

任何人都不会喜欢别人对自己吹毛求疵。

别人买了一件新衣服请你看，你单刀直入地告诉对方衣服颜色太难看，对方一定会败兴而归；别人送了你一本书，你不说"谢谢"反而先告诉对方"这本书是伪书，你买得没有价值"，对方一定不想再送你任何礼物；朋友请你一起去旅游，你归来后不提风景优美，反倒向对方抱怨太累，想必别人的热情顿时像被浇了一盆冷水。

对别人吹毛求疵、斤斤计较，绝对不能看做是实事求是的好习惯，这样做只能让别人越来越讨厌你。

**温馨提示：**

▢ 不应就非原则性的问题对别人提出批评和指责。

▢ 当别人需要听赞美和鼓励时，不应提出批评；对于别人的外貌、性情等方面无法改变的不足，不要特意指出。

▢ 不要只盯着别人的缺点、不足、遗憾。

# 注意多赞美他人

吝啬赞美和客观公正、光明正大不是一个概念。吝啬赞美别人是错误的。

对下属吝啬赞美，对方会心理紧张，怀疑自己的工作能力；对上级吝啬赞美，对方会降低对你的关注程度；对亲朋吝啬赞美，对方会信心不足，怀疑自己与你的关系；对客户和宾客吝啬赞美，对方不容易对你产生深刻印象，进而延缓双方交往的深度和持久度。

赞美是一种礼仪，懂得赞美的人更受人欢迎，更容易展开社交并取得成功，不要因为吝啬赞美而失去别人对你的好感。

**温馨提示：**

▢ 与人交往过程中应该及时对自己看到的对方的优点进行赞美。

▢ 对于别人的成绩和优点不要视而不见，更不要诋毁。

▢ 要本着接受对方、欣赏对方的态度与人交往，要主动寻找他人身上的优点。

# ◇不要赞美别人的缺点◇

如果别人没有明显的优点，可以不进行赞美，但绝不能颠倒是非，更不能赞美他的缺点。

赞美别人不要变成阿谀奉承。对于别人的缺点，应该含蓄地提出批评和建议。

对于不熟悉的人，不要随意评价他的缺点，更不能赞美他的缺点，否则别人会认为你别有用心。

别人分明身材臃肿，你却执意夸奖他体态动人，对方一定会感到如坐针毡，浑身不自在，或者认为你在故意嘲讽他。

赞美别人的缺点可以理解为颠倒是非，也可以理解为嘲笑和批评。无论哪种理解，都不利于交往。

## 不应随意拍别人肩膀

用拍肩膀的动作表示友好、问候、请求、询问的人不在少数，但这是不值得提倡的动作。

随意拍领导的肩膀是冒犯领导，别人也会为之侧目、心生猜疑；随意拍异性肩膀是骚扰或暗示，别人很快会为你制造出新的绯闻；随意拍陌生人的肩膀是试探或进攻，别人会对你产生防范心理。

关系未到一定程度或场合不适合，就不要随便拍别人的肩膀。

**温馨提示：**

□ 对于长辈、陌生人、自己不熟悉的人，不要使用亲密动作。

□ 在公共场合或私下场合对于关系一般的异性，不宜拍对方肩膀。

□ 对晚辈和同性也不要随意拍肩，或做其他表示亲近的动作。

## 借路时要打招呼

借路时图省事，一声不吭就横冲直撞过去，这绝对不是潇洒的行为。

在剧场、集市、展览会等人群聚集的场所借路不打招呼，撞到一个人的同时也会连带撞到其他人，从而引起众怒；在窄路上借路不打招呼，别人很容易被你挤倒、摔伤；面对年长者借路不打招呼，显然是目无尊长；在办公场合借路不打招呼，不利于同事交往。如果你地位显赫或身份高贵，借路时不打招呼，别人自然不会对你有好的评价。

借路不打招呼，不仅不礼貌，还容易造成或大或小的事故。

**温馨提示：**

□ 在人多拥挤的地方借路一定要提前打招呼。

□ 借路时别人如果没有注意到你，必要时应停止并向对方说明，不要强行通过。

□ 多人同行时一定要减慢速度，有序行进。

## 迅速化解自己的尴尬

面对尴尬如果不知所措，结果会更糟糕。

会场上突然有人针对你的提议展开激烈争吵，作为主持人的你面对突发事件愣神，必然令别人批评你的能力；面对公众讲话时突然思维短路、无话可说，此时手足无措，你的讲话必然失去号召力；给领导送文件资料时，将领导桌上的茶杯打翻并打湿文件，此时手足失措，必然让人怀疑你是否在用心工作。

因尴尬而引起的不知所措会让你的尴尬加重，同时影响别人。

**温馨提示:**

□ 与人接触或处理事情,应时时保持清醒的头脑,预想可能发生的情况并做好心理准备。

□ 遭遇尴尬时首先要冷静,避免失态,并迅速采取对策。

□ 适当运用幽默可以使不太严重的失误得到弥补,但不要过于自责或过于轻描淡写。

# 别人失误时不要大惊小怪

别人失误时大惊小怪说明你没有修养,志趣低俗,喜好哗众取宠。

别人发言时说错了话,你的大惊小怪会让他更容易出错;别人在工作中做错了一份报表,你的大惊小怪会让对方增添烦躁;别人打错了电话,你的大惊小怪会让别人觉得小题大做。在身份较高的人失误时大惊小怪,在别人看来是嫉妒心理的泄露;在地位低于你的人失误时大惊小怪,在别人看来是向其施加压力的表现。

别人失误时大惊小怪,对人对己都没有益处,这样做是有悖礼仪的。

**温馨提示:**

□ 对于任何人的失误都应该以同情和理解的态度来对待。

□ 如果有必要,应委婉地向失误者提出安慰和建议。

□ 如果别人的失误有关仪态,且对方极力掩饰失误,你可以装作没看到,从而维护对方的尊严。

# 切忌动作不雅,手势过多

说话时动作过多,待人接物时动作不雅,别人就会对你产生消极看法。

教师讲课时不时搔头、摆弄手指,必然没有"为人师表"的形象;公司主管为员工进行训话时手指不停搓动,手臂总是不自然地摆动,则很难树立起威严而有魄力的形象;名人接受访问时不停地摆手、掩口、摸脸、捋袖子,必定会破坏他在大众心目中的完美形象。动作不雅、手势过多的人会显得不自信、不爽快、不端庄,还会显得内心不安、不信任别人。

**温馨提示:**

□ 男性和女性都应该避免在日常生活和工作、社交场合中翘兰花指。

□ 平时可以请身边的人指出你不当的动作和手势,并请其随时提醒你改正。

□ 摆手、挥舞拳头等动作应该适时使用。

# ◇ 对别人的尴尬要帮助化解和掩盖 ◇

　　别人摔了一跤，别人被突然而至的大雨淋成了落汤鸡，别人的衣服扣子没系好，别人受到了嘲讽……每个人都可能遇到意想不到的尴尬。但别人的尴尬不应该成为你的笑料，不该将其指给其他人看。

相信没有人愿意让更多的人知道自己的尴尬场面，因此如果是熟人遭遇尴尬，事后不要提起。

　　你将别人的尴尬指给其他人看，日后其他人遇到尴尬，你也会指给另外的人看。长此以往，你会失去别人的信任和尊重。

## 挽臂姿势要雅观

挽臂本是社交场合常见的一种很优雅的举止，在男女结伴同行时更为常见。但如果不注意姿态动作，就会有伤大雅。

大庭广众之下，一个女性用双手紧紧挽住男伴的手臂，"挂"在男伴身上，这样的姿势一定引人注目并遭人非议；林荫道上，一对男女结伴而行，男性健步如飞，女性被拖在男伴手臂上脚步跟跄，这幅场景一定显得滑稽；出席舞会时，一对同事关系的舞伴挽臂的姿势过于亲密，别人会对他们的关系产生疑问。

**温馨提示：**

□挽臂时，女性在男伴左侧以右手轻挽男伴左臂的臂弯即可。

□同性不宜挽臂，在西方容易被认为是同性恋。关系一般的异性也不宜挽臂。

□在正式场合，晚辈可以与长辈挽臂，学生可以与老师挽臂。

## 约会结束后，男士送女伴回家要征求其同意

我们意识中，约会结束后男士送女士回家似乎是天经地义的事情，但也并非全都如此。

男士在舞会上认识了一位女性，舞会结束后殷勤地坚持送女性回家，是对女性隐私的侵犯；女性与他人结伴而来，约会结束后一位男性固执地要送女性回家，是不把女性的同伴放在眼里。如果双方不熟悉，男性送女伴回家会让对方误解为别有用心；如果女性需要独自办其他事情，男性坚持送女伴回家会让对方视为障碍。

因此，约会结束后，男性不能不看情况就要求送女伴回家。

**温馨提示：**

□约会结束后，如果男性想送女性，必须征得对方的同意。

□如果女性不希望男性护送，男性不应坚持送女伴回家。

□如果女性主动要求，男性可送其回家。

## 探病前要问清情况

探病一定是为了表示对病人的关心，但不事先问清情况就探问，有百害而无一益。

如果病人刚做完重病手术，急需静养，你前去探视只能给病人徒增负担，对其康复毫无益处；如果病人处于昏迷或危重状态，随时都需要医护人员的严密看护，你前去探视是对疗救工作的妨碍；如果你去探望时正赶上病人吃饭、休息或接受治疗，必然会打乱病人的正常作息。

探病不将情况了解清楚就贸然前往，既耽误自己的时间又对病人不利，甚至可能引起病人家属的反感和批评，当然是错误的。

**温馨提示：**

▢ 探病前应问清楚医院允许探视的时间，以及病人的病情、作息规律。

▢ 如果病人情绪不稳、心情烦躁，需要独处，则不应强行探视。

▢ 当病人需要隔离观察或治疗时不要探视。

# 探病时切忌详问病情

如果你觉得探病时郑重地向病人本人或在场的病人家属、医护人员详问病情，能充分体现出对病人的关切和安慰，这说明你对探病礼仪误解甚多。

一进到病房里就向病人索要病历，想看个究竟；看望病人期间不停地谈论治

## ◇ 探病不宜结伴同行 ◇

探病结伴而行，也许你会说这样做能最大限度地让病人感到被关心，其实不然。

看病人结伴而行，会造成过于隆重、严肃的气氛，容易让病人误解自己危在旦夕，加重心理负担，影响休息和病情恢复。

几个人同行探望病人，会污染病房的空气，妨碍医护人员工作；如果病房里还有其他病人，他们的休息和心情也会受到很大干扰。

所以在探病时应该预约，避免和别人扎堆。而且探病过程中，不应争抢着和病人说话，声音也不能太高。

疗方案,如果病人不希望别人知道详情,这样做会使病人难堪。医护人员查问病人时,马上当着病人详问治疗手段和用药情况,这样做会触到病人的痛处,使其感到惊惶;如果医护人员有必要对病人部分保密,这样做便是干扰医院的工作。

探病时,一定要避开询问病人具体的病因等问题。

**温馨提示:**

□探望病人时,对其表示关心即可,态度应与其未生病时一样。

□见到病人时不要做出惊讶、担忧的表情,以免加重病人的心理负担。

□探病时不要就病人的状态作过多评论。

## 探病时宜说一些轻松话题

探病时谈什么话题,这个问题可不简单。

病人得的是小病,如果你大谈"小病时间长了就变成大病",别人该认为你在诅咒病人;看望病人本该慰问对方,如果你谈论自己在工作或生活上的苦恼,别人会觉得你很无聊,对病人表现出极度的"不体贴";在病房里谈论别人的闲话以及种种负面的社会新闻,病人会觉得心情沉重。

探病时谈沉闷的话题,是对病人健康的不负责。

**温馨提示:**

□探病期间,不宜谈对方不感兴趣的话题,不宜谈有关疾病和死亡的话题。

□探病期间,不宜谈论忧伤的话题。看望病人时,说话要放低音量,以免病人烦躁。

□争端话题、容易引起兴奋的话题不宜谈。

## 看望病人时不可长时间逗留

看病人时长时间逗留是错误的。

看病人时在病房里停留时间太长,会打乱病人的时间表,耽误病人休息,也会加重其心理负担。病人该睡觉了、该换衣服了、该上厕所了,如果你长时间待在病人身边,病人做这些事就会不方便。

**温馨提示:**

□看望病人前应征得对方的同意。

□看望病人逗留时间应该不超过半小时。

□探病期间,表情不要显得哀伤、担忧,而应表现得关切和充满希望。

# 约会要明确地点

约会不明确地点，约会就不可能成功。

公务活动或商务活动不明确约会地点，只说"待定"，对方就不能得知自己能否方便地赴约，同时自己拟定请柬也是浪费；私人约会不说明具体地点，双方见面时就容易走错。你告诉对方在北海公园见，却没告诉对方在公园的什么位置见，因为目标不明确，彼此见面一定会出意外。

约会不明确地点，说明提出约会的人没有头脑，做事没有条理。一旦给别人留下了这样的印象，即使约会如期进行，也难免有遗憾。

**温馨提示：**
□ 约会时一定要事先确定地点、路线。
□ 约会地点应尽量选择对约会双方都便利的地方。
□ 如果约会前一方有特殊情况需要更换地点，应及时通知另一方并重新商定。

# 不可以貌取人

尽管人们都提倡注意自己的形象，也很注重穿着打扮，但人天生的容貌和体型是根本不可能改变的。外貌只是给人的第一印象，但是以貌取人却是错误的。

服务人员以貌取人，会让客户尊严受挫，其结果是客户资源流失；管理人员以貌取人，会让被管理者信心受挫，其结果是工作不利。同时会见一群人，只对外貌出众者表示尊敬和好感，其他人一定会感到不公平。在并不特别强调外貌的单位，招聘人才时以貌取人，也许会错过优秀的人才。出门在外，以貌取人也可能让你遭遇骗子。

**温馨提示：**
□ 应以平和心态对待他人的容貌和衣着打扮。
□ 应该以平等的态度对待外表不同的人。
□ 应该善于发现外表一般的人身上的优点。

# 在别人有难处时应出手相助

在别人有难处时找借口离开，绝对不是礼貌之举。

甲心中有烦心事，看到乙闲着，希望乙能听他说说话，而乙却做出"我有事，先告辞了"的回应，甲一定认为乙是故意为之；乙做一项重要工作时暂时腾不出手，希望甲帮他打个下手尽快把任务赶出来，甲却一改认真看乙工作的姿态，推说自己有约而离去，乙一定会感到甲很自私。别人有难处时，最能验证旁观者的真诚，当然也能在这种关键时刻验证旁观者的礼仪修养。

温馨提示：

□ 别人有了难处，能帮的就帮，帮不上的也应给予安慰。

□ 如果别人的请求是不正当的，应予以劝戒。

□ 如果的确对别人的难处帮不上忙，应该认真解释。

# 与熟人保持联系

长时间不联系熟人，彼此间的感情自然会淡漠。从礼仪上说，这是对熟人的冷落，是不礼貌之举。

长期不联系熟人，当你的地址和联系方式发生变更，对方如果联系不上你，就会认为你故意与其断绝关系。长期不联系熟人，对方会认为你已经将其遗忘。当你长久未联系后突然问候对方，对方会感到突兀和不适应；如果你正好有事相求，对方会认为你是势利小人。

即使没有重大事情，你与熟人也不能断了联系。

温馨提示：

□ 朋友、熟人应该经常保持联络，即使没时间常见面也应常联系。

□ 应经常性地了解熟人的近况，致以问候，并向对方告知自己的近况。

□ 当你有个人的重大事件如乔迁、升迁、结婚等，应该及时通知熟人。

# 敬烟前不可自己先抽一根

敬烟，理所当然是向别人敬，自己先抽就不能说是"敬"了。

敬烟时的姿态和动作、态度十分重要。香烟不是毒药，不必自己先试吸一根。敬别人之前自己先抽一根，别人会以为你其实不打算向对方敬烟。抽出烟像投篮一样抛过去，会让对方有接受施舍之感；如果烟掉落地上，更有戏耍之嫌。别人已经告诉你自己不吸烟，你却热情不减硬塞给对方，这是强人所难的表现。

敬烟动作虽小，却能看出一个人的修养如何，千万别视为小事而忽略礼仪。

温馨提示：

□ 做客或出访时，如果主人不向你敬烟，自己不要主动向对方敬烟。敬烟前不应为自己点烟。

□ 敬烟要按照长幼顺序。聚餐时，不应一坐下就吸烟。

□ 在场的女性如果吸烟，应该先向女性敬烟。

# ◇吸烟时要注意的事情◇

　　吸烟并不是随时随地或者随便什么时间都可以吸的，而是有很多的地方需要注意，具体来说吸烟时应该注意：

　　吸烟时应注意自己的姿态和动作，避免歪斜着站或坐，尽量不要显得太颓废。

　　吸烟时不要冲着别人，更不要炫耀吐烟圈的技巧，不要以为这是很炫酷的行为。

　　吸烟时，不要乱丢烟蒂和乱磕烟灰，应该放在烟灰缸或者其他指定的位置。

# 观看别人打牌、下棋时不宜插嘴

别人打牌正打得热闹,你非凑到前面凑趣,指点某人该出什么、别出什么;别人聚精会神地下棋,你不时插话,满嘴"象""车"不停。这种人很不受欢迎。

如果你这样做,一来会破坏打牌、下棋者们公平竞争的局势,二来会扰乱他们的思维和心情,再者会显得多事、多嘴多舌,不懂规矩。观看别人打牌、下棋时多嘴多舌是不礼貌的举动,如果你的声音很大很刺耳,估计全体参与者都会"当机立断",马上转移阵地。

看别人打牌、下棋,一句与牌局或棋局有关的建议也不该说。

**温馨提示:**

□观看别人打牌、下棋等娱乐活动应保持安静和沉默。

□可以叫好,但不应未经允许指点他人。

□不应对参加游戏的任何一方讽刺和挖苦。

# 第十章

# 交谈礼仪

## 不宜在路边交谈，以免妨碍他人

经常能见到在路边交谈甚欢的人，他们的行为是不合礼仪的。

路上偶遇老同学，站在车水马龙的路边就开始闲聊，你们不担心被车撞，开车的人还担心撞到你们呢。在公园里散步，走累了在路边站着闲谈，如果参与交谈的是3个人以上，行人多半都得绕着走了。在单位和同事站在甬路边上说话，遇到领导，他会认为你们对工作不够用心；遇到前来参观访问的客人，他们会认为你们不注意自己的形象。

**温馨提示：**

□ 与他人交谈时不应占用公共通道。

□ 几个人一起交谈时不应扎堆，妨碍别人。

□ 在户外偶然相遇或同行时，不要停在人多拥挤的地方。

## 交谈时注意与对方保持适当的距离

交谈不注意距离就可能无法成功。

距离关系一般的人太近，对方会感到受到威胁；与异性交谈时距离太近，对方会感到不安。亲朋好友距离太远，对方会疑心你对其不满或有事相瞒；领导与下属谈话时距离太近，有损领导威严，在别人看来也超越了上下级的关系。集体开会时距离太近，不利于大家集中注意力谈论正题；距离太远，又有逃避责任的嫌疑。

**温馨提示：**

□ 一般关系的交谈应该保持社交距离。

□ 如果关系比较亲密，可以将彼此距离保持在 1 米或半米以内。

□ 对于自己不熟悉的人或异性，交谈时距离不应低于 2 米。

## 开玩笑要注意内容是否适宜

别人头发掉了一半，你偏偏在对方面前讲嘲笑秃子的笑话，无疑是在影射对方；别人的衣服不小心被划破了，你偏偏经常拿这件事在众人面前开玩笑，无疑是在暴露对方的丑；别人考试失利，正在愁闷中，你却当众宣讲书呆子的笑话，无疑是想让对方更郁闷。

虽然很多时候人们开玩笑都是无心的，却没注意到玩笑的内容触动了某些人或某个人的"心病"。被你无意中冒犯的人自然会对你心怀不满。

**温馨提示：**

□ 不要以别人的生理缺陷为笑料。

## ◇开玩笑要看对象和场合◇

随便逮到谁就开玩笑，在任何场合随意开玩笑的做法都是不明智的。

不应对生性多疑、心胸狭窄的人开玩笑，不应对长辈、领导、贵宾、异性随意开玩笑。

不要拿别人的残疾或者缺点开玩笑，会让对方生气不说，也会给他人留下不好的印象。

图书馆、博物馆、电影院等要求安静的场合不宜开玩笑，会议、办公等正式场合不宜开玩笑，葬礼等严肃场合不宜开玩笑。

□不要拿别人的隐私开玩笑。
□不要拿别人的伤心事和尴尬事开玩笑。

# 开玩笑不可认真

把玩笑当真的人是很令人为难的。

任何人开玩笑的目的都不是伤害别人，而是为了调节气氛，增进彼此间的关系。把玩笑当真，别人就无法收场，以后再也不敢和你开玩笑，彼此的关系也会因此而产生隔阂。把玩笑当真，你就误解了别人，别人更会为你的误解而尴尬。

**温馨提示：**

□对无伤大雅的玩笑一笑了之即可。
□对别人无意的玩笑不要穷究其原因。
□别人开玩笑时应该适当配合，可以对过分的玩笑表示批评，但不应侮辱对方。

# 与人交谈不可目光冷漠

与人交谈时，目光冷漠无法起到积极作用。

"眼睛是心灵的窗户"，如果眼睛没有了神采，不能传达出感情，说话就没有感染力，就会显得虚假。与人交谈时目光冷漠的人不容易取得对方的信任，即使双方谈话中有共鸣，也难以让对方感受到你的真诚。

**温馨提示：**

□与别人交谈时，目光应热情、柔和。
□交谈时，目光应随着交谈内容而变化。
□交谈时，目光应经常性地注视谈话对象。

# 注视别人时目光要在一定的范围之内

注视别人时，不是对方的任何部位都能随便看的。

注视别人时，只将目光投射在对方眼睛以外的部位，从不与对方目光相触，是内心怯懦或心里有鬼的表现；对着别人周身上下扫描不停，是不信任对方的表现，还容易被对方认为你想打探他的隐私；专向别人的某个部位注视，则是骚扰的表现。

**温馨提示：**

□一般关系的交谈者之间应保持 2 米左右的距离。
□交谈时，目光应放在对方胸部以上，双眉之间、双眼之间，嘴唇以上的部位。
□不要居高临下地注视别人，不要斜视别人。

# 切忌不加掩饰地注视别人

不加掩饰地注视，就是死盯着别人看，是一种令人讨厌的行为。

不加掩饰地注视别人会让你看起来形态猥琐，有失仪态。不加掩饰地注视别人会给对方带来心理压力，不利于交往的顺利进行。不加掩饰地注视别人会让对方认为你别有用心，有不良企图或阴暗心理，别人会不乐意和你接近或交谈。

## ◇对他人的主动交谈要积极回应◇

别人主动与你交谈是一种积极友好的表现，在社交场合尤其如此。当别人主动和你交谈时，无动于衷是不礼貌的。

对于别人善意的主动搭话一定要积极回应，礼貌地向对方问候、寒暄。

如果你不想和主动交谈者进一步交流，应礼貌地找理由离开，但不能一声不响地突然离开。

对他人的主动无动于衷，或许你有很多理由来解释，但是无论什么理由，不回应别人的主动交谈都会使对方进退两难，遭遇尴尬。

**温馨提示：**

□ 看别人时，应该使自己的目光有所控制和收敛。

□ 如果交谈者众多，不要只盯着一个人看。

□ 不要注视别人身体的某些部位，如女性的胸部、男性的腰部。

## 与人交谈时不可用目光瞟人

与人交谈时用目光瞟人是一种很不好的行为习惯。

与陌生人交谈时用目光瞟人，有不信任对方、看不起对方之嫌；与异性交谈时用目光瞟人，有心怀不轨之嫌；与熟人交谈时用目光瞟人，有不耐烦、希望尽快结束谈话之嫌。与人交谈时用目光瞟人，还有不自信、心里有事、心里有鬼之嫌。

**温馨提示：**

□ 与别人交谈时，目光不要游移不定，也不要迅速回避别人的注视。

□ 与人交谈时，目光应适时与别人对视。

□ 不要把目光投向空中、地上或交谈对象的身后。

## 切忌询问对方"我刚刚说到哪里"

询问对方"我刚刚说到哪里"的人是很容易让别人失望和厌恶的。

问这句话的人多半是说话中途去做其他事情或想起其他事情，而后接着与别人交谈。自己说过什么、说到哪里都不记得，可见他记忆力之差。听他说话的人可能想：记不住自己说到哪里，是因为他根本就没用心和我对话，敷衍我而已。询问这句话还可能给听话者以这样的感觉：他在检验我是否用心听他讲话，他不信任我。

**温馨提示：**

□ 与别人交谈时一定要认真聆听对方的讲话。

□ 对于自己不感兴趣的话题可以主动、自然地转换，但不应贸然打断。

□ 与别人交谈时自己的语言要有逻辑，组织要有条理。

## 切忌在谈话中扮演"祥林嫂"

无论是做办公室的"祥林嫂"，还是做日常生活中的"祥林嫂"，都会令人生厌。

偶尔说说烦心事，别人会耐心听你倾诉一番，并同情地为你出出主意，但是说多了就变成了无理取闹，是浪费别人的时间和感情。做"祥林嫂"还会使整个谈话氛围变得压抑、紧张，影响别人的心情甚至降低工作效率。

**温馨提示：**

□ 不要总是向别人重复讲自己的伤心往事。

□ 不要向别人讲述谈过很多遍的家庭琐事。

□ 不要总是扮演倾诉者的角色。

# 聚会时不宜用方言与同乡交谈

聚会时用方言与同乡交谈是错误的做法。

聚会时用方言与同乡交谈，一方面会让人觉得你有小团体主义，另一方面让人觉得你是在哗众取宠，此外还让人觉得你利用方言谈论对别人不好的话。聚会时用方言与同乡交谈，让别人有受到排斥的感觉。在有的人看来，使用方言是降低自身的做法。

无论从沟通的角度还是从礼仪的角度而言，聚会时用方言与同乡交谈都是不妥当的。

**温馨提示：**

□ 聚会时应该使用通用的语言，如普通话或英语等。

□ 与同乡谈话时不应压低声音，神态诡异。

□ 聚会时不应总是与同乡谈话。

# 与多人谈话时切忌当众叫朋友的小名

朋友的小名不是什么时候，也不是当着任何人的面都能叫的。

如果朋友的小名无法登大雅之堂，如"狗子""二秃"之类的字眼，当众叫其小名显然是哗众取宠，让朋友出丑。如果朋友的小名是他某位亲人专用的昵称，当众叫出必然是对他权利的侵犯，也等于向别人暴露朋友的"小秘密"。如果朋友根本就不希望别人知道他的小名，当众公布是对朋友的侮辱。如果你想向别人表示你和朋友关系亲密，用当众叫对方小名的方式会显得很"弱智"。

**温馨提示：**

□ 与多人谈话时，应考虑到彼此之间的关系和所处的场合。

□ 无论朋友的小名是否动听，都不能当着别人的面随便叫。

□ 叫小名之前必须征得朋友的同意。

# 对别人的插话不可强硬拒绝

贸然拒绝他人插话是一种强硬的姿态，给人以压迫感。

某人接受采访时，说话太多，当主持人试图插话调整话题时，他贸然呵斥拒绝，主持人必然会多少有些尴尬。下级向上级汇报工作时，上级想起一个问题，想

# ◇参与多人谈话时不能只和其中几个人交谈 ◇

参与多人谈话，和每一个在场的人交谈是必须的礼貌，也是结识他人的良好途径，如果只和其中几个人交谈就不合适了。

多年不见真是生疏了，也不和我说话了。

20周年同学会

老同学聚会，你只和距离自己较近的人交谈，就会让距离较远的人感到生疏。

只和董事长的夫人聊天，对旁人也不理，这个女人可真势力啊。

参加熟人聚集的社交晚会，如果只和身份、地位较高的人交谈，就会让身份一般的人感到受歧视。

所以，与多人谈话时应照顾到其中每个人，对每个人都应同等尊重。

要插话询问却遭到了下属的贸然拒绝，上级一定会觉得自己的尊严受到了侵犯。别人插话的目的也许是提醒、建议，也许是打圆场，都不应贸然拒绝。即使对方插话的原因是由于不耐烦，贸然拒绝也是不应该的。

**温馨提示：**

□ 谈话过程中如果有人想说话，应该礼貌地予以肯定。

□ 如果环境不适合别人插话，应该用手势或目光示意。

□ 如果有人强行插话，应向对方表示尊重和礼貌。

## 不要强行加入别人的讨论

强行加入别人的讨论，就像强行侵入别人的领地一样不但不礼貌，而且惹人讨厌。

未经允许加入别人的讨论，会打乱对方的思路，扰乱对方的心情，甚至迫使对方中断正在谈论的话题。如果别人正在谈不便公开的事情，强行加入别人的讨论就是打探对方的秘密。如果别人谈的是专业话题或工作内容，你不懂而强行加入，是无理取闹。

强行加入别人的讨论还是一种急于表现自己的浅薄行为，懂得自爱和尊重别人的人不应这样做。

**温馨提示：**

□ 想加入别人的讨论应事先征得同意。

□ 应在对方讨论告一段落时再进行询问。

□ 询问对方时要恭敬、礼貌。

## 交谈时话语要连贯

交谈时话语不连贯，给人的感觉是你说话能力差、内心紧张，这样的表现是不利于展示礼仪的。

与朋友交谈时支支吾吾，会让人误以为你做了什么亏心事；与上级沟通时说话不连贯，对方对你的好感会降低；与晚辈交谈时说话顾前不顾后，难以得到对方的信服。

**温馨提示：**

□ 交谈时说话应该组织好逻辑，保持思维清晰。

□ 交谈时声音要清晰，避免对方听起来困难。

□ 交谈过程中应避免啰嗦、重复和长时间的话语停顿。

## 不可贸然加入异性的谈话圈

不要以为贸然加入异性谈话圈是活泼、善于交际的表现。

同性之间通常会有特定的话题，异性之间则不同。如果男性贸然加入女性的谈话圈，会被女性们认为是"耍流氓"；女性贸然进入男性的谈话圈，会被认为"很开放"。贸然加入异性的谈话圈，还会给异性圈子交谈带来不便，对方又不好拒绝贸然入侵的异性，双方都难免尴尬。

**温馨提示：**

□ 单独一个人时，不要加入异性的谈话圈。

□ 加入异性谈话圈时，应该先确定对方的话题是否属于大众性的。

□ 不要偷听异性谈话圈的话题。

## 交谈过程中离开前要打招呼

交谈期间无故离开是不礼貌的。

交谈时突然离开而不打招呼，会让别人误以为他们说了什么得罪你的话或做了其他不合适的举动，妨碍了你，也会让其他人误认为你不屑于参加他们的交谈。与长辈交谈过程中突然不打招呼就离开，是明显的不敬；即使面对晚辈和陌生人，毫无征兆地突然离开也是会让人感到莫名其妙的。

**温馨提示：**

□ 交谈过程中需要离开时应向众人打招呼。

□ 交谈过程中不要突兀地终止话题。

□ 交谈过程中不要做跺脚、背手等暗示不耐烦的动作。

## 切忌随意打断别人的话

不随意打断别人的话是最基本的礼貌。

每个人的表达能力和说话速度不同，有的人长篇大论，滔滔不绝，有的人边想边说，吞吞吐吐。如果别人好不容易获得一点灵感，正在陈述他的想法，突然打断会使其灵感遭到破坏。人与人说话的态度和语气不同，有的人言辞犀利，有的人言辞谨慎。如果你因为难以接受对方的观点而随意打断别人说话，会显得急躁、武断、沉不住气。如果你在参加辩论会的时候急于打断对方的话，结果可能是给评委留下不好的印象而得到低分。

即使你想反驳对方或补充、纠正对方，也不应打断他的话或抢着发言。

# ◇与人交谈时既要说也要倾听 ◇

　　只管说不管听的人是不受欢迎的，而且只说不听，就不能知道别人对你话语的反应如何，也不能知道你说话的效果如何。

　　说话时应注意听者的反应，如果看到对方表现出不耐烦等表情时应停止自己的话题，或者主动邀请别人表达看法和提出新的话题。

　　当别人说话时应表示愿意聆听，并及时附和对方，不能看表或者做其他的小动作，让对方觉得不被尊重。

　　从礼仪上来说，只说不听本就是不把其他人当回事、以自我为中心的表现。即使你说的话很有道理，也无法得到别人的尊敬。

**温馨提示：**

□ 让别人把话说完，是对对方的尊重和肯定。与别人谈话时，要给别人说话的自由。

□ 如果想插话，应该寻找别人说话告一段落的时机。

□ 想要提醒别人什么或表达看法时，要事先用表情或手势向说话者示意。

# 不探听别人的私密谈话

没有人欢迎对别人的私密谈话探头探脑表示好奇的人。

极力想了解别人私密谈话的人使人觉得没有教养、好奇心重，而且在不该好奇的地方好奇。与这样的人共事，别人一定会缺乏安全感，担心自己的隐私被他窃取，更担心他向别人泄密。对别人的私密谈话表示好奇的人使人觉得他不安分守己，不能专心工作或不负责。

不侵犯别人的私密空间是一种礼貌。

**温馨提示：**

□如果别人做出明显的拒绝加入的姿态，不要对其表露好奇。

□应克制自己探究别人话题的想法。

□不要经常对别人的谈话做出探头探脑的样子。

# 切忌不懂装懂

不懂装懂最通常的结果是惹出笑话，以自己的狼狈表现收场。

不懂装懂在无知的人面前也许能暂时抵挡一阵，保留住自己的面子，到了行家面前，可就要大出其丑了。不懂装懂是极力掩饰自己知识贫乏、见识短浅的做法，说得越多，自己的缺点暴露得就越多。不懂装懂也是不诚实的表现，如果对方有意考验你的诚意，不懂装懂就会使其对你丧失信心，收回扶助你、点拨你的打算。

**温馨提示：**

□对于自己不明白的问题应该谦虚地向别人询问。

□对于自己没有听懂的地方可以适当再次询问。

□如果自己确实不知道，应该明确告诉发问者"我不知道"。

# 谈论别人喜欢的话题

谈论别人不喜欢的话题，即使你的话再多、说话技巧再高超，也难以引起别人的兴趣，更不要说引起对方的共鸣了。

和目不识丁的人谈论文学理论，和十几岁的孩子谈论国企改革，和讨厌动物的人谈论宠物喂养经验，和喜欢看爱情电影的女性谈论车祸现场……都会让对方如坐针毡。

谈论别人不喜欢的话题，结果只会让原本想和你交往的人打消交往念头，使你和对方的关系更疏远。

**温馨提示：**

□谈话过程中应注意别人对话题的反应，及时作出调整。

## ◇ 不可在谈话中插入一些会使别人感到不好意思的话题 ◇

在谈话中插入让别人感到脸红或者不宜公开谈论的话题，会让在场的人都很尴尬，应该尽量避免。

谈话中不要议论在场者的隐私、疾病等话题，否则会让在场者十分不自然。

谈话中应该避免内衣、人体特征、性之类的话题，防止有人对号入座引起尴尬。

另外，在谈话中不要使用粗俗的词语，粗俗的语言不仅让人觉得尴尬，还会认为你素质低下。

□谈论过程中，可以很自然地询问别人的爱好和感兴趣的话题所在。
□平时应该留心大部分人喜欢什么话题。

## 不必在非原则性问题上与他人纠缠不休

在非原则性问题上纠缠不休，这样的人在别人看来是小肚鸡肠，不值得交往。

和朋友结伴购物，你坚持向对方推荐你觉得漂亮的衣服，朋友选了她认为好的，你就不停抱怨对方没有眼光，对方一定不再愿意和你一起逛街。别人的要求并没有违反规定，作为负责人的你却竭力阻挠对方，对方一定会认为你擅用职权，并且是"死脑筋"，自然不会对你有好印象。

**温馨提示：**

□说理要有根据，不能感情用事。
□对于无关大局的小问题应持宽容态度，不细追究。
□为人做事应该灵活一点，学会谅解和宽容别人。

## 说理要讲原则

说理不讲原则是不会得到别人的拥护的。

你觉得自己和甲关系好，就不分是非帮甲说话，你讲得再多也会被视为"歪理"；你觉得身为甲公司的员工就该维护本公司的利益，于是不分真假帮甲公司说话，你说得越多，做伪证的嫌疑就越大。说理不讲原则，会让领导失去威信和权威，让父母失去良好形象，让裁判失去资格，让律师失去事业；说理不讲原则，会让矛盾无法解决，让小矛盾变成大矛盾，让争执扩大化。

说理不讲原则就是意气用事，不仅解决不了问题，还会让自己的解释和说理显得空洞无力，给别人留下胡搅蛮缠、是非不分的印象。

**温馨提示：**

□讲道理之前应该先明确谁是对的、什么是对的。
□讲道理时不应受裙带关系的影响。
□讲道理时应该以事实为基础、以公平为原则。

## 批评别人要把握分寸

批评过了火就容易变成攻击，会让人的好意变成恶意。

本意是希望对方能改变工作方法，结果却变成声讨对方，这就是将批评变成了攻击；本意是希望对方节省一些，结果却变成数落对方，这就是将批评变成了攻击；本意是希望对方思考问题再缜密一些，结果却变成了讽刺对方，这也是将批评变成了攻击。

批评能使人进步，攻击却使人发怒，造成严重的负面影响。

**温馨提示：**

□ 批评别人要就事论事。

□ 批评时不要进行人身攻击。

□ 批评别人时不要牵扯到人品问题。

### ◇批评别人时切忌指桑骂槐 ◇

批评一个人，不该把矛头同时指向其他人。无论是当面借批评甲来指责乙，还是背后如此，无论是针对个人还是集体，指桑骂槐都是令人厌恶的。所以，在批评别人时应该注意：

你看看你做的好事，你怎么跟小刘一样做事这么马虎呢！

批评时不要借题发挥。批评别人应该就事论事，不能把话题引到其他的方面或者其他人身上。

上次小丽打出来的文件有好几个错误，真是太马虎了，她这个人就是不认真。

她怎么在背后说人的坏话呢。

不要在别人面前提其他人的错误进而进行批评，这样会让人觉得你是背后说人坏话的小人。

总之，批评别人时让人觉得你在指桑骂槐，别人会认为你城府太深，从而不愿与你相交。

# 切忌轻易许诺

想要许诺时一定要深思熟虑。

朋友让你帮他买东西或别人请你去某地旅游时顺便捎点东西给他，你不考虑自己是否方便就一口答应，结果根本就没有到卖相关物品的市场上去；别人请你托熟人介绍工作，你不考虑自己有没有熟人就义气用事地答应下来，结果你根本没有能力帮对方办事。如此许诺的结果必然是导致别人对你的失望和抱怨，更不要说信任了。

许诺事关人品和别人的信赖，千万不能随便应承。

**温馨提示：**

□ 自己做不到的事情不要许诺。

□ 自己不想做的事情不要许诺。

□ 违法的事情、危害他人利益的事情不要许诺。

# 切忌当众告诉别人坏消息

当众告诉别人坏消息，其结果不亚于你制造了坏消息。

当众告诉某人坏消息，无疑是在众人面前给他的伤口上撒盐，对方由坏消息带来的痛苦会更为剧烈且难以消除；当众告诉某人坏消息，给对方以你想和许多人一起看他难堪的印象，对方会认为你故意让他丢脸；当众告诉某人坏消息，对方会认为你幸灾乐祸、居心不良。

**温馨提示：**

□ 对于关于个人的坏消息，应该在私下告知对方。

□ 告诉别人坏消息后应安慰对方。

□ 如果坏消息很重大，告诉对方前应给对方充分的安慰和提醒。

# 第十一章
# 电话礼仪

# 拨打电话要选择时间

打电话不选择时间，坏处多多。

别人正在午休，你打电话必然会让对方休息不好，如果你的电话无关紧要，可打可不打，更会让对方生气；别人正在开会，你打电话必然令对方无法招架，如果再加上你喋喋不休，会无端让对方难堪；别人正在专心工作，你打电话必然影响其状态，如果再加上你倾诉痛苦，对方说不定必须加班才能做完他的工作。

**温馨提示：**

□ 上午 8 点前、11 点以后不宜打电话。

□ 中午、下午 2 点前和 5 点以后不宜打电话。

□ 晚上 8 点以后不宜打电话，深夜更不宜打电话。

# 打电话时要用问候语

打电话不用问候语是相当不礼貌的。

给长辈和领导打电话不用问候语，对方会觉得你对其有看法；给亲朋好友打电话不用问候语，对方会觉得你对其感情淡漠；给客户打电话不用问候语，对方会觉得你不具备专业水准。给任何人打电话不用问候语，对方都会感到突兀，会打消对方与你沟通的积极性，甚至让对方不愿意再与你交谈。

**温馨提示：**

□ 打电话时应该使用"您好""打扰了"等礼貌用语。

□ 打电话时应始终保持良好的精神状态。

□ 打电话时要保持站立姿态。

# 不可责骂打错电话的人

谁都可能打错电话。如果你不小心拨错了号码，电话另一头传来暴风疾雨似的责骂，你肯定会觉得非常委屈、非常生气。责骂打错电话的人不是礼貌的做法。

责骂打错电话的人，会给对方留下很糟糕的印象。如果你负责的是企业的总机或部门的分电话，对方知道后会对你所在的企业或部门产生恶劣印象。

**温馨提示：**

□ 别人打错电话，简明地告诉对方他打错了即可。

□ 如果对方只是打错了部门，你应该告诉对方要找的部门正确的电话号码。

□ 如果对方纠缠不休，你应该报上自己的单位和姓名，让对方明白自己打错了。

# ◇打错电话要道歉◇

打错电话不道歉是很没有教养的做法。所以，在打错电话的时候应该这样做：

打错电话本来就是对别人的打扰，不道歉就是骚扰，如果你连续几次拨错号码不道歉，对方会以为你在搞恶作剧。

## 打电话要说清楚目的和要求

打电话不说清楚目的和要求，电话就白打了。

有的人打电话本来想向对方求助，却因为不好意思、怕对方拒绝等种种原因而含糊其辞，不说出真正想法；有的人打电话时以为对方能明白自己的意思，因此在通话时不说清自己的目的和要求。这样做的直接结果就是对方不知道你到底想说什么。如果对方没有深入体会你的话语，就有可能误解你是闲来无事聊天；如果对方想帮你，却又怕直接询问会伤害你，你不说清楚目的就会误解对方。

**温馨提示：**

□ 打电话时应该开门见山地简短说明目的和要求。

□ 打电话时不要闲扯。

□ 打电话提出目的和要求时用语不要模糊、模棱两可。

## 接通电话后要问对方是否方便

接通电话后不问对方是否方便就自顾讲话，必然会造成"不方便"。

张三正在开会，你接通电话后不问对方是否方便就开始聊天，对方即使想回应你，也无法应答自如；王五正在上课，你接通电话后不问对方是否方便，对方就会耽误学生的时间，造成"教学事故"；对方是个正在准备为病人做手术的医生，你接通电话后不问是否方便，对方就容易分心，影响工作状态；对方正在接待客人，你不问对方是否方便，对方就不能很好地待客。

别人接你的电话表示他尊重你，但你接通电话后不问对方是否方便，就是对别人的不敬。打电话应该懂得为对方着想，这样于人于己才都方便。

**温馨提示：**

□ 接通电话后首先应该问对方是否方便接听。

□ 接通电话后如果感觉对方说话不便，应主动表示理解。

□ 如果对方不便接听，应另约时间通话，及时向对方说"再见"。

## 请对方回电时要留下可靠的联系电话

请对方回电话，却不留下方便对方找到你的电话号码，导致联系失败是很常见的。

要找的人不在，给代接电话的人说："让他打我家里电话吧！"对方一定会为这句话摸不着头脑。请对方回电话却不留下可靠的联系电话，你的电话就是无效的。如果你和受话人不太熟悉，或者你身在外地，使用的又是公用电话，接电话的人会为确定你的身份而大费周折，为找寻你的电话号码而干着急。

不要以为任何人都清楚地记得你所有的联系电话，如果请对方回电，务必要留下可靠的联系电话。

**温馨提示：**

□ 请对方回电应告知对方自己的电话号码和姓名、单位等有效信息。

□ 请对方回电话应告知对方自己方便接听的时间。

□ 请对方回电话应该告知对方有效期限。

## ◇接电话时未经同意不得透露同事个人情况◇

接电话时未经同意就透露同事的个人情况是不对的。

找小刘啊？我知道他的电话是★★★★★★★"

自作主张地向来电者透露同事的手机号码、家庭住址、去向等个人情况，就是对同事隐私的不尊重、对同事个人安全的不尊重。

是你把我的电话给别人的吗？现在他天天打电话骚扰我！

真是不好意思，我当时也没有多想……

这样做有可能给同事的工作和生活带来麻烦，使同事遭人误解，也使你招惹麻烦。

非常抱歉，不是我不告诉您，而是我也不清楚小丽到底住在什么地方……

当对方询问同事去向或个人资料，应该委婉地回绝。当然，在回绝来电者时态度一定要礼貌，不可生硬。

# 错过电话后要及时回拨

错过电话不及时回拨，错过重要信息的同时往往也错过了对方的热情和坦诚，甚至错过机会。

新闻记者错过电话，也许会错过重要线索；医生错过电话，也许会延误病人的生命；演员错过电话，也许会错过重要角色。在工作岗位上错过电话，就是失职；在私人交往中错过电话，就是逃避。错过电话而不及时回拨，一定就会错过更多信息。

**温馨提示：**

□ 别人打电话没有找到自己，得知消息后一定要回拨给对方。

□ 如果别人传达给自己速回电话的消息，一定要按时回电。

□ 如果不能及时回电给对方，一定要在回电时首先向对方道歉。

# 不可贸然替别人接电话

贸然替别人接电话不会被人认为是"热心肠"，反倒会给受话人添乱。

甲约好在几点等恋人的电话，你贸然替甲接电话，来电者会认为甲故意不接电话，同时会怀疑你刺探隐私。如果你是甲的异性朋友，来电者可能会因为你接电话而产生误会、与甲吵翻。如果来电者谈的是工作上的问题，你贸然替别人接电话，非但解决不了问题，还可能让来电者认为电话主人不负责任。如果来电者的电话内容涉及机密，电话主人更会因为你的贸然代接而苦不堪言。

**温馨提示：**

□ 如果自己和电话主人关系一般，不要贸然替对方接电话。

□ 未经电话主人首肯，不要贸然替对方接电话。

□ 如果电话响个不停，应该征求电话主人的意见。

# 不可随便请别人代接电话

随便请别人代接电话不礼貌。

如果来电者的目的是追究责任，请别人代接电话会有逃避责任之嫌；如果来电者的目的是为了邀请，请别人代接电话有摆架子之嫌；如果来电者的目的是商讨问题，请别人代接电话会有敷衍、推托之嫌；如果别人打电话的目的是试探，请别人代接电话就有拒绝之嫌。我们不一定事先知道来电者的身份和目的，但随便请人代接电话首先就是不重视来电者的表现。随便请别人代接电话还会让重要电话失效，会让打电话的人心生疑虑。

**温馨提示：**

□ 自己和别人约好的电话不应让其他人代接。

□ 不得已需要请他人代接电话时，应该告诉代接电话的人向打电话的人说什么。
□ 如果自己有时间接电话，一定不要让别人代接电话。

## 不可将电话到处转接

电话到处转接难免会耽误事情。

如果一个顾客初次给某个企业打咨询电话，接电话者先将电话转到一个部门，那个部门紧接着又将电话转接到另一个部门，估计不等电话转接到所需部门，顾客就将电话挂掉了。将电话到处转接，对方会认为接电话的人素质较低、不负责任，进而认为接电话者所在的部门或单位管理有问题，甚至不相信企业的产品质量。如果私人电话到处转接，对方就会认为是受话人在故意躲避自己。

**温馨提示：**
□ 尽量不要让电话层层转接。
□ 如果是找人的电话，简单告诉对方要找的人暂时不在，然后请他另找时间打即可。
□ 如果一个人能够应付的电话，不应再转至其他部门或其他人。

## 代接电话要做记录并及时转告

代接电话时不做记录、不及时转告，是很令人生气的做法。

代接电话时，无论来电者事大事小，不做记录就可能无法准确传达来电者的意图，不及时转告就会使来电者的电话失效。如果来电者的电话很紧急，并且不可能再打来，代接电话者不做记录、不及时转告，就可能给来电者造成不可弥补的遗憾。即使来电者身份低微、事情微小，代接电话者替其做好来电记录、及时转告也是起码的礼貌。

**温馨提示：**
□ 代接电话时一定要做详细记录。
□ 代接电话后一定要根据电话的轻重缓急及时告诉来电者要找的人。
□ 转告别人消息时一定不要有遗漏和记错的地方。

## 处理抱怨电话时要认真对待

作为受话人，不能因为对方的电话内容是抱怨就不认真对待。

如果对方打的是投诉电话，不认真对待的话，对方的抱怨会更为严重；如果对方是亲朋好友，不认真对待的话，对方会认为你不重视他和他的感受，容易引发

# ◇打电话时要注意的细节◇

通话过程中，如果难以控制打哈欠，应避免让对方听到。

通话过程中，即使对方与自己关系密切，也不要边吃东西边说话。

通话过程中，应避免用手捂着嘴说话，会造成对方听不清楚。

有的人边与别人通电话边打哈欠，或者吃东西，自己觉得这都是"小节"，无关紧要。其实这些并非"小节"。通话过程中做与通话无关的事情是心不在焉的表现。

彼此间的矛盾。无论打电话的人身份如何，不认真对待其抱怨，都是不礼貌、不耐烦、不真诚的表现。

**温馨提示：**

□ 对于抱怨电话，首先要认真倾听对方的话。

□ 接电话者应该礼貌地针对对方抱怨的内容和原因进行分析并做出对策。

□ 对于需要处理的问题妥善解决后，应该再找合适的时间向抱怨者进行回复。

# 结束通话时，不可抢先放下电话

通话结束抢先放下电话是不敬的做法。

通话结束抢先放电话会让对方疑心你不愿与其通话，或有事相瞒；如果对方还想补充什么或者想强调什么，抢先放下电话就会让对方失望；如果对方之前与你有过不愉快，抢先放下电话会让对方认为你心胸狭窄，尚在"记仇"；如果对方有事相求，抢先放下电话是拒绝的表现；如果对方身份较高，抢先放下电话是蔑视的表现；如果对方是不熟悉的人，抢先放下电话是不屑一顾的表现。

**温馨提示：**

□ 结束通话时，应请对方先挂电话。

□ 如果你的身份或你所代表的单位级别高于对方，对方请你先挂电话时应该轻轻地挂电话。

□ 通话结束放电话时应待对方挂上电话后自己再挂电话。

# 不宜在会客时长时间接打电话

会客期间长时间接打电话是不能使人容忍的。

你约好一个许久未见的朋友来家中做客，对方到来后，你一会儿接电话，一会儿拨电话，把对方晾在一边。这样做一方面会让对方认为你故作姿态，显示自己交际范围广、受人欢迎、事务繁忙，一方面会让对方认为你不是真心相待，有被欺骗的感觉；再者，你会让对方认为你用这种方式暗示"电话那头的人比你重要得多"。

**温馨提示：**

□ 有重要电话需要接打时，应该礼貌地向客人说明。

□ 接打电话时，应该请客人稍候并避开客人。

□ 会客期间不应该接打电话，或接打电话时应简短。

# ◇不可突然挂电话◇

　　突然挂电话会让人丈二和尚摸不着头脑，莫名其妙之余感到生气。所以，即使自己有再紧急的事情也不应该突然挂断电话。

　　如果因为线路问题导致电话突然断掉，应该及时向对方道歉。

　　挂电话前应该保证和对方沟通完毕并且已经说"再见"。挂电话时要注意动作幅度，不要让对方觉得太突然。

　　突然挂断电话让人觉得突兀而无法适应，对方会认为你使性子、乖戾而不通人情，在打电话的时候应该避免这种行为。

# 第十二章

# 书信礼仪

# 给别人写信字迹要工整清晰

给别人写信字迹潦草马虎是不礼貌的表现。

给亲近的人写信不注意字迹和措辞用语，是敷衍的表现；给上级写信字迹潦草、书写马虎，是工作不认真的表现；给下级写信字迹潦草，是不能以身作则的表现。私人信件不认真书写，说明此人做事拖泥带水、邋遢随便；写公务信件字迹杂乱，说明此人办事不妥当、不负责，所在单位管理不到位。任何人收到需要费力才能看清的信都会不高兴。

**温馨提示：**

□ 写信时应该保证字迹工整、清楚。

□ 写信时不要在同一封信上使用两种字体、两种信纸或两种颜色的油墨。

□ 写信时尽量不要涂改。

# 写信要注意格式

因为电话、传真机和电子邮件的普及，越来越多的人不注意写信的格式，如不写称呼、乱写落款、不分段等，这是不应该的。

写私人信件，如果对方是你的亲人或好友，也许不在乎有没有格式、合不合格式，但若对方是初次与你交往，收到格式乱七八糟的信，心里一定会不乐意。如果你通过信件来联系供应商、投资对象、合作伙伴等，或者向上级单位或下级单位发公务文件，不注意书写格式就会阻碍工作的进展，你也会被别人认为是工作不负责、待人不真诚的人。

**温馨提示：**

□ 一封完整的信应该包括称呼、问候语、正文、结尾、落款和日期。

□ 书信的称呼要顶格写在第一行。

□ 书信的问候语要根据收信人的身份以及与自己的关系来写，最后的结语也是如此。

# 写信要长短适宜

有的人写家信，短短几句，好像发电报；有的人写公文，长篇大论，且只写一件小事。这种做法真让人哭笑不得。

信件不是电报，不必惜字如金；信件也不是长篇小说，不必连篇累牍。信写得太短让人觉得写信人在感情和笔墨上都太吝啬，写得太长则让人感觉写信人婆婆妈妈，办事不利索，总结能力太差。

**温馨提示：**

□ 写信时应该根据内容定字数，最少也不应低于二三百字。

## ◇不可将私人信件公之于众◇

对待自己写的信和自己收藏的私人信件，应同等尊重和爱护，即使与人发生争执，也决不能以公开私人信件的方式报复别人。

如果你无意中发现别人的私人信件而将其公开，是对写信人与收信人双方的侮辱。

如果故意找别人的私人信件并将其公开，这种行为已经超越礼仪而涉嫌犯罪。

所以，不管什么原因，未经写信人与收信人双方同意，不要将私人信件公之于众。

□ 写信时应本着长话短说的原则，不要使用重复啰唆的话语，尽量不在同一封信中同时说好几件事。

□ 不要把文字写到信纸的最顶端和最下端，要给信纸留出"天"和"地"。

## 给不熟悉的人写信不可太亲密

给不熟悉的人写亲密信件是违反礼仪的做法。

刚认识一位异性没几天，就写言辞暧昧的信给他，对方一定会感到很不适应，甚至觉得你太过"奔放"。领导给下属写信使用昵称称呼对方，下属不会感到受宠若惊，反而会感到"大难临头"。为了请别人帮忙而在信中落款"你的某某"，对方一定会感到牙都快被酸掉了。

给不熟悉的人写亲密信件，非但无法表达对别人的尊重，反而会让别人觉得自己不受尊重，并且因为引起对方误会，原本存在的联系也可能中断。

**温馨提示：**

□ 给不熟悉的人写信，不要使用亲密的称呼。

□ 给业务、公务关系的异性写信，不要在信中使用暧昧的话语。

□ 给一般关系的朋友写信，不要将自己的昵称或爱称作为落款。

## 收到信后要及时回复

收到信后不回复是不可原谅的错误。

如果对方的信件内容紧急且重要，不回信就会耽误事情甚至让你永远无法弥补；如果对方与你关系密切，不回信会使对方盲目等待、徒增烦恼；如果对方与你关系一般，不回信就使对方认为你不肯与之交往；如果对方是亲人，不回信就会使对方担心你的状况，使其增加心理负担；如果是公务、商务信件，不回信就可能导致信誉危机或被别人认为没有效率、没有规范。

**温馨提示：**

□ 收到信后应根据信的内容进行回复。

□ 如果信件很重要，应采用电话等形式进行回复。

□ 回复信件要及时。

## 不可用公务信纸和信封写私人信件

用公务信纸和信封写私人信件是不允许的。

用公务信纸和信封写私人信件，会让收信人有种公事公办的感觉，对方还会觉得你装腔作势，不利于私人情感的交流。用公务信纸和信封写私人信件是对单位的不敬和资源的滥用和浪费，说明你爱占小便宜。如果被领导知道，你的人品在他心目中必定大打折扣。如果你用公务信纸和信封写求职信，相信没有哪个单位愿意接收这样无视公司利益的员工。

**温馨提示：**

□ 不应滥用公务、商务的信纸和信封。

□ 不应假借单位名义写私人信件。

□ 写私人信件时，信纸不应折叠得过于复杂，信封应使用标准信封。

### ◇聚会前要提前给朋友发送邀请函◇

在临到聚会前才向朋友发出邀请函是极不礼貌的做法，会让对方觉得你是临时找他去凑个数。

应该尽可能早地给朋友寄送派对邀请函，确保客人能够收到，同时客人也有足够的时间来回复邀请函。

当然，发送邀请函的时间也不能太早，最理想的时间是在聚会的前3~6个星期，以免对方遗忘。

## 邀请函中要写明聚会的细节

邀请函最需要注意的要点是包含客人所需要了解的所有派对信息。通常必须包括以下内容：

派对的具体时间、日期和大体持续的时间。

派对的地点。

参加聚会的对象，回复对象和截止期。

需要携带的物品，比如家常菜。

服饰的要求，比如举行服装派对……

**温馨提示：**

□ 如果选择正式手写邀请函邮寄的方式，可以提供一些回复邀请函的灵活选择。

□ 可以通过电话或者邮件回复邀请。

## 不要遗漏应该邀请的人

礼貌的主人所做的最糟糕的事情就是将一些人排除在派对之外，特别是一些能够获知派对信息的人。因此如果心有顾虑，并且邀请了他们交际范围内的人，那么让邻居或者自己所在活动组的女士们一起参加派对。设身处地地想想，如果你所在的街道或者社区的人都被邀请参加派对，而你没有，会有什么样的感受。己所不欲，勿施于人，不要将一些人排除在外。

**温馨提示：**

□ 发送完邀请函后再仔细检查一遍，看是否遗漏了一些人。

□ 不可故意将一些人排除在邀请之外。

# 第十三章
## 拜访礼仪

# 上门拜访前先预约

贸然上门拜访是不符合礼仪之举，如果你有事相求或商量，则失望的可能性会加大。

因为公务性或商务性事务上别人的办公地点贸然拜访，对方可能正在处理事务而无暇顾及，如果对方已经出差，你连向对方打个招呼的机会都没有。如果是拜访私人而贸然上门，对方可能在招待客人、举办小型聚会、休息，甚至有可能在和家人吵架，你的到来必定会让对方感到不知所措。贸然上门拜访，对拜访者来说会让主人感到突兀、为难，对接待者来说会导致行为仓促而难以让来客感到满意。

**温馨提示：**

□ 上门拜访前应该和主人预约。

□ 上门拜访时应该征得主人的同意。

□ 上门拜访时应保证不打扰主人的正常工作和生活。

# 不可单独夜访异性朋友

单独夜访异性朋友引起别人的猜疑和误解自然是难免的。

无论是让异性朋友误解，让异性朋友的伴侣或家人误解，还是让异性朋友周围的熟人、陌生人误解，都是不应该的。好心拜访别人，反倒让对方背负名誉上的负面影响，给对方心里"添堵"，这能说是符合礼仪的做法吗？

**温馨提示：**

□ 拜访异性朋友时最好有他人做伴。

□ 拜访异性朋友应该在白天。

□ 拜访异性朋友时不应逗留太长时间。

# 登门拜访前要明确目的

登门拜访前不明确目的，就容易使拜访流于形式，失去效用。

路过熟人的家，登门拜访说"没事，随便看看"，对方会多少有点莫名其妙。因为没有目的，对方摸不着头脑，招待你的同时始终会猜测你的真实想法和要求，导致"心累"。如果你和主人有过节，上门却不说目的，对方一定会猜疑。

登门拜访前不明确目的会导致交谈不顺畅，交往不顺利。上门拜访本身就是一种打扰，如果没有目的，既浪费时间，又浪费精力，当然不能说符合礼仪。

**温馨提示：**

□ 登门拜访前应有一个明确的理由。

## ◇到朋友家做客不宜带小孩同行◇

如果你的孩子很小，必然需要时时悉心照顾，所以，到朋友家做客带小孩同行并不礼貌。

真是不好意思，孩子说尿就尿了……

带孩子上门，吃喝拉撒都在朋友家，不但不雅观，还会制造令人不舒服的气味和噪音，想必给朋友带来的麻烦会多过乐趣。

如果你的孩子特别闹，难免会打破东西、撒娇哭闹，这样大人自然就无法正常交谈，更不要谈开心和乐趣了。

孩子这样闹，也没法聊天啊。

我的两个孩子都很喜欢和你的孩子们玩呢，所以特意和你说要带上他们啊。

带着孩子来真是打扰你了。

因此，到朋友家做客，除非朋友强烈要求，否则尽量不要带太小的孩子。

□登门拜访时应向主人说明原因。
□登门拜访时不要不着边际地乱侃。

## 切忌换鞋时露出脏袜子

换鞋露出脏袜子，真是会让人笑掉大牙。

换鞋时露出脏袜子，等于在向主人宣布"我没洗脚，我不讲卫生"。脏袜子与整洁的环境极不协调，还有可能发出令人尴尬的气味。一个懂得礼仪的人不可能不让自己有一个整洁的形象，而穿脏袜子说明你不重视自己的拜访对象，是对主人的不敬，也是自暴丑陋。

**温馨提示：**
□做客之前应该保证自己的脚是干净的。
□做客之前应换上干净的袜子。
□做客时不要穿有破洞的袜子。

## 随身物品要放在恰当的地方

拜访别人时，自作主张地放置自己的随身物品，如把围巾扔在桌上，把皮包和外套扔在沙发上……这种毫不拘谨的方式并不能起到积极作用。

随意放置自己的随身物品，你会在对方眼里变得很放肆；随意放置自己的随身物品，会使主人的居室显得杂乱，这是对主人居室整洁的破坏，显然是不受欢迎的；随意放置随身物品也暗示出你对主人不信任。这种举动显然不能说合乎礼仪。

**温馨提示：**
□坐下时，随身的皮包应放在自己腿上或座椅上。
□如果随身物品较多，应放在指定位置。
□如果没有人规定或指定位置，随身物品应放在自己方便取用而又不妨碍别人的地方。

## 拜访要控制时间

拜访任何人都不应该不控制时间。

拜访好友、拜访自己崇拜的人、拜访亲戚等，兴致上来，一坐大半天，几个小时过去也没有走的意思，即使对方再有谈话的兴致和良好涵养，也会感到疲惫。如果对方与你是初次交往，说不定会被你这种超级热情吓得再也不敢接待你。拜访别人时逗留时间长到让对方厌恶甚至害怕，没有人会觉得这样是礼貌的。

同样，拜访时间太短，见一下，没过5分钟就走，对方会认为你是嫌弃和敷衍，这样也是不合礼仪的。

**温馨提示：**

□ 临时性访问应该控制在 15 分钟左右。

□ 一般关系的拜访和事务性的拜访时间应控制在半小时以内。

□ 好友聚会时间最好不要超过 2 小时。

## ◇拜访别人时要在指定位置停放交通工具◇

拜访别人的时候，随心所欲地停放交通工具是不合礼仪的。

因此，拜访别人的时候交通工具应停放在指定地点，并将其锁好。

# 拜访要确定交谈对象

上别人家串门，本来是要找甲，结果和对方家人打个招呼后，竟然与甲的家人聊起来，把甲冷落到一旁。有过这种经历的人恐怕不在少数。

拜访别人却不确定交谈对象，一会让你忘记真正的拜访目的，二会让真正的拜访对象感到奇怪和生气，三会浪费时间，导致拜访无效。拜访不确定交谈对象，会给人以随随便便、不讲原则、意志不坚的印象，没有人愿意和这样的人合作；拜访不确定对象，容易让真正的拜访对象疑心你对他有成见，如果碰巧其他人有事在身，与他们交谈则是给其增添负担。

**温馨提示：**

□ 拜访前应该确定自己是去拜访谁。

□ 如果自己要找的人不在，不要和其他人长时间交谈，以免妨碍对方。

□ 拜访某人时如果遇到其他人，不要将目标转向他人。

# 临走时要和主人及其家人一一道别

临走时只和主人道别的人，可以说是不懂礼仪规矩的。

临走时只和主人打招呼，说明你眼中没有主人的家人。在主人的家人看来，你这种人一定很势利，他们会认为你只对自己用得上的人表示礼貌。只对主人打招呼，并不能让主人感到你对他格外尊重，反而会暗暗对你产生不满。

你拜访的对象是主人，但是忽略他的家人，显然是不懂礼节。

**温馨提示：**

□ 做客临走时应向在场的所有人道别。

□ 参加舞会临走时可以只向主人或熟悉的人告别。

□ 参加宴会等社交聚会，临走时遇到熟悉的人不要视而不见。

# 做客不可随便

做客太随便的人惹人讨厌。

在主人家里站没站相，坐没坐相，想说什么就说什么，不管别人心里的感受如何，不管别人的目光和表情如何；吃饭的时候想吃什么就吃什么，狼吞虎咽；主人家的物品，不管什么都能引起他的好奇；主人家的宠物，喜欢就抓住玩弄，不喜欢就冷眼相对，甚至打骂。这都是做客太随便的表现。这样做是对主人的侮辱，任何主人都不会喜欢这样的客人。

# ◇不可提出不合理的要求◇

做客时，不要因为自己是客人，就提出不合理的要求。

不要向主人索要主人家没有的饮料或食品，否则会让主人觉得自己准备的食物和饮料不合客人的胃口，从而造成不愉快。

不要向主人索要自己喜欢的物品，如果恰巧这件东西也是主人喜欢的，会让主人十分为难。

做客时间不宜过长，更不能耽误主人的作息时间。

虽说招待客人讲究一切以客人为中心，但若客人不知趣地提出不合理的要求，再大度的主人也不会对你有好感。

**温馨提示：**

□ 做客期间不要对主人家居的陈设太好奇。

□ 做客期间未经允许不要进入主人的卧室和其他虚掩的房间。

□ 做客期间说话和行为都要注意分寸。

## 不可强行代主人做饭

强行代主人做饭的人，可谓很不知趣。

首先，到别人家做客，强行代主人做饭是反客为主的表现，等于是抢夺了主人的地位；其次，你毕竟不是主人的家人，对厨房的格局以及主人的卫生习惯都不太清楚，强行代主人做饭，无疑是表示自己对主人的手艺不放心，同时也暴露出热衷于自我表现的心理。强行代主人做饭，让主人的殷勤待客之情无处可施，徒增尴尬。

**温馨提示：**

□ 做客时吃什么饭可以向主人提建议，但是吃饭时应该听从主人的安排。

□ 做饭是主人向客人表示尊重和热情的机会和手段，应该尊重主人的劳动。

□ 主人做饭时，可以适当帮忙，但不要在旁边指指点点。

## 不宜请客人下厨"露一手"

请客人下厨"露一手"的做法实在不明智，不是所有的客人都喜欢这样的。

客人如果从来不下厨，请对方做饭炒菜是让他出丑；如果对方不习惯在别人家使用炊具，可能使其难以发挥出正常水平，同样会出丑。请客人下厨，必然要动刀动铲，很可能让客人不小心受伤。客人拜访时，必然是穿了盛装前来，下厨时油盐酱醋齐上阵，沾上污渍或油烟味不说，不小心弄脏衣服或头发，自然就使自己的形象受损了。

**温馨提示：**

□ 客人应该是享受者，应保证在做客期间安心接受招待。

□ 如果客人主动要求下厨，可以请其做一两道菜。

□ 如果客人手艺不佳或从未下过厨，不要向其提出下厨的建议和要求。

## 切忌随便串主人的房间

随便串主人的房间，有窥探隐私之嫌。

第一次上门拜访，处处觉得好奇，主人请你在客厅里坐，你偏偏把目光投向对方其他的房间；不等主人答应，你就自作主张地推开对方的卧室进去参观。这样做相当不礼貌。如果主人家其他房间里有人，贸然闯入是对其冒犯；如果主人除客厅之外的房间都未打扫，贸然串入会使主人尴尬；如果主人家藏有贵重或新奇的物品，四处乱闯会让主人担忧。

**温馨提示：**

□拜访别人或受邀做客到别人家里时，应该尽量在主人指定的房间内活动。

□未经允许，不要窥视主人家的各个房间。

□未经允许，不要动主人家的任何物品，更不要打开对方的橱柜等家具。

## 不可随意使用主人的卫生间

随意使用主人的卫生间是没有礼貌的行为。

卫生间是主人的"禁地"，不是可以随便使用的。卫生间是洗澡和上厕所的地方，也是最容易聚集病菌的地方。上卫生间，就等于侵犯了主人的私密领地，再遗留下排泄物，显然是不礼貌的。关系一般的人短暂拜访时上卫生间，主人和客人都多少会感到不自在。

不事先征求主人同意，不询问主人有什么注意事项就上卫生间，也是错误的。

**温馨提示：**

□如果短时间拜访，应避免使用主人的卫生间。

□如果主人家里有两个卫生间，必须使用卫生间时不要使用主卫。

□使用主人卫生间时尽量避免大便和长时间待在里面。

## 对主人的房间布置表示赞美

有的人喜欢紧凑的布局，就对主人家家具摆放的方式相对松散而指指点点；有的人喜欢艳色的布料，就对主人家颜色素淡的窗帘和床罩表示轻蔑；有的人不喜欢在室内放置花木，就劝主人不要在卧室里摆放兰花和仙人掌。

按照自己的喜好评判主人房间的布置，就是对主人审美水准和花费的心血进行抨击。把自己的意志强加给别人是不礼貌的。

**温馨提示：**

□参观主人的房间和陈设时不要一言不发。

□不要吹毛求疵地指出主人房间布置的缺点。

□应对主人房间设计的独特之处进行赞美。

## ◇对主人家的孩子表示喜爱◇

主人的孩子是主人的最爱，对孩子表示厌恶，就是对主人的厌恶，是很失礼的做法。

对待主人家的孩子要表露出喜爱之情。最好能给孩子带点礼物，这比送给主人礼物还会让其高兴。

做客时，最好能热情地摸一摸主人的孩子，或者抱一抱主人家的孩子，这样主人会感到很开心。

# 第十四章
# 待客礼仪

## 远客到来要提前迎接

远客到来之前，主人如果不迎接，就不算个合格的主人。

如果客人第一次来访，并且你的住处很偏僻，提前迎接客人可以免去客人费力寻找之苦；如果客人身份高贵，即使不是初次来访，提前迎接也是客人应得的礼遇；如果客人不善长途跋涉，提前迎接客人有助于客人恢复精神和体力。反之，主人就会留给客人傲慢自大的印象，从而有碍主宾交往。

**温馨提示：**

□远客到来时应该由主人亲自迎接，或由专人前往车站迎接。

□如果客人是初次到来，应该准备接站牌。

□应该提前赶到客人下车的地点，避免让客人等待。

## 待客前要打扫卫生

用杂乱、肮脏的居室待客是不礼貌的。

门口放着胡乱摆放的鞋，客厅里堆满果壳和瓜子皮，家具上落满灰尘；阳台上堆满杂物，厨房里放着没洗的碗，卫生间里堆着未洗的衣服……客人来做客看到这幅景象，一定心情不爽。待客前不打扫卫生，说明主人对客人不够重视，也说明主人不在乎自己给别人留下什么印象，还说明主人生活邋遢、没有规律、不求上进。

让客人在脏乱差的环境里做客，实在是对客人不礼貌。

**温馨提示：**

□待客前应该认真打扫室内外的卫生。

□如果有临时性访客上门，不要当着客人的面打扫房间。

□如果来不及打扫，至少应该把物品摆放得稍微整齐一点。

## 接待客人要注意仪表

蓬头垢面地招待客人，客人怎么能觉得主人是真心实意的呢？

接待客人时穿着睡衣甚至内衣，客人一定会觉得自己走错了地方，并且不知道把眼睛放在哪里合适；接待客人时蓬头垢面，牙齿上还沾着食物残渣，一伸手暴露出指甲里黑糊糊的污垢，这样的形象想必主人自己照照镜子都会觉得难为情。接待客人时不注意自己的仪表是不合礼仪的。

**温馨提示：**

□接待客人前应洗澡、穿上干净整齐的服装。

□男主人应该刮胡须，女主人应该化淡妆。

□接待客人之前，应祛除口臭等不雅的气味，可在室内喷洒清新剂或使用香水。

# 待客时要精神饱满

　　带着一脸的倦容和一身的倦意待客的人，不会给客人带来好感觉。

　　客人满怀欣喜和期待前来拜访，却发现主人满面倦容，一定会觉得主人是在勉强应对，同时自己心里也会有些歉疚。待客期间客人正热情高涨地发表见解，却看到主人疲倦的表情，客人的热情马上就会像被泼冷水一样迅速减退。待客时主人露出倦容，无疑是在暗示客人"我累了，该休息了，你该走了"，也可以被理解为"客人的话题太无聊，搞得我都昏昏欲睡"。

## ◇客人来访要起立◇

　　长辈做客也好，同事和朋友来访也好，晚辈拜访也好，如果不起立迎接就不足以表达欢迎、友好、敬重之情。

你好，欢迎欢迎快进来。

　　客人到来时，主人应马上放下手中的事情，或停止与别人交谈。并且起身相迎，与客人热情寒暄。

居然不站起来迎客！

　　客人到来时不肯起立迎接的主人，即使笑容再灿烂、话语再动人，也会使客人失望和误解。

□ 接待客人时主人应保持良好的精神状态。

□ 待客时主人不应该有抱怨的神色。

□ 待客期间，主人不要走神，更不要想不愉快的事情。

## 待客的茶具要完好

用破损的茶具待客是不礼貌的。

茶壶上缺一个口子，茶杯把断了半个，这样的茶具向客人昭示着主人多么不懂规矩、多么随便。如果主人专门请客人品茶，破损的茶具会使茶之美尽失，这不但是对茶的亵渎，更是对客人的怠慢。

即使不能用新茶具，也不该用破损的茶具待客。

温馨提示：

□ 敬客用的茶具应该保证完整无缺。

□ 茶具应该成套使用，质地以陶瓷为佳。

□ 茶具的新旧程度应该一致。

## 不可用手抓取茶叶

用手抓取茶叶是不合礼仪的。

茶叶不是俗物。从品茶赏茶的角度而言，用手抓取茶叶会使茶叶失去文化韵味，失去喝茶的境界；从卫生角度来说，用手抓取茶叶会使茶叶沾染上不纯的气味或不洁的尘垢，影响茶的味道和成色，也影响客人的心情；从礼仪角度讲，当你为一个酷爱喝茶的客人打开一罐极品茶叶，下手去抓的同时，客人已经对你失去了信心。

温馨提示：

□ 为客人沏茶时，应该使用专门的瓷勺或竹木勺取茶。

□ 取茶要适量，要根据客人的需要来取。

□ 掉落的茶叶不能再拾起放进茶杯。

## 不可在客人面前与家人争吵

在客人面前与家人争吵的主人不合格。

当着客人与家人发生争吵，甚至打骂，会制造出紧张、难堪的气氛，会让在场的客人感到自己来得不是时候；主人当着客人与家人争吵，容易被客人认为是"指

# ◇敬茶不可满杯◇

敬茶的时候并不是给客人的茶水越多表示越尊敬，反而是不应该太满，因为：

中国有"茶满欺人"之说，因为茶水一般都上热茶，茶水倒得太满，水容易溢出，烫到客人的手，或泼洒到桌上或地上。

另一方面，茶水倒得太满，主人端杯时容易将手指浸泡在茶水中，这自然是很令人反感的。

这茶水也太满了吧。

因此，在敬茶时，倒水至七八分满即可。应避免茶水溅出，更不要让茶水打湿客人的衣服或文件。

桑骂槐"，误以为真正的矛头是针对自己；在客人面前与家人争吵，是将家丑外扬的表现，是把不好的一面暴露在客人面前，有损主人的形象；当着客人与家人争吵，会严重影响宾主交谈的效果。

**温馨提示：**

□ 待客时应与家人和睦相处。

□ 如果与家人产生矛盾，应待送走客人之后再解决。

□ 待客期间，不要故意与家人发生口角和争执。

# 不可任由自家小孩打扰客人

无论是多么要好、多么不拘小节的客人来访，都不应该让自家小孩任意打扰客人。

与客人谈重要事情时任由孩子在客人面前跑跳，问东问西；客人的衣着打扮有些特别，自家小孩不停地玩弄客人的衣服，抓客人的头发；主人的孩子哭闹着让客人为他买糖果……这些都是任由自家孩子打扰客人的表现。客人不可能和小孩子计较，但受到打扰后就不免失态，耽误宾主交流，还容易给客人留下"这家人不懂家教"的印象。

**温馨提示：**

□ 招待客人时，应该首先安顿好自家小孩。

□ 当自家小孩哭闹时，主人应尽快好言抚慰，不应当着客人的面呵斥、打骂。

□ 如果自家小孩已经懂事，要事先教其礼貌地称呼客人，并嘱咐其不打扰客人。

# 留宿客人要问客人的习惯

让客人在自己家留宿时，不问客人的习惯，按自家习惯照顾对方是不对的。

客人不习惯睡软床，你却特意在为客人准备的床上加铺厚厚的床垫，虽是好意，却让客人无法享受；客人不喜欢看肥皂剧，你却在招待客人期间极力向客人推荐，并请对方和你一起看五集连播的电视剧，客人内心一定苦不堪言；客人习惯晚睡，你却早早地把客人安顿好、嘱咐他早点睡，并随后就去自己的卧室玩电脑游戏，客人一定会觉得你是在向他表示厌倦和不满。

**温馨提示：**

□ 留宿客人时，应事先询问客人对住宿环境的要求。

□ 留宿客人时，应针对客人的年龄、性别、身份进行安排。

□ 留宿客人时，应尽量为客人营造整洁、安静的环境。

## ◇待客时要照顾来客的小孩◇

既然是待客，每一位随自己邀请对象来到家中的人都是客人，不应当有贵贱之分，不应当区别对待。

待客时不照顾客人的小孩，会让客人误以为主人讨厌自己带来的孩子，客人自然无法很放松地享受主人的招待。

忽略了客人的小孩，小孩自己也会感到备受冷落，很容易显得拘谨或故意捣乱。

在待客时对客人带来的小孩应悉心照顾，给其准备玩具和空间，让孩子尽情玩耍，大人也可以放松地聊天。

# 待客应尽力方便客人

"客随主便"是我们耳熟能详的词语，但待客时这样做就错了。

待客时对客人不够恭敬，吃饭、住宿、游玩等，处处都是主人代为决定，客人必定会感到很不自在、很不尽兴，甚至很委屈。待客时"客随主便"，就无法使客人得到真正的轻松和愉快。不询问客人需要什么就自作主张，实际上是连对客人最起码的尊重都没有实现，这样的主人是费力不讨好的，在客人心目中也是不懂礼仪的。

**温馨提示：**

☐待客时，应该"主随客便"，讲究"宾至如归"才是上策。

☐待客时，应该主动体察客人的需要并进行照顾。

☐待客时，不要将自己的喜好强加给客人。

# 在客人到齐之前就开始炒菜

在家宴客时，千万别等客人到齐了再炒菜。

等客人到齐了再炒菜，一方面必然耽误时间，主人不可能短时间内把很多道菜做好，客人们在此期间会等得心焦，也会等得饥肠辘辘；另一方面，等待个别客人太久，先到的客人会感觉自己受到了冷落，认为他们只是陪衬。再者，等客人都到齐了再炒菜，主人让客人干等着菜上桌而不出面相陪、寒暄，会显得很不尊重客人。

**温馨提示：**

☐待客时应该边准备菜边等未到的客人。

☐主人准备菜之前应指定专人陪伴先到的客人。

☐两道菜之间的间隔不应该太久。

# 不可冷落个别客人

同时招待几个客人时，主人因为照顾不过来而冷落个别客人，这样做不好。

如果同来的是一个关系很好的小团体，冷落其中任何一个客人都是对他们全体的不敬，这等于是在向他们暗示，某人不适合和你们在一起，这是挑拨离间。如果客人身份较低，冷落他是对他的不屑；如果客人地位较高，冷落他是对其挑衅；如果客人生性腼腆，冷落他是以强欺弱。冷落一个客人，其他的客人全看在眼里，大家会从礼仪到品质都对你产生怀疑。

**温馨提示：**

☐待客时要时时为客人着想。

☐客人多时应该照顾到每个客人。

☐待客时如果主人有事不能照顾客人，应该让亲戚朋友代为照顾。

# ◇在家待客不可影响邻居休息◇

主人在家待客时影响邻居休息，说明其不懂礼仪。在家接待客人时，应该注意以下几个方面：

在家待客时，不要大声喧哗，以免打扰到邻居。如果需要音乐助兴，要注意不要将音响等声音开得太大。

如果在家待客时有跳舞的活动，应该要注意不要在室内跳节奏强烈的舞蹈。

如果是晚上的话，迎接客人或者送客时的寒暄也应该尽量小声，不要打扰到邻居。

## 待客交谈时要避免冷场

待客交谈时冷场，是任何一个合格的主人都应该竭力避免的情形。

待客时，如果主人不说话或说话很少，客人就会感到紧张和无聊，会认为主人是在故意制造难堪，暗示客人"你不受欢迎"；如果客人谈话热情不高，主人便顺其自然，也停止发言，客人会认为主人是在赌气。待客本来应该是个宾主尽欢的场景，如果冷场，"礼仪"二字就无从谈起。

**温馨提示：**

□ 待客时，不要故意冷落客人。

□ 待客时，如果客人不爱说话，主人应主动寻找话题。

□ 待客时，如果客人对某些话题很感兴趣，主人应主动顺应并配合客人。

## 下逐客令要讲究方式

下逐客令不讲方式，任何人都不会坦然接受。

觉得客人坐的时间足够长了，主人不耐烦地对客人出言不逊、语气生硬、横眉竖目地向客人说"走吧走吧"，客人一定会很尴尬。一点不为别人着想的主人，一定很难有机会再接待曾经遭遇他驱赶的客人。

下逐客令不讲方式，让客人难堪，自然是不礼貌的。

**温馨提示：**

□ 客人如果迟迟不走，主人应该委婉而礼貌地进行提示。

□ 可以用看表的动作来暗示客人。

□ 主人可以用询问客人是否有其他事以及告诉客人自己的安排来暗示客人。

## 送客要送到门外

送客不到门外，你对客人的招待不算做得圆满。

客人提出告辞，主人立即起身挽留，但只是目送客人自行出门，这样的挽留未免太虚伪勉强。送客不到门外，说明主人在潜意识里早就在盼望客人离开。客人有了这样的认识，心里必定不会舒服。整个接待过程都非常热情、到位，而主人不把客人送到门外，就会将主人的全部殷勤消融殆尽，可谓是功亏一篑。

**温馨提示：**

□ 送客要送到门外、楼下，并亲切道"再见"。

□ 如果客人初次到来，应将客人送到稍远一点的地方。

□ 对于贵客，可将其送到车站，并为其准备礼品。

# 要照顾第一次远道而来的客人

客从远方来，而且是头一次来，如果主人不关心他是否吃得惯异地的饭，不问他对什么地方感兴趣，不告诉他出门应该注意什么，这样最容易让客人扫兴。

客人第一次远道而来，人生地不熟，主人对其淡然处之，会让对方有受冷落、不受欢迎的印象。客人离家远，自然会因为主人的态度而心生不适应和不愉快的感觉。

不能让客人感到受尊重和被体贴，这样的礼仪就是错误的。

温馨提示：

□ 对待第一次远道而来的客人，应悉心照顾其饮食和生活。

□ 待客期间不要与客人发生争吵。

□ 主人应向首次远道而来的客人提供当地交通路线和出行建议。

# 不可在客人刚走后就议论客人

客人没走远就议论客人很容易引起对方误解，这是不应该的。

客人没走远就议论对方最近发生了哪些事，议论对方和哪些人交往等，如果主人对客人的议论是好的评价，客人会觉得主人在作秀给他看；如果主人对客人的议论是负面的，客人会觉得主人招待自己是违心的。无论主人议论客人的什么方面，都是在客人背后议论，这样的人是不受欢迎的。

温馨提示：

□ 客人离开家门后，不要谈任何与客人相关的话。

□ 客人出门后，主人不要指着客人的方向说话。

□ 客人未走出主人的视线时，主人不要掩口和家人说话。

# 客人走后要轻声关门

不要在客人走后马上大力关门。

客人走后马上大力关门，给人的感觉是主人对客人很不耐烦，早就盼着客人离开，甚至还有厌恶和故意做给客人看的嫌疑。如果客人此次上门的目的是道歉，主人这样做显然是将自己接受道歉的行为推翻了；如果客人上门的目的是求助，主人这样做会让客人感到心灰意冷；如果来客是长者或上级，主人这样做无疑是搬起石头砸自己的脚。

温馨提示：

□ 会客结束，主人应目送客人出门。

□ 会客结束，应待客人走远再关门。

□ 关门时动作要轻，不应发出沉重的声音。

# ◇送客时走在长者后面◇

尊敬长辈、尊敬贵客的行为应该体现在待客始终的任何一个细节。送客时，主人不应该走在长者前面。

送客时走在长者前面，会让客人有"主人嫌我走得慢，他巴不得我早点离开"的误解。还会让客人觉得主人不懂尊重长辈、爱出风头。

除了要走在长者身后之外，主人还要主动搀扶年老体弱的客人，主人行走的速度也不能太快，不要距离客人太远。

# 第十五章
# 办公场合礼仪

# 在办公室着装不可太随便

办公室可不是想穿什么就能穿什么的场合。

穿着超短裙和露脐吊带衫的女秘书，无法让人相信她有良好的作风和工作能力；穿着无袖上衣的女教师，无法成为为人师表的模范；穿着休闲装参加谈判的老总，难以让对方相信他的实力和诚意；穿着皱巴巴衬衫的男性员工，很容易被认为工作不努力。办公室里着装随便，会给他人以不好的视觉印象。在办公室乱穿衣的人，无法传达出对别人的敬意。

**温馨提示：**

□ 办公室里不要穿太休闲的服装。

□ 办公室里不要穿太短小、暴露的服装。

□ 办公室里不要穿太透明的服装。

# 穿制服要注意职业形象

身穿制服的人，如医生、警察、服务员等，都给人一种专业、干练的印象。但如果身穿制服却不注意职业形象，就令人不敢苟同了。

身穿制服走路东摇西晃、满嘴脏话，这样出入社交场合，这些表现都会玷污职业形象，使人倍添厌恶之感，容易被人疑心为"扯虎皮拉大旗"、不务正业，还让人分不清穿制服的人究竟是在工作还是玩忽职守。

**温馨提示：**

□ 穿制服时，应按照规定整齐着装，不得搭配其他非职业装。

□ 穿制服时，言行举止要符合工作条例。

□ 穿制服时，不要出入非工作场合，更不要出入娱乐场合。

# 胸针与胸牌不可同时佩戴

同时佩戴胸针与胸牌不合礼仪规范。

执勤人员佩戴胸牌，同时佩戴一枚时尚胸针；检查人员佩戴胸针，同时佩戴单位的胸牌……不要以为这样的装扮很惹眼，很有风度，很让人羡慕。同时佩戴胸针和胸牌会显得杂乱无章，也会显得虚张声势、不够稳重内敛。

**温馨提示：**

□ 胸针与胸牌，两者只能佩戴其一。

□ 胸针宜戴在带领衣服的左侧、无领上衣的右侧，还应与发型的偏向相反。

若穿带领上衣，发型偏左，胸针应戴在右侧。胸针的位置应在最上端两粒纽扣中间。

□佩戴胸牌时，应将其戴在左侧胸口的位置。

## 女性不宜穿鞋跟太高太细的鞋

高跟鞋能衬托出女性婀娜的体态，使女性迈出娉婷碎步，展现女性魅力。但并非鞋跟越细越高就越美。

女性穿鞋跟太高太细的鞋，走路会重心不稳、东摇西晃，且显得身体比例不太协调。设想一个女新闻记者穿着又细又高的高跟鞋到处采访，人们很难相信她的职业，也难以进入合作状态。一个女领导穿着夸张的高跟鞋一步三晃地走上会场的讲

### ◇注重自我形象不可过度◇

仪表大方自然是受人欢迎的，但把仪表美看得高于一切就令人讨厌了。过分注重自我形象的人，有无心工作、看不起他人之嫌，更有"花瓶"之嫌。因此，在公众场所应该注意：

真是自恋啊。

不要随时随地在公众面前照镜子、整理仪容，让人觉得过分注重仪表，有自恋之嫌。

就是碰了一下居然就弹衣服，是嫌我脏吗！

别人碰到自己，不要马上掸衣服、露出不悦表情，这样容易给别人留下不好的印象。

台，估计大家都会看她狼狈的步态，而不会关注她的职位和威严了。

**温馨提示：**

□ 女性在社交场合不要穿鞋跟高度在 10 厘米以上的高跟鞋。

□ 女性不要穿鞋跟太细的高跟鞋。

□ 女性穿高跟鞋走路时如果太响，应该钉鞋掌消除声音。

## 男性落座后注意不要露出腿毛

男性落座后露出腿毛有失礼仪。

礼仪的标准之一就是在别人面前呈现出一个得体大方的形象。男性落座后露出腿毛，说明他穿衣不太合体，对自己的仪表不太讲究——男性露出腿毛，给人一种野蛮粗鲁的印象。推想到他在做事习惯上，也一定是不注重细节的。

**温馨提示：**

□ 男性的长裤的长度，应以落座后不露出脚踝为宜。

□ 男性不要穿太短的袜子。

□ 如果男性腿上汗毛较重，最好不要穿短裤。

## 递送尖状物时尖端应朝向自己

递送尖状物时不应该让尖端朝向对方。

当别人递给你锥子的时候，把锥尖朝向你，尽管是你要求对方递送，对方也热情而态度礼貌，但这种方式多少会让你心里害怕与烦躁的感觉交织在一起。递送剪刀、水果刀等工具，尖端朝向别人会给对方以威胁感，如果不小心伤到对方，更是尴尬非常。

**温馨提示：**

□ 递送刀、剪等物时应将尖端朝向自己。

□ 递送尖状物时不要抛送。

□ 递送尖状物时要等对方接到手里后再放手，以免掉到地上。

## 访客不可占用对方工作时间

访客不问时间，想什么时候找别人就什么时候找，甚至不放过对方的工作时间，这是错误的。

别人手头有要紧工作要做，你却坐在对方办公室里和对方说话，明显是干扰对方工作。对方虽然没有重要任务，但在工作时间内无法违规接待你，你坚持要和对方见面，就是为难对方。如果在别人工作时间硬要对方陪你闲聊、做无关紧要的私事，就是自私、不为对方考虑。

**温馨提示：**
□ 不要占用别人的办公时间进行拜访。
□ 必须拜访他人的时候应征得对方同意。
□ 拜访他人时，应尽量避免影响对方。

## 对别人占用自己的时间要懂得拒绝

同事找你帮忙处理你分外的工作，同事闲暇时找你聊天，熟人找你办私事或公事……无论什么情况，无原则地允许别人占用自己的时间都是错误的。

第一，这样做会让别人产生你的时间很充裕的错觉，因而难免在态度上不紧不慢，很容易浪费双方时间；第二，如果你恰好很忙，这样做会使你心不在焉，使对方感到不受尊重，同时必然降低办事效率；第三，这样做容易引起他人的误解，认为你对自己的工作不负责。如果你的确因此而降低了工作质量，你会成为他人眼中无心工作的代表。

**温馨提示：**
□ 在工作时间应尽量避免别人干扰。
□ 自己无暇招待别人或替别人做事时，应礼貌、简洁地向对方解释清楚。
□ 如果别人占用你过多的时间而影响了你的工作，应礼貌地提醒对方。

## 使用打印机要节约耗材并遵守秩序

打印机是办公室必不可少的工具，使用它如果不拘小节，会惹来很多麻烦。

有的人用公用打印机打印自己从网上搜索的资料用于私人，甚至用公司的打印机打印网络小说；有的人使用打印机不懂得爱惜，一次放很多纸，造成卡纸以及浪费大量纸张和油墨；有的人用完打印机后不关机，空耗电和油墨；有的人抢在别人前面使用打印机，其实他的文件并不重要；有的人遇到油墨或纸张用完的情况就撒手不管，打印机被自己用坏后不吭声。

这些都是很不礼貌的行为。如果不注意，就会影响到别人对你的看法，甚至影响你的前途。

**温馨提示：**
□ 不要滥用公用打印机打印私人资料。
□ 用完打印机后应将自己的原件取走，并关闭打印机的电源。
□ 使用打印机要讲先来后到，但如果别人打印任务少并且紧急，应该礼让对方。

# ◇使用公共设施要有公共观念◇

使用公共设施缺乏公共观念的人容易被别人看不起。所以,在使用公共设施时要注意以下几点:

使用公用的打印纸、油墨等时,应当注意节约,不要因为不是自己家的就过度使用,浪费很多。

使用水龙头、健身器材等公共设施时应该注意保护,不能随意毁坏。

使用公共设施时,要遵守秩序,当然,也不能长期独占,不给别人使用的机会。

公共设施是为大家设置的,使用时要学会礼让他人,替他人着想。如果带孩子出去玩更应该给孩子做一个好的榜样,礼貌使用公共设施。

# 切忌零食、香烟不离口

在办公场所零食、香烟不离口，真可谓"不成体统"。

工作单位都有岗位制度，工作时间吃零食、抽烟必定是违反规定的。在办公室吃零食，给人以不安心工作的印象；在办公室抽烟，给人以"烟鬼"的印象，如果几个人共用一个办公室，还会影响他人。

**温馨提示：**

□ 上班时间不应吃零食。

□ 上班时间不应吸烟。

□ 吸烟时应到吸烟区或卫生间。

# 办公室里要控制情绪

在办公室里不控制情绪会引出很多不必要的麻烦。

工作上出了点问题，与客户吵架了，受到别人的误解了……遭遇不快时，就拉长着脸，对每一个和自己说话的人翻白眼；周末时买彩票中奖了，发奖金了，见到老朋友了，买到心仪已久的衣服了……遭遇喜事时，就抑制不住自己的兴奋。在办公室里常常出现这种不控制情绪的人。不控制情绪，会使自己受情绪控制而不能很好地工作，还会将自己的情绪传染给别人，影响别人工作；不控制自己的情绪，便不能让别人感到放心，别人就不会将重要工作交给你做。

办公室不是发泄情绪的场所，不要对自己的情绪不加控制。

**温馨提示：**

□ 在工作场合受到委屈或批评，不应转嫁到同事身上。

□ 不要把私人情绪带到办公场所。

□ 受到嘉奖或取得成绩时不要太张扬。

# 外借公物要有原则

不讲原则地外借公物是错误的。

你的朋友向你借你所在部门的书籍，你未通过管理人员就私自外借，这是假公济私；外单位向你所在单位借用音响设备，你身为库管人员，不登记就外借，这是玩忽职守；其他部门的同事通过你借用你所在办公室的办公用品，有借无还，你却置若罔闻，这是姑息养奸。不讲原则地外借公物，会被别人认为是不讲原则、不明是非。

**温馨提示：**

□ 外借公物时应遵循本单位的相关规定。

□ 外借公物时应保证本单位或本办公室暂时不需要。

□ 借出的公物要负责将其完整、完好地收回。

## 在原则允许的范围内要优待客人

在原则允许的范围内吝啬待人，会使接待的积极作用尽失。

按规定，接待客人时可以在规定的经费数额内尽量满足对方的需要，你却极尽吝啬之能，安排档次最低的旅馆、点价格最低的饭菜、提供最差的服务。客人一方面会认为你斤斤计较、没有人情："这家伙该不是想把省下来的钱私吞了吧？"一方面会认为你所在的单位太抠门："这家企业该不会是快倒闭了吧？"给客人留下糟糕印象，自然不会让对方感受到礼貌。

**温馨提示：**

□ 在原则允许的范围内，对待访客应热情、尽心。

□ 在原则允许的范围内，对访客的需要要尽量满足。

□ 在原则允许的范围内，对待访客的提问不应刻意隐瞒。

## 不可高声喧哗，旁若无人

在办公场所高声喧哗，是没有公德的表现。

讨论问题也好，发表见解也好，对别人的误解进行辩解也好，都无需高声叫嚷，否则别人会觉得你急于以声势夺人而忽略你经过深思熟虑才讲出的话语。说话声音太吵、太高，会让旁边的人心烦意乱、无法静心工作。如果你所说内容有关行业机密，那就是泄密的举动了。

**温馨提示：**

□ 在办公时间和办公场所讨论问题时应做到不打扰他人。

□ 在工作场合批评下属时不应高声斥责。

□ 在办公休息时间，开玩笑、说话等声音不要太大。

## 在办公室要节约用电

在办公室浪费电，尤其是当你独享一个办公室的时候，这样做是错误的。

在采光条件良好的办公室白天长时间开灯，上班期间开集体会议离开办公室时、会议结束后离开会议室时、下班后离开办公室时，都让空无一人的办公室电灯继续开着……别以为节省用电不是你的责任，电不是自己家的就任其浪费。在办公室浪费电是没有集体观念、自私自利、缺少责任心的表现，也是懒惰和存在侥幸心理的表现。

　　这不仅是对公司的不尊重，在别人眼里，这也是会损害你形象的行为。

　　使用完卫生间不及时关电源也是错误的。

**温馨提示：**

☐ 可用可不用的电器应该关掉。如光线充足时关掉电灯、气温适宜时关掉空调或电扇。

☐ 如果你单独使用大办公室，务必要减少日光灯的使用以及关闭其他不必要的电源。

☐ 离开办公室1个小时以上应该关闭电源。

## ◇ 在办公区域接打私人电话的注意事项 ◇

　　上班时间偶尔接到私人电话，或因为情况紧急而拨打私人电话，都无可厚非，但应该注意以下几个方面：

接打私人电话的时候一定要控制时间，不能一说起来就没完没了，会让人觉得你工作不认真。

打私人电话应该到室外或不影响他人的地方，尽量避免在公共办公室接打私人电话，而且接打私人电话的时候声音要低。

当然，在上班时间最好不接打私人电话，可用发短信的方式与对方联系。

# 及时传达小事情

下午两点要开集体会，明天上午要去某科室填表，该领新的办公用品……诸如此类的小事情，不费脑筋，不用思考，只是简单的传达即可。即使这样，也总有人做不好，因为他忘记去向他人传达了。

别人托给你的事，无论大小都需要负责。忘记传达小事情，简单地说是"忘记了"，严格地说是辜负了别人的信任，耽误了别人的时间，同时也说明你心里"没有别人"。这是办公室礼仪所不允许的。

**温馨提示：**

□ 平时应养成随时做记录的习惯。

□ 对于需要及时传达给别人的小事情，应该尽量在第一时间通知对方。

□ 如果担心自己遗忘，可以请别人代为传达。

□ 事无大小，都要抱着对别人负责的态度来完成。

# 尽量不要迟到、早退或到场太早

参加会议时迟到、早退、到场太早，都不可取。

迟到和早退都需要在众目睽睽之下穿过会场，干扰会场秩序。即使你在最后排就座，也表明了你对会议的轻视、对发言者的不敬，还体现出你目无集体、目无纪律、过于自我、没有时间观念等种种缺点。

而到场太早，通常情况下你既不能为筹备会议的人帮上忙，还会给人以监督筹备者、好奇而窥视会场的印象，你还可能干扰会场筹备人员的工作。

**温馨提示：**

□ 参加会议、正式宴会等集体活动不应迟到。

□ 参加酒会、舞会等非正式活动时允许迟到和早退，但必须和周围的人打招呼。

□ 一般情况下，参加集体活动应提前10分钟到达，不要太提前，以免筹备者尴尬。

# 会上发言要看对象

有的人会上发言慷慨激昂，结果却令听众摸不着头脑；有的人会上发言气势恢宏，结果却让听众昏昏欲睡；有的人会上发言自我感觉良好，结果却让听众厌烦透顶。

造成这些情况的根本原因就是发言者没有考虑到听众的具体情况。

给没有文化的村民们开会讲话使用大量专业术语、引用文言词句，对方一定会认为发言者故作高深；给生性好动的小学生开会语气沉重、发言词没有精彩之处，对方一定感觉"度秒如年"。

# ◇会上发言不要长篇大论◇

会上发言长篇大论，别人记住的不会是你善于说话的优点，而是你不尊重他人感受的表现。

为一个几句话就能说完的主题在会上长篇大论，既啰唆又有显摆和说教之嫌。

发言时不断转换议题，总将"我再补充一点"挂在嘴边，给人以思维混乱、记忆力差之感。

刚被提升的人在昔日为同事的下属面前开会时长篇大论，给人以"小人得志""得意忘形"之感。

所以，在会上发言的时候不要揪住一个问题反复讲，重复、啰唆，说话应简洁直接。

会上发言让听众听不懂、不爱听、听不进去，必然是无效的，同时这也是对听众的不尊重、对他们时间的浪费。

**温馨提示：**

□ 会议上发言要根据听众的身份和层次拟写发言稿。

□ 会议发言要有针对性、鼓动性。

□ 会议发言要迎合听众的兴趣。

□ 会上发言的语言要通俗易懂，避免用专业术语。

## 会上发言要事先列提纲，重点突出

不列提纲、没有重点，这是很多会议发言的特点，但绝对不是"优点"和"亮点"。

会上发言不列提纲、没有重点，会让与会者感到不知所云、心烦意乱、浪费时间；会上发言不列提纲、乱说一气，会让别人感到你思维混乱、没有逻辑、准备不充分，或者根本就没准备；会上发言不列提纲，发言就难以发挥效用，变成让人不愿聆听的"紧箍咒"。

发言没有条理性是对与会者的不尊重，听众会认为你对会议不重视，就会心中不满，甚至会离开会场。

**温馨提示：**

□ 会上发言首先要列出提纲。

□ 会上发言要有重点。

□ 会上发言要层次分明。

□ 会上发言要有节奏。

# 第十六章
# 面试礼仪

## 参加面试要穿深色衣服

参加面试不宜穿浅色衣服。

每个招聘单位都有其不同的企业文化和用人标准，有其独特的风格。穿浅色衣服也许可以让你显得有活力，但不一定能让你显得更成熟、稳重、专业、可靠。有的人肤色本就不适合浅色，穿浅色服装参加面试，无疑是自己给自己降低标准。

**温馨提示：**

□ 参加面试时应该穿深色衣服。男性参加面试时可以穿深色西装，女性参加面试时可穿深色套裙。

□ 参加面试时，应穿款式简单大方、风格适合招聘单位的服装。

□ 参加面试时，不要穿崭新的、特别昂贵的名牌服装。

## 避免身上散发出不雅的气味

身上散发出不雅的气味，会令人难堪。

身上散发着不雅的气味，会让人对你的卫生习惯产生怀疑，对你的身体健康状况产生怀疑，甚至对你的修养、品位产生怀疑。

气味虽然无形，却在很大程度上塑造着你的形象。无法展示一个得体的外在形象，这本身就违背了礼仪的要求。

**温馨提示：**

□ 身上不应该有刺鼻的香水味。

□ 参加面试时，身上不应有明显的腋臭、脚臭等气味。

□ 参加面试时，身上不应有脏衣服的气味。

## 应聘时应独自前往

应聘者找参谋结伴参加面试，对应聘者本人没有半点好处。

参加面试还需要找伴"壮胆"，本身就说明你没有足够的信心和独立能力；让同伴陪自己参加面试，你就必须同时注意招聘者和同伴的反应，无形中给自己增加压力，同时也让招聘者有不被信任和尊重之感；找伴参加面试，会影响招聘者与你顺利交流，对方也因为有一个旁观者在场而感到不自在。

**温馨提示：**

□ 应聘时不要找不参加应聘的同龄人做伴。

□ 应聘时不要让伴侣或父母、朋友陪同。

□ 应聘时不要几个要好的人同去。

# ◇应聘时也要注意头发◇

一个人的仪表如何是判断其内心和性格、习惯的重要参照标准。在面试中，这当然也是招聘者评判一个人是否值得聘用的标准之一。人们经常说"头等大事"，可见头发的状态暗示着一个人对人对事所持的态度。

应聘前应该仔细清洗头发，使头发保持整洁，不要出现出油、有头皮屑等状况。

如果有必要，应聘前应提前一周左右修剪头发，使其保持清新自然的发型。

应聘时进入面试场所前，可以到洗手间看一下自己的头发是否整齐，如果不整齐就要及时梳理整齐。

头发杂乱会给人以很糟糕的第一印象。因此，无论你能力多么强、内涵多么深厚，面试官也更倾向于录用一个能力稍逊但是能给人大方、爽朗的第一印象的人。

## 写求职信要规范

文本格式不规范、字迹模糊、语言不规范、内容不规范，这都是求职信写得不到位的表现。

文本格式不规范、字迹模糊，招聘方就没有兴趣看求职信的内容；语言啰唆或过于干瘪，招聘方就会不相信你的知识水平；大书特书与求职不相干的内容，招聘方会觉得你无理取闹，拿应聘当儿戏。

求职信是你身份和能力的说明书，说明书写得糟糕，显然是对招聘方的不尊重，没有人会将这样失败的求职信和"礼仪"二字联系起来。

**温馨提示：**

□ 求职信应包括称呼、正文、结尾、署名、日期，可以打印，也可以手写；字迹必须工整，内容尽量控制在 1 页以内。

□ 求职信应包括自己对工作的期望以及真实、准确的自我评价。

□ 求职信应包括自己的工作能力和潜力方面的具体描述和相关数字。

## 个人资料要准备充分

参加面试时，个人资料准备不足是错误的。

招聘方已经事先提醒你需要携带哪些证件来面试，你却只带着身份证就前去应聘，这肯定不行。不准备足够的资料就去应聘，暗示出你对招聘不太热心，或者丢三落四；个人资料不准备充分，还会让招聘方疑心你不善于规划自己的生活和工作；个人资料不准备充分，就无法按照招聘方的要求进行互动，更无法充分展示你的实力和诚信。

**温馨提示：**

□ 个人资料应根据自己应聘的单位和职位进行充分准备。

□ 个人资料应包括自己的简历、求职信、相关证书（或证书复印件）、证明、介绍信。

□ 如果有必要，个人资料应该包括自己的文字等各种作品。

## 求职时要事先了解应聘单位

求职时对招聘单位一无所知是应聘的大忌。

对应聘单位不了解而前去应聘，招聘方会认为你没有明确的职业定位，尚未真正做好求职准备。盲目求职不但会让你因为对招聘方缺乏了解而处于不利地位，还可能因为同样的原因而出言不当，或者回答招聘者提问时驴唇不对马嘴而贻笑大方。求职时对招聘单位一无所知，说明你盲目鲁莽、自以为是，对招聘单位不尊重，没有真正的诚意。

# ◇面试中要根据不同的提问进退自如◇

面试中要做到知己知彼，根据面试官不同的问题进退自如，最后取得成功。常见的面试提问方式有如下几种：

封闭型提问。这种问题回答力求简洁、明白，一般不需作过多的补充和修饰。

开放型提问。这类问题很关键，是绝好的表现自己、推销自己的机会，可以令面试官顿生爱才之心。

假设型提问。这种问题，切忌长时间地沉默，但也不要不经考虑急于回答。

**温馨提示:**

□ 求职前应对用人单位的性质、规模、用人标准等有所了解。

□ 求职前应了解一些招聘方的企业文化。

□ 求职前应对自己所应聘的职业有一定的认识。

## 进入面试场所时要敲门

进入面试场所时不敲门,不是礼貌之举。

是否懂得尊重人、是否懂得如何尊重人也是面试的重要考察内容。进入面试场所不敲门,首先就会给招聘方一个莽撞无知的印象。俗话说"先入为主",不佳的印象自然会影响到对方对你的评价。进入面试场所不敲门,还会让对方认为你急于求成、不够沉稳和成熟。如果招聘者正在抓紧时间认真准备,而房门又紧闭着,不敲门就进入面试场所会让招聘方有受惊之感。

**温馨提示:**

□ 进入面试场所时,如果房门敞开,应首先向室内的人点头致意。

□ 进入面试场所时,如果房门紧闭,应有节奏、有力度地在门上轻敲两三下。

□ 如果房门虚掩,也要在门上有节奏地轻敲两三下。

## 离开时要随手关门

面试结束离开时,不随手关门是不礼貌的。

关门动作虽小,却体现出一个人做事是否有始有终,是否懂得为他人着想,做事是否细致用心。离开时是否随手关门,从这个细节也可以判断出面试者心理素质是否良好。如果他很紧张或因为自己感觉胜券在握而得意忘形,就容易忽略关门这个动作。单从尊重别人的角度来看,离开时随手关门也是必须的礼节。

**温馨提示:**

□ 离开时应态度恭敬、动作轻柔地将房门带上。

□ 关门时应避免发出沉重、刺耳的声音。

□ 关门时动作要利索,应避免推拉好几下。

## 善于打破沉默

面试时不善于打破沉默对应聘者是不利的,也是不礼貌的。

有时因为面试官故意探试,有时因为面试官正在寻找合适的话题或词语,面试过程中出现短暂的沉默是很常见的。不懂得打破沉默,说明你不善于与人沟通,不善于寻找话题；说明你不会随机应变，不够灵活；说明你胆怯自卑，不善于思考。更重要的是，沉默对于面试官而言是尴尬的，任由沉默继续会让双方感到别扭。

**温馨提示：**

□ 在面试过程中，如果出现沉默，应尽快做出反应。

□ 在面试过程中，可以用询问考官招聘方的企业文化等问题来打破沉默。

□ 在面试过程中，可以用向考官补充介绍自己的个人情况或自己对招聘方的认识来打破沉默。

## ◇面试中不做小动作◇

面试中小动作不断，给人的感觉是不自觉、不够端庄大方，有的动作还强烈地暗示出应聘者内心的紧张和自卑。

抠指甲、拽衣服、仰头看天花板、想问题的时候歪着头等小动作常常会不自觉地出现在不同的应聘者身上。这些小动作会大大影响招聘官对你的印象。

她抖腿给谁看呢！

有的小动作会让人误以为是挑逗，如女性拢头发、晃动双腿等。

应聘时过多的小动作给人以沉不住气的印象，也给人以缺乏教养的印象，不但对获得招聘者的青睐毫无帮助，反而让你的仪表顿时失色，无法让招聘者感受到你的礼仪。

## 说话速度要适度

参加面试时，说话速度过快或过慢都不会给你的表现加分。

说话速度太快，容易给人以慌张失措之感。如果面试接近尾声，语速过快会显得你急于结束面试。在面试者看来，这是不耐烦和没有诚意的表现。说话速度太慢，容易给人以傲慢无礼之感。如果一直这样，面试官会觉得你不尊重对方，并故意摆出老成持重的样子，同样显得虚伪、没有诚意。更主要的是，说话语速过慢给人以思维能力差、反应能力差的印象，这显然对应聘成功不利。

**温馨提示：**

□ 参加面试时，说话速度应以对方听起来不费力为宜。

□ 参加面试前，可以事先练习说话速度，请别人帮你体会速度是否合适。

□ 面试过程中，可根据面试官的表情适当调整说话速度。

## 面对多个面试官时不可只注意某个人

参加面试时，面前有好几位面试官，你却只对正中间的那位行注目礼，或者只对长得漂亮的那位行注目礼，或者只对长者行注目礼，这么做可不算聪明。

只注意一个人，其他人就会被"晾起来"、受到冷落；只注意一个人，你就无法及时感受到其他人对你的态度，从而及时调整自己的状态；只注意一个人，说明你不能纵观全局，不善于和团体进行沟通；只注意一个人，还有"只认衣裳不认人"以及掩饰内心紧张之嫌。再说，你所注意的那个人也许恰好不是最高面试官，不向每个面试官以目光致意，既是对他们整体的不敬，也是对他们被忽略的个体的不敬。

**温馨提示：**

□ 参加面试时，首先应向在场的所有面试官行注目礼，环视众人，与他们每个人对视。

□ 参加面试过程中，要随时注意每个面试官的表情、举止并向其做出适当回应。

□ 参加面试时，不要让自己的目光飘忽不定。

## 自我定位要准确

每一个参加面试的人都应该对自己有一个正确而合理的定位，否则是不合礼仪的。

自己不具备销售人员的素质，却偏偏去贸易公司应聘；自己不具备经理的资格，却主动上门应聘经理这一职位；只是因为某单位待遇高，就不顾自己的特长、爱好以及能力而前去应聘，这样是不对的。

自我定位不准确，就无法向招聘方描述和展示出一个真实、全面的自我，也许能体现你对招聘单位的热情，却无法很好地体现你对它的了解和敬重，同时也会有急功近利、投机取巧之嫌。

**温馨提示：**

□ 应聘前，应对自己的兴趣爱好和职业理想以及适合做什么工作有一个评估。

□ 参加招聘时，不要将待遇和单位的规模放在首选地位。

□ 参加招聘时，应选择适合自己的岗位。

## 耐心听清问题再回答

面试时不要未听清问题就回答。

不听清问题就回答，是性急和莽撞的表现，也是头脑简单、思考不到位的表现。不等招聘者把话说完就回答问题，是对其不敬的表现。不知道对方到底在问什么就回答，答非所问的结果在所难免。不耐心听清问题，说明你沉不住气，也说明你自视清高，不能正确评估自己的理解能力和判断能力。

**温馨提示：**

□ 回答问题前，要注意招聘者的表情和态度。

□ 回答问题前，要准确理解招聘者所说的内容和深层含义。

□ 回答问题时，应待提问者问完话后再开口。

## 提问要适时

面试过程中，如果应聘者能适当提出一些问题，会给招聘者留下很好的印象，从而使你的应聘成功率大大提高。但是如果提问不是时候，你的美好愿望说不定就泡汤了。

主考官正在与身边的其他考官对话，你突然提问，这会让对方感到措手不及；主考官看似正在思考问题，你贸然询问，对方可能一时间反应不过来；主考官起身出门，请其他主考官继续面试你，你却执着地向对方提出问题，对方会有点进退两难。

提问不适时，给人的印象是故意刁难，这的确不是礼貌的做法。

**温馨提示：**

□ 面试中提问，应选择主考官注意力集中的时候。

□ 面试中提问，应选择考官停止与他人说话的时候。

□ 面试中提问，应避免在考官下逐客令后进行。

# ◇不可与面试官套近乎◇

## 礼貌有始有终

有的应聘者顾头不顾尾，礼貌有始无终。这样做是不对的。

应聘时点头哈腰，一口一个"老师"，一口一个"先生"，面试结束后却判若两人，连招聘方的"再见"都不理会；进门时笑容满面，出门时却满面冰霜；礼貌恭敬地进门，却趾高气扬地出门。应聘者前后差距太大，会让人觉得表演意味太浓：之前的礼貌和热情都是装出来的。

**温馨提示：**

□ 面试整个过程中要讲究始终如一。

□ 走出招聘场所时，不要得意忘形或神情沮丧，因为楼道里可能装有摄像头。

□ 离开面试场所时，应对自己见到的工作人员礼貌问好。

## 切忌打击应聘者

招聘方打击应聘者，不仅会失去一个应聘者，还可能失去更多的人才，甚至损害招聘单位的声誉。

打击应聘者，第一，暴露出招聘者自以为是、刻意摆谱的心态；第二，显示出招聘者不尊重应聘者的人格、无视其尊严；第三，说明招聘者不注意维护所在单位的形象。打击应聘者的招聘者会给人留下恶劣的、没有教养的印象，相信没有人愿意进这样的单位、在这样的领导手下工作。

**温馨提示：**

□ 不要对应聘者的外貌做出批评和讽刺。

□ 可以对应聘者提建议，但不要对应聘者的能力和临场表现进行嘲笑。

□ 不要对应聘者说"你绝对找不到工作"之类武断而不负责任的话。

## 切忌态度傲慢，盛气凌人

态度傲慢、盛气凌人本来就是不礼貌的做法，更不要说用这样的态度对待应聘者了。

一个人是否有修养，从他的言谈举止就可以看出。招聘者用居高临下的目光看待应聘者，会让对方有受辱之感；招聘者对应聘者略显幼稚的问题嗤之以鼻，会让对方有受挫之感；招聘者用刁难的语气对应聘者说话，对方会有受敌视、被误解之感。

招聘者代表的是他所在的单位，而不单单是他个人。如果用不礼貌的态度对待应聘者，相信他所在的单位会错过很多优秀人才。

**温馨提示:**

□ 作为招聘者,应以严肃而和蔼的态度对待应聘者。

□ 作为招聘者,不要斜眼看人,不要故作高深、倨傲待人。

□ 作为招聘者,不要对应聘者提出的任何问题嗤之以鼻。

## ◇面试官与应聘者告辞要起立◇

坐着送客是不礼貌的。应聘者可以说是招聘单位的客人,因此坐着送应聘者是不礼貌的。

应聘者提出告辞时,面试官不宜面无表情地原地不动,而是应起立并向其致意。

应聘者告别时如果要求与面试官握手,面试官应积极回应,不能无动于衷。

我们都说聘与被聘是双向选择,那么招聘者坐着送人的举动,很可能被注重细节的人才摒弃。

# 第十七章
# 职场应酬工作礼仪

## 在上司面前不可逞强

在上司面前逞强是不明智的行为。

在上司面前要小聪明、做手脚，宽厚的上司会不动声色，性急的上司则会立刻将你开除；在上司面前故作深沉、卖弄才学，会让对方觉得你不满自己的职位或待遇，意在取代其地位；在上司面前大量使用他不熟悉的名词，对方会觉得你有意为他设置障碍，有意让其尴尬。在上司面前逞强，对方还会认为你考虑事情和做事不周全，不懂得尊重领导，不懂得谦虚谨慎，非可塑之材。让上司感到不愉快，肯定是不礼貌的。

**温馨提示：**

□ 不要刻意与上司发生争执与冲突。
□ 不要不经上司同意就自己做主决定某些事情。
□ 不要对上司使用轻视、不信任和嘲笑的口吻。

## 不可只跟老板打招呼

在工作场合中，不要只和老板打招呼。

初入职场的新人；面试时印象最深的是老板，上班第一天第一个见到的也是老板。开始只和老板打招呼情有可原，但过一段时间以后仍然这样，就令人匪夷所思了。别人会觉得你和老板关系不一般，如果你和老板不是同性，大家更会如此认为。只跟老板打招呼，别人会认为你欺软怕硬、故意冷落同事或者害怕与同事交往。只跟老板打招呼，不利于你与同事展开合作和交流，会给人留下不合群、孤僻的印象。

**温馨提示：**

□ 在工作环境中，不要只和领导打招呼。
□ 在工作环境中，不要只和自己部门的同事打招呼。
□ 在工作环境中，不要只和认识的人打招呼。

## 不可直呼老板的名字

在一些外企，老板可能会要求和习惯员工直呼其名，但这条看似能传达"平等和谐"理念的规则并不是到处适用的。

新员工没有过渡地直呼老板的名字，会让人产生谄媚上级和表现自己的怀疑；老员工直呼老板名字，让人有倚老卖老、卖弄老资格的怀疑；年轻的女秘书和女下属直呼老板名字，让人容易产生对方与老板关系暧昧的怀疑。在公务场合直呼老板名字，显得很缺乏职业素养。

**温馨提示：**

□ 如果你是新员工，即使单位有直呼老板名字的传统，你也应先礼貌地以职位
　称呼老板。

□ 只有确定老板的确乐意接受直呼其名的习惯，且大家都这样做的时候，你才
　可以照办。

□ 在不同的场合，应根据情况对老板采用不同的称呼。

## ◇在职场中不可绝对服从、按部就班◇

　　服从命令，照章办事，这是很多人心目中"好员工"的形象。实际上，如果你毫不变通地绝
对服从，照章办事，你的行为就有待商榷了。

　　因此，作为员工守规矩固然好，但是也要根据情况而定。不要成为他人眼中的"死
脑筋""一根筋"，这不利于你与他人的交往。

## 切忌在办公室谈论、评论别人

在办公室谈论别人，评论别人，这么做永远都是不受人肯定的。

当面谈论甲工作中出现的种种错误，必定让他在同事面前抬不起头，觉得自己受到了鄙夷和排斥；私下谈论乙的种种失误，如果传到乙的耳朵里，他一定会自觉地远离你；参与你话题的人，必然会在内心里认为你"站着说话不腰疼"，只看到别人的不足。

在办公室议论别人，对你、对别人都没有半点益处，反而可能导致办公室风气不良、人心不齐。这个结果必定是办公室礼仪规范所不允许出现的。

**温馨提示：**

□ 如果某位同事的确能力上有所不足，应该礼貌而委婉地向其提出建议。

□ 如果无法向业务水平欠缺的同事提供帮助，就不要对他进行议论。

□ 不要当着同事的面对其进行谈论和评论，更不要背着他这样做。

## 切忌大肆批判公司制度

批判公司制度的人并不鲜见，如抱怨公司制度苛刻、没有人性、不公平、有漏洞，等等。

批判公司制度，首先是言行上对所在单位的不敬，当然也表露了内心的不满。只在与同事闲聊时批判，有蛊惑人心之嫌；只在受到批评时批判，有发泄私愤之嫌；只向不如自己的人批判，有变相自夸之嫌；只在背后批判，有造谣生事之嫌。

**温馨提示：**

□ 对公司的制度要严格执行。

□ 如果对公司制度有意见，可以向相关部门提建议，但不应攻击。

□ 不要钻公司制度的漏洞。

## 与异性同事交往不可过密

办公室恋情多半没有好结果，"疑似办公室恋情"也是一样。

与同一办公室的异性同事交往过密，你会吸引其他同事的过多好奇而不友善的目光；与其他办公室的异性同事交往过密，别人会觉得你无心再在现在的办公室待下去；与异性上司交往过密，别人会认为你别有用心。无论与你关系密切的异性是什么身份，都对你的事业和生活不利，对良好、和谐的办公室社交不利。与异性同事交往过密的直接结果就是传出绯闻、影响名誉，别人还会因此认为你不安心工作。

**温馨提示：**

□ 上班时间不要频繁出入异性同事的办公室。

□ 不要向异性同事过多透露自己的私生活。

□ 不要向异性同事过多地打听对方的私人生活。

## ◇注意自己在异性面前的身体语言◇

不注意自己在异性面前的身体语言，往往会引来很糟糕的结果。因此，在与异性接触时要注意：

女性在男性面前应避免梳理头发、长时间注视等动作。

男性在女性面前应避免解开衣扣、拍对方肩背或者把手放在女性腿上等动作。

不注意自己在异性面前的身体语言，会给所有的同事留下轻浮、散漫的印象，大家会认为你"不是工作的料"。不注意自己在异性面前的身体语言，容易干扰别人工作。

# 不可泄露公司机密

任何公司都有自己的机密，并且严禁员工外泄。

泄露公司机密，说明你目光短浅、经不起诱惑、自制力差；泄露公司机密，你的信誉就不再被同事和上司看好，你不仅会丢掉目前的工作，还可能失去进其他单位的机会；泄露公司机密，你的人品会因此而遭到怀疑，别人会迅速而自然地疏远你。

泄露公司机密既违背公司规定，也违背礼仪原则。无论是有意还是无意，不论通过什么途径，泄露公司机密都是不应该的。

**温馨提示：**

□ 对于单位的机密不要刻意打听。

□ 如果自己知道一些机密，不要当作话题透露给别人。

□ 对于公司机密，要警惕某些人的刻意询问。

# 杜绝丢三落四的毛病

丢三落四是不好的习惯。

朋友约你出去玩，你收拾起东西来丢三落四；作为客户服务人员，向客户进行解答时丢三落四；执行工作任务时丢三落四……无论是在工作中还是在生活中，丢三落四浪费时间，会给别人留下"没脑子"的印象。如果代表公司接待外商，你损害的不仅是你自己和公司的形象，还可能影响到你所在行业甚至国家的名誉。待人接物时不能让对方感到轻松自在、方便快捷，就是礼仪上的失败。

**温馨提示：**

□ 对自己的办公用具、文件资料等要全部规整好。

□ 对自己要做的事和已经做好的事要有规划和总结。

□ 要随时用便条提醒自己具体的日程安排。

# 认真对待琐碎却必要的工作

有人大概觉得，工作中许多事情是可有可无的、不必做，或者觉得自己做"大事"就可以，一些鸡毛蒜皮的小事没必要做。这样想是错的，这样做就更是错的了。

记录每天要做的事以及最近一段时间的具体安排；将每一份上交给领导的文件整理好，做好标记；及时清理废旧文件，主动而及时地给客户打电话，调整工作任务……诸如此类的琐碎事情，如果你不做，工作效率就很有可能降低。从礼仪角度来说，对琐碎工作不屑一顾，会给人以势利、浮躁的印象。如果你职务高，有欺上瞒下之嫌；如果你职务低，有以工作泄私愤之嫌。

**温馨提示：**

□ 工作无论大小和轻重，都应该认真对待。

□ 对待工作不要有浮躁心态。

□ 不要将琐碎却必要的工作让别人代做。

## 接受任务时不可嘀嘀咕咕

接受任务时嘀嘀咕咕，看起来无关紧要，其实有违礼仪。

接受任务时嘀咕，"又让我做""又做这种事情""可恶"，恐怕这些话在员工口中是最常听见的。嘀嘀咕咕，说明你心存不满，或者对自己能力有怀疑。嘀咕声音越含糊，别人就会越疑心，从而对你产生不安全感和不信任感。无论你如何看待自己的任务，不能礼貌地接受或者不能礼貌地提出异议都是违背礼仪原则的。

**温馨提示：**

□ 接受任务时如果有疑问，应该及时询问。

□ 接受任务时如果有不满，应该克制。

□ 如果对自己接受的任务有压力，应及时调整、缓解。

## 不把今天的事情拖到明天

今天的事情绝不应该拖到明天做。

医生把今天要做的手术推到明天做，也许病人的生命就耽误了；秘书把今天的议案推到明天交，对方就拒绝接受了；厨师把今天的晚饭推到明天做，大家肯定饿肚子；领导把今天的会议推到明天开，也许就失去时效、失去意义了。做事拖拖拉拉，给人以心不在焉和摆架子的印象，也给人以自我为中心、不关注大局的印象，还可能让人以为故意搞破坏。无论哪一种误解产生，都是不应该的。

不要把今天的事情拖到明天做。

**温馨提示：**

□ 每天要完成的事情必须完成。

□ 应对自己每天需要完成的任务列个计划。

□ 每天工作时应该将时间和精力分配好。

## 不要在无关紧要的事情上浪费时间

在无关紧要的事情上浪费时间，绝对不能体现出一个人的"心细如发"，反而会让人觉得"婆婆妈妈"。

整理资料时不注意其真实性和可靠性，反而在纠正错别字和标点符号上狠下

# ◇职场中要对同事的能力表示信任◇

在职场中怀疑同事的能力，很容易招致同事的不满、不服气甚至怨恨。

工夫，正所谓本末倒置；马上要到宴会开始的时间了，你还在打扫未清理干净的房间，你就等着迟到后感受众人不满的目光吧！在无关紧要的事情上浪费时间，就是在重要的事情上耽误时间，同时减少别人对你的信任和期望值。在无关紧要的事情上浪费时间，别人还会以为你对手上的工作不满或者对他人不满，故意而为之。

**温馨提示：**

□ 在不必多花时间的事情上不要太费心。

□ 在无需立刻完成的事情上不要浪费时间。

□ 在不必做的事情上不要浪费时间。

## 不要包揽自己能力不及的事情

上司要出差，询问是否有人可以负责接待访客，你自告奋勇承担任务，结果自己的工作没做好，又没招待好接二连三的访客。同事临时接受重要任务，询问是否有人能帮他打印文件，你爽快应承，结果自己忙得根本没有时间顾及同事的事。

包揽自己能力不及的事情，通常的结果就是什么事情也没做好，反而引来别人的失望甚至抱怨。包揽自己应付不了的事情，即使你有心、有时间，也容易耽误托付者的进程。有时，包揽自己做不好的事情，往往会让事情做得越来越糟。

**温馨提示：**

□ 自己没有时间做的事不要包揽。

□ 自己没有能力做的事情不要包揽。

□ 自己没有精力做的事情不要包揽。

## 不可将重要任务一口回绝

上级将一项重要任务托付给你，你本可以承担，却一口回绝；同事临时有事，将一项重要任务转托给你，当然将功劳也一并给你，你完全有时间也有能力去做，却一口回绝；别人怀着很大希望请你完成一项重要任务，你确定自己做不了，就一口回绝。

一口回绝重要任务，容易让托付者失望，会影响彼此间关系的发展和对方对你的印象。这样做容易让别人误认为你傲慢、懒惰或者害怕承担责任，以后即使再有类似的任务，对方也不会交给你。

**温馨提示：**

□ 接到自己能够胜任的重要任务时不应推托。

□ 对于某些自己比他人更能很好应付的重要任务，可适当主动请缨。

□ 对于自己的确不能做的重要任务，回绝时应礼貌地说明原因。

## 不为流言所动

面对流言失态有失礼仪。

面对流言失态，别有用心的人会大肆宣扬你的反应，并为之兴奋；面对流言失态，不明真相的人会认为你是因为丑事暴露而感到难为情；面对流言失态，有失自己的尊严和形象。无论是愤怒、悲伤还是破口大骂，都会让你仪态尽失。面对流言失态，还可能造成误解。

**温馨提示：**

□ 面对流言时，不应慌张，更不应气急败坏。

□ 澄清流言时，态度应庄重大方、不卑不亢。

□ 面对流言时，要调整好心态，防止它影响工作和心情。

## 不在办公室里吃有刺激性味道的食物

在办公室里吃有刺激性气味的食物是令人感到头疼的做法。

办公室是工作的场所，空间有限，刺激性食物的气味很难短时间内消除，会停留在空气中，也会从吃过的人口腔中散发出来。在集体办公室里吃刺激性食物，会给大家带来不愉快；在独自使用的办公室里吃刺激性食物，如果有他人来访，会给对方带来不愉快。洋溢着刺激性食物怪味的办公室，会给人一种居家的错觉，不利于营造工作环境。如果恰好有人前来参观或检查，这样的办公室必定是不合格的。

为了营造一个良好的办公环境和做一个令他人感到愉悦的职场人，不要在办公室里吃刺激性食物。

**温馨提示：**

□ 不要在办公室吃葱、蒜等会引起口腔异味的食物。

□ 不要在办公室吃海鲜等食物。

□ 不要在办公室吃臭豆腐等食物。

## 对同事的零食应接受

拒绝同事的零食是不礼貌的。

礼仪规范要求我们，要为他人考虑，要懂得站在他人的角度想问题。拒绝同事的零食就是拒绝同事的热情和真诚；拒绝同事的零食，就是间接对同事健康和卫生状况的怀疑。如果对方是职场新人，遭到拒绝会感到沮丧；如果对方是出于庆祝的目的，拒绝对方的零食就是拒绝向对方表示祝福；如果对方是异性，拒绝零食是对其有防范心理的暗示。

# ◇积极参加下班后的同事聚会◇

　　劳累了一天，同事邀请你下班后和大家一起吃饭、开舞会，你无论喜欢与否、有时间与否，一概拒绝，这样会使你显得很另类，很不合群，别人会认为你古怪、戒备心强。

**温馨提示：**

□ 非工作时间，同事递给你零食时，应坦然接受。

□ 当同事向大家分发零食时，你应该礼貌地接受并表示感谢。

□ 如果你由于身体原因不能吃某些零食，拒绝同事时应说明原因并致歉和道谢。

## 与别人共用办公桌时要懂得礼让

与别人共用办公桌时抢占大部分"地盘"是错误的。

与别人共用办公桌时占据大半"领地"，会给人以霸道而自私的印象，也会影响同事正常工作、扰乱同事的心情。此外，这样做还容易让你和同事的文件混到一起，从而影响办公效率。不为他人着想，必然会影响办公室的氛围，破坏办公室的整洁、和谐与公平原则。

**温馨提示：**

□ 与别人共用办公桌时要考虑到别人的需要。

□ 与别人共用办公桌时不要故意与对方抢占。

□ 与别人共用办公桌时应尽量减少桌上物品的数量。

## 分清工作关系与私交

工作关系是不能与私交混为一谈的。

因为自己和某人私交甚好，就请对方帮自己搪塞领导，以便出去办私事，这等于是给同事制造风险；因为自己与某人是大学同学，就处处让对方帮自己处理琐碎工作，这等于是给对方增加工作量；因为工作中同事与自己的合作出了差错，就在私下与其结仇，这等于是将工作上的失误转嫁到私人关系上。将工作关系与私交混为一谈，工作和私交都会受到不良影响；将工作与私交混为一谈，你的人品和工作能力及工作热情就会遭到质疑。

**温馨提示：**

□ 不要将工作中的问题转到私人问题上。

□ 不要在工作时间找同事谈私事。

□ 不要利用私人关系在工作上干扰同事工作和决策。

## 不做事后诸葛亮

大家策划活动的时候不参与，等活动结束了，出现问题了，你却像个指挥家一样滔滔不绝地告诉大家哪里没有做好；别人开会时你不发言，等会议结束后，你却私下里不停地提意见，且头头是道；别人遇到困难时你不帮助，别人失败后你却大言不惭地指点对方应该向谁求助。这样的人是事后诸葛亮，令人讨厌。

做事后诸葛亮，你说得越有道理，你在别人眼里就越无情、越懒惰，别人会认为你故意等着看别人失策、失败的结果。做事后诸葛亮于事无补，反而让别人平添烦恼。

**温馨提示：**

□ 即使别人做错了事，也不要在事后无休止地指责。

□ 如果你在别人做事的时候没有参与，就不要等他失败以后再向他提适合当时情况的建议。

□ 别人做事失误后，应根据他的情况进行安慰而不是冷嘲热讽。

## ◇对同事的客人也要热情接待◇

对自己的同事热情相待、温暖如春，对自己的客人殷勤备至、温声软语，对待同事的客人以及自己不认识的访客却冰冷相待。这是失礼的。

同事有客来访时，应热情对其打招呼，而不是对其视而不见。

同事暂时无法招待客人，而你有时间，在不违背原则和纪律的情况下应主动招待对方。

因此，无论是出于礼貌，还是对同事关系的考虑，都应该热情接待同事的客人。

# 尽快接待正在等待的客人

有人来单位访问你，恰好你有预约的电话要打，但打完电话却忘记了坐着等待的客人。这样做是很不礼貌的。

遗忘正在等待的客人，对方会认为你不把他放在眼里。如果对方有很重要的事情找你，你的遗忘会让他觉得你故意逃避；如果对方是初次来访，你的遗忘会给他留下不负责任、没有人情的印象；如果对方是长辈，你的遗忘会让他觉得你在表示蔑视。遗忘等待中的客人，除了给人留下不好的印象，显然还会浪费对方时间。

**温馨提示：**

□ 自己暂时无暇招待访客时，应请人代为陪伴。

□ 有客人在等待时，应将自己手头的事情尽快处理好或暂时放在一边。

□ 请客人稍等时，应告诉客人大致的时间并严格遵守，避免让客人久等。

# 包容和自己意见不同的人

不要随便指责和自己意见不同的人。

指责与自己意见不同的人显得没有修养、沉不住气。如果你是晚辈，批评别人是犯上；如果你是长辈，批评意见不同的人是欺小。如果你是正确的，指责别人就是得理不饶人；如果你是错误的，指责别人就是强词夺理。指责别人本身是不礼貌的行为，因为别人意见与自己不同而指责别人，会显得别有用心。指责别人如果态度恶劣、言辞激烈，就变成了中伤。

**温馨提示：**

□ 当别人与自己意见不同时，应耐心听别人的言论。

□ 如果别人与自己意见不一致，强调自己的观点时应礼貌、沉着。

□ 不应没有原则地对与自己意见不一致的人进行恶意批评。

# 适度承担一些自己职责范围之外的事情

坚决拒绝不在自己职责范围内的任务是错误的。

别人交代你"如果有电话找我，请叫我一声"，你毫无商量余地地拒绝；别人请你采购办公用品的时候帮他捎带件文具，你不假思索地拒绝；别人询问你是否能在送文件后返回办公室的时候替他传话给某位同事，你果断拒绝，因为你觉得这些都不是自己工作范围内的事情。

拒绝自己职责范围外的事情，看似公事公办，不掺私人情感，实际上是以工作搪塞自己可以顺便办到的事情，不给别人情面。工作中也需要关心和理解，坚持按

"原则"办事，其实正是违背了与同事和睦相处、互敬互助的原则。

**温馨提示：**

□ 对于不违反原则而自己又能做到的事，不应拒绝。

□ 自己有时间接受的事不应拒绝。

□ 如果确实不能接受事，拒绝时应该礼貌。

# ◇在工作中要主动承担责任◇

推卸责任是工作中严重的失职现象，也是不合礼仪的。犯了错误不承认本已经让人难以接受，再推卸责任就是错上加错。

推卸责任是嫁祸于人，是自私而又愚蠢的做法。即使推卸责任成功，替你承担责任的那个人也会从此鄙视你。

推卸责任的人难以得到别人的信任，更不会得到别人的尊重。推卸责任会影响你在别人心目中的形象，甚至让你丢掉工作。

因此，如果是因为自己的原因而出错，不要归咎于别人。如果是几个人同时犯错，也不要为自己开脱，而是应该主动承担责任，积极承认错误。

# 不可过度承揽责任

有人觉得，犯错时承担的责任越多，越能证明自己悔过的心态和态度的诚恳，越能得到他人的谅解。其实不然。

过度承担责任是对自己的不负责，会让事情本身更难以解决。过度承担责任也是不坦诚的表现。如果你经常这样做，被袒护的人会养成习惯，形成侥幸心理，对对方的发展和工作的顺利进行不利。承揽过多的责任，似乎是在向别人示威："我就犯了这么大的错，你能把我怎么样？"这是不成熟、不理智的表现。如果弄巧成拙，必然会连带多人。

**温馨提示：**

□ 错误原因不在自己时，不应鲁莽地承担责任。

□ 承认错误时，不应夸大自己的责任。

□ 他人不承认错误时，不应包庇对方。

# 尊重勤杂人员

不尊重勤杂人员的人难以得到别人的敬重。

刚刚还和悦、礼貌地和同事说话，见到勤杂人员就立即拉长脸，会显得见识狭窄、心机叵测。不尊重勤杂人员，说明你轻视对方的身份和地位，说明你看不起身份、地位较低的人，看不起他的职业和工作。换句话说，这属于见风使舵、欺软怕硬。不尊重勤杂人员，也说明你不懂得从人格上去尊重别人，不懂得尊重的真正含义。

**温馨提示：**

□ 对勤杂人员要尊重、以平等心态对待。

□ 不要任意制造垃圾或损坏工具，以免给勤杂人员增添负担。

□ 当勤杂人员工作时，应主动为其提供方便、礼貌避让。

# 不做老好人，敢于表达自己的意见

做老好人的人，最终会让每个人都觉得"不好"。

开会讨论时，大家各抒己见，你却表示"每个人说得都有道理，都很好"；两人为某件事不能决断，请你评判，你却说"不知道，你们自己解决比较好"；单位领导要进行换届选举，别人问你支持谁，你却表示"谁上都好"。做老好人也许不会与任何人产生正面冲突，但是会给人留下没有主见的印象。做老好人，不否

# ◇职场切忌意气用事◇

在职场上，意气用事非常要不得。意气用事，为犯错的同事辩护，更要不得。

意气用事，为犯错的同事辩护，既浪费时间，又不容易解决问题，还影响自己的形象，不利于办公室大环境的建设。

定任何人和任何事，其实会让人理解为不支持任何人、任何事。老好人显得没有竞争意识，没有善恶、是非观念，在必须决断的关头做老好人，相信你会被所有的人所不齿。

**温馨提示：**

□ 大家进行讨论时，应该主动而积极地发表意见。

□ 无论做任何事、面对任何人，都应该有自己的立场和态度。

□ 当别人询问和征求你的意见时，应该给对方一个明确的答复。

## 对同事的帮助要懂得回报

有人可能觉得，"投桃报李"这种事看起来太功利了，职场上做好本职工作就可以了，这种"潜规则"还是不遵循吧。其实，在职场上，虽然人与人之间不必走得很近，但一些善举还是很有必要的。

同事在关键时刻为你提了好建议，如果你过后不理不睬，对方就会觉得自己没有受到尊重；同事在你心烦的时候开导了你，如果你对他毫无谢意且从不知回报，对方会觉得你铁石心肠。

接受别人的帮助后，用实际行动来回报对方是礼貌，这与"交换"有天壤之别，别混淆了概念而让人以为你不但不懂礼仪，而且无情无义。

**温馨提示：**

□ 别人为自己提供过帮助，自己一定要适时向对方表示感谢。

□ 对于帮助过自己的人，如果对方求助，一定要尽力帮助。

□ 如果自己没有能力帮助关心过自己的人，应该向其提供求助线索。

## 不可当面一套，背后一套

在职场上，当面一套背后一套、阳奉阴违的人不少，这种做法是不可取的。

上司交代了任务，嘴上说得信誓旦旦，上司走后却不认真完成；同事受到表扬，当面向其表示祝贺，背后却对其翻白眼；表面上和几个同事关系密切，背后却经常对他们"使坏"。

如此做事待人，容易引起工作上以及上下级、同事之间关系上的矛盾，容易遭到别人的鄙视和排斥。

**温馨提示：**

□ 上司是否在场与是否视察，都应表里如一地工作以及坦诚与人相处。

□ 答应上司或同事的事一定要及时、圆满做到。

□ 应避免当面夸人、背后说人的做法。

## 不在背后议论领导

背后议论领导的做法是错误的。

背后议论领导的衣着打扮，是无聊的表现；背后议论领导的私人生活，尤其是感情生活，是八卦的表现；背后议论领导的为人和做事态度及方法，是对领导不满的表现；背后议论领导的工作能力，是轻视领导、自视过高的表现。背后议论领导，容易导致议论内容的广为传播，影响人心，同时也给他人打小报告制造机会。背后议论领导，说明你对领导不信任。在别人看来，你对任何人都不会信任。因此这样做也不利于同事关系的良好发展。

**温馨提示：**

□员工在单位应避免在背后议论领导，避免在任何情况下背后议论领导。

□身为下属，应该站在领导的角度想问题，尽力理解领导。

□当自己对领导有所不满时，应以礼貌的方式进行适当沟通，而非在背后议论。

## 进出领导办公室要注意细节

进出领导办公室时不注意细节，很容易因此而造成失误，引起别人的误解。

报告紧急事件时，敲门后不等应答就推门而入，如果领导正在接待重要客人，场面多少会有些尴尬。进入领导办公室后，不看领导脸色和忙碌程度，放下文件后就一言不发地站着等候指示，如果领导暂时无暇回应你，这样做是在为难领导。出门时用力关门，发出巨大的响声，等于是在向领导示威、发泄不满。

**温馨提示：**

□进领导办公室之前，应先轻声敲门，并确定领导是否在。

□进入领导办公室后，如果领导正在接待客人或接打电话，不要多作停留。

□进门与出门时应当及时随手轻声关门。

## 听上司讲话注意力要集中

听上司讲话时注意力不集中是不对的。

不专心听上司讲话，就无法完全领会上司的意图，因而在执行过程中容易出现差错。不专心听上司讲话，显得心不在焉，是不尊重上司的表现。听上司讲话时注意力不集中，会被认为是变相的挑衅和反对，此外还会让上司的话失去分量和作用，因而浪费时间和精力。听上司讲话时注意力不集中，还有可能影响他人的情绪，导致其他人分心、情绪波动。

**温馨提示：**

□听上司讲话时，不要不作思考。

□听上司讲话时，不要做小动作。

□听上司讲话时，不要走神、发呆。

# 向上级禀告要把握分寸

一五一十地向上级汇报情况，毫不欺瞒，这样做的员工看起来肯定是非常受欢迎的，因为他诚实、坦然。实际上并非如此。

公司里出现混乱情况，你本来可以轻松应付，却急急地跑去向上司事无巨细地报告，上司一定会觉得"这么点事情都需要我亲自解决，真是没用"。几个下属出现了新人难免犯的错误，你耐心指导他们一番即可。如果上司询问新人工作状态时，你毫不欺瞒地报告说"他们犯了什么什么错误"，下属会觉得你不懂得体恤他们，上司会觉得你管理不善。在工作中，要懂得为上司分忧、体恤下属。

**温馨提示：**

□ 对于一些暂时难以下结论的事情，可以等待结果进一步明确时再报告。

□ 当上司情绪波动很大时，可以对事件进行必要的保留。

□ 对于一些无关紧要而且可以迅速解决的矛盾，可以避而不谈。

# 不打小报告

打小报告的员工不仅会受到其他同事的厌恶，也会令上级不齿。

打小报告必然得时刻注意其他人的行踪和言行举止，自己的工作必然无法很好地完成。打小报告是分散人心的做法，如果同事知道你的所作所为，必定不会愿意再与你合作。如果你的上司生性正直，打小报告会让他怀疑你的人品和动机，你因此而受到上级的批评和驱逐也是"罪有应得"。相信同事、坦诚对待同事是办公室礼仪的重要准则，打小报告的做法是对这一准则的破坏。

**温馨提示：**

□ 不要在背后向领导报告其他同事的一些行为。

□ 不要做其他同事行踪和具体工作情况的监视者。

□ 不要专门针对自己不喜欢、看不惯的同事打小报告。

# 指出下属的错误宜在私下进行

当着他人的面指出下属的错误在很多人看来无可厚非，既使下属受到了警示，又在他人面前展示了自己身为上级的威严。但这样想是片面的。

当着外单位人的面指责下属，会给外单位的客人留下"这个单位的上级无能，下属当然也无能"的印象；当着本单位其他员工的面批评某个下属，被批者会觉得没有尊严，旁观者会担心自己也受到这样的"待遇"；当着他人的面指出下属的错误，给人以好为人师和爱出风头的印象。

# ◇不越级报告◇

越级报告的做法通常都是不明智的。因为领导有大小之分，通常各司其职、分工合作。

越级报告看似重视工作效率、做事果断，其实不一定能提高工作效率和工作质量，还容易引起各层领导之间的误解，延误工作，这是不合礼仪的做法。

无论下属错大错小，当着他人的面批评下属都会令下属狼狈，这显然称不上礼貌。上级这样做对下属是不尊重的，同时对自己的形象塑造也没有好处。

**温馨提示：**

▢ 应避免当众批评下属，更不应对其进行中伤。

▢ 当下属犯错时，应尽量与之单独交谈，通过详细沟通解决问题。

▢ 发生当众指责下属的情况后，应酌情私下里向下属道歉。

# 不可替领导做主

有陌生人拜访领导，身为秘书的你，不问领导是否愿意、不考虑是否合适就让其进入领导办公室，当时不希望有任何人打扰的领导一定会觉得你不知道秘书的职责所在。领导外出办事，要求你记录每天的工作情况并向其汇报进展情形，你自做主张地忽略你认为不重要的地方，领导一定会觉得你玩忽职守。

替领导做主，一方面会让领导错过重要信息或重要人物，给领导徒增无谓的负担，另一方面会给他人留下不负责任、滥用职权的印象。最主要的是，盲目替领导做主是无视领导权威、轻视领导能力、误解领导意图的做法，是对对方的不尊重。

**温馨提示：**

▢ 不要在需要领导决断的事情上随便替领导做主。

▢ 只有领导明确指示你可以自作主张时才可以替领导做主。

▢ 替领导做主时，应保证从全局出发，从领导的立场出发。

# 要注意当众维护上司的权威

身为下属，不注意当众维护上司的权威是错误的。

在公众面前，当领导仪表上出现瑕疵如鞋底上沾了显眼的纸片时，你不是委婉而不动声色地提醒，而是露出嘲笑的表情；陪同领导外出访问，领导在台上发言时，你不是仔细聆听而是昏昏欲睡。诸如此类的表现，都是对上司权威的亵渎。

不注意当众维护领导的权威，就是不重视你所在单位的形象，不重视你身为下属的职责，也是对自己形象的不负责任。

**温馨提示：**

▢ 不要当众指出领导的失误之处。

▢ 领导在公共场合失误时，应及时而礼貌地为其适当掩饰。

▢ 当有人对领导表示不敬时，应主动上前制止。

# 不顶撞上司

顶撞上司是很不礼貌的表现，但是总有人忍不住这样做，并且视之为"不唯上""不畏上"的"英勇"之举。

私下顶撞上司，会被误解为在工作中发泄私人不良情绪；公开顶撞上司，等于是向上司示威。顶撞上司会将本来不明显的矛盾激化，将争论从工作扩大到个人情绪；顶撞上司会损害上司的尊严，影响双方的判断力，不利于工作的开展。

**温馨提示：**

☐ 当领导对自己产生误解时，应平心静气地向其解释原因。

## ◇不宜私访上司的家宅◇

私访上司家宅，通常情况下是不受上司欢迎的。如果是谈工作，环境不合适；如果是谈私人交情，环境同样不合适。

私访上司家宅，第一是混淆了工作与私人关系，有溜须拍马和贿赂之嫌。

第二是干扰了上司的私人生活，有骚扰之嫌。如果上司恰巧是保护隐私的人，可能会对你产生不好的印象。

因此，如果没有充分且必要的理由，不要私访上司的家宅。若要私访上司家宅，首先应征得对方同意并避开节假日及对方繁忙或休息时间。

☐ 当领导批评自己时，应态度谦恭地聆听。

☐ 当领导情绪不佳时，不要与其争论。

## 不介入上司的私人空间

介入上司的私人空间不见得是好事。

上司的亲朋来单位拜访上司，你嘘寒问暖，一副上司贴心人的做派；工作之余，你刻意旁敲侧击地获悉上司的生活细节，甚至打探上司的私人隐秘；作为秘书接到找上司的私人电话，你不厌其烦地追问对方的来历及与上司的关系。介入上司的私人空间，会打破上下级的严肃的工作关系，不利于工作的开展，也会让上司有暴露隐私的担忧和困扰。介入上司的私人空间，容易引起别人的猜疑。你和上司不拉开距离，对你和上司的形象都没有好的影响。

**温馨提示：**

☐ 在工作过程中，应与上司保持适当的距离。

☐ 在工作环境中，不要询问上司的私人问题。

☐ 不要替上司做过多的私事。

## 不要冒昧送礼

冒昧给上司送昂贵礼物，不仅不会起到你想要的效果，反而会弄巧成拙，损害你在上司眼中的形象。

如果在单位领导换届选举之前送昂贵礼物给上司，必然会被认为是行贿；在自己工作出现重大失误时冒昧送昂贵礼物给上司，对方一定会认为你目的在于暗示上司对你"网开一面"；冒昧给不喜欢下属送礼的上司送昂贵礼物，你无疑是在触动他的怒火。俗话说"无功不受禄"，冒昧送礼给上司本已经让人感到莫名其妙，送昂贵礼物给上司更是令人匪夷所思。

**温馨提示：**

☐ 不要冒昧送贵重礼物给上司。

☐ 不要送超出你承受范围的礼物给上司。

☐ 不要在没有足够理由的情况下送昂贵礼物给上司。

## 不可无故奉承别人

无故奉承别人不是善于与人交往、善于赢得别人信任的表现。

无故奉承同性同事，对方会认为你给他制造了麻烦或者有求于他；无故奉承异性同事，对方会认为你有意伺机骚扰；无故奉承上司，对方会认为你在耍溜须拍马的伎俩；无故奉承与自己有矛盾的同事，对方会认为你在伺机报复。无故奉承别人会让人觉得生硬、别扭，让人觉得突兀而虚情假意。如果你平时很少奉承别人，突然这样做会让人怀疑你"脑子有问题"或"动机不纯"。

**温馨提示：**

□ 不要随便奉承自己不熟悉的同事。

□ 不要在自己需要别人帮助的时候刻意奉承对方。

□ 不要在别人繁忙的时候无故奉承对方。

## 不争功邀功

在职场上职员之间争功邀功绝不鲜见，甚至有人将其视为职场生存的法宝。争功邀功其实并不必要。

争功邀功会显得你有极强的功利心，令人反感；争功邀功会破坏同事之间的和谐关系，从而与你疏远；过度争功邀功会耽误正常工作，导致工作难以按时、保质保量地完成；争功邀功会促使不良风气的形成，不利于企业文化的良性发展和传播。

争功邀功违背职场礼仪中脚踏实地、谦虚实干、积极协作的宗旨，是不礼貌的，也是没有积极作用的行为。

**温馨提示：**

□ 不要将别人的劳动成果挂到自己名下。

□ 不要夸大自己的功劳。

□ 如果一项工作无法单独完成，不要在集体中强调自己的关键作用。

## 切忌以"跳槽"威胁上司

不要动不动就用"跳槽"来威胁上司。

以跳槽威胁上司，意思是暗示上司你在单位里有无可替代的作用。如果你的能力并非超凡，以跳槽威胁上司，上司也许会想：就你这水平还想威胁我？我随便招一个人，都比你强！这样你非但无法达到目的，反而给上司提了个醒，上司会迅速将你开除。如果你能力很强，以跳槽威胁上司达到目的后，会对公司上下产生负面影响。别人会认为你骄纵自大，这既不利于单位人际关系的开展，又不利于你自身的形象。

**温馨提示：**

□ 如果想获得更好的待遇，应该在适当的时间与上司进行协商。

□ 不管自己有没有足够的实力，都不应用跳槽威胁上司。

□ 与上司产生误解或矛盾时，应该理性分析、礼貌沟通来解决问题。

# 犯错后主动道歉

不肯道歉的人是令人讨厌的。

明知自己错了而不肯道歉，矛盾就无法彻底解决。如果你是无心犯错，不肯道歉会让别人误以为你是有心犯错。如果你的过失很大，不肯道歉会让你更难以得到他人的原谅。如果别人只是需要你道歉的姿态，不肯道歉就容易将事情向负面扩大。不肯道歉不仅无法解决问题，无法使矛盾"大事化小，小事化了"，反而会让人轻视你。

温馨提示：

□ 自己犯错后应主动承认并向别人道歉。

□ 当意识到自己的错误时，应及时向别人道歉。

□ 当别人批评自己时，不要置若罔闻。

## 道歉要真诚

面对领导有气无力地说"是我的错"，对方绝不会相信你已经意识到自己的错误；面对自己伤害的人满不在乎地说"不好意思"，对方一定会更生气；面对被自己撞倒的陌生人毫不在意地说"对不起"，对方可能会认为你故意捣乱，以妨碍别人为乐。

道歉在很多时候都是很有必要的，但只有一句极不情愿的"对不起"是绝对不够的。道歉态度如果过于勉强甚至恶劣，往往会导致矛盾激化。

道歉如果不真诚就是无效的，就无法起到应有的作用。

温馨提示：

□ 道歉时态度应坦诚、认真。

□ 道歉时语言要恳切、谦虚。

□ 道歉时动作神态应端庄、自然。

## 不摆领导架子

开会时昂头腆肚；平时到下属中间走动时，背着手慢慢踱步，眼睛抬到头顶上；动不动就抬出自己的身份教训下属，摆出目中无人的架势。这就是所谓的"领导架子"。

摆领导架子不利于搞好自己与下属的关系，也不利于搞好自己与上级领导之间的关系；在同级领导前摆架子，对方会觉得你虚伪。无论你领导几个人，摆领导架子非但无助于你树立威信，反而会使你成为别人的笑料。如果外单位人员访问时看到你摆领导架子的模样，对方会觉得你素质不高，你所在单位的形象自然也好不到哪里。

温馨提示：

□ 身为领导，应保持谦虚而落落大方的姿态。

□ 与下属交流时，应避免居高临下的动作。

□ 与下属说话时，应避免拉长声音、不断重复等行为。

## 在下级面前要以身作则

不能以身作则的领导是不合格的领导，也是不受欢迎和尊重的领导。

身为上级，行为举止乖张做作，穿衣打扮毫无领导做派，这会严重影响单位形象；身为上级，说话缺乏逻辑，做事拖拖拉拉、丢三落四，会严重影响他在员工心目中的形象和地位；身为上级，业务能力差、对待客户不认真、随便推卸责任，这会严重影响单位的风气和自身的威信；身为上级，言而无信、不能严格要求自己，这会严重影响单位的未来。

在下级面前不能以身作则，不仅是礼仪上的失误，更是对单位、整个集体的不负责。

**温馨提示：**

□ 身为上级应该在仪表、行为举止上给下属做出表率。

□ 身为上级应该在工作态度上给下属做出榜样。

□ 身为上级应该在自身素养、工作能力上做出表率。

## 认真听取下属的意见

如果一个领导不肯听下属的任何意见，必定不受欢迎。

不听下属建议，是堵塞上下级沟通之道的愚蠢做法。一个领导思维再缜密、能力再强，也不可能十全十美、说话做事从无疏漏。不听取下属的意见就可能错过良好的建议，或埋没优秀人才。长此以往，下属即使有好的建议或者发现重要问题，也不会有上报的积极性了。从礼仪角度而言，不肯听下属的意见，是对下属的不尊重。如果下属真心实意地向领导提建议，领导却嗤之以鼻，下属的自尊心和责任感必定会受挫。

**温馨提示：**

□ 上级应主动向下属征求意见。

□ 上级应给下属提意见的机会。

□ 听取下属意见时，上级应认真、谦虚。

## 主动与下属沟通

不主动与下属沟通的领导不是称职的领导。

分配任务后就再也不管不问；明知下属是新手，仍然对其淡漠相对；只知道在下属出错时批评对方，而不懂得事前提醒对方。这都是不主动与下属沟通的表现。上级与下属是管理与被管理的关系，也是同呼吸、共命运的关系。如果不懂得主动与下属沟通，就无法及时知道下属的想法，无法发现下属的潜能或不足，也不能掌握下属的工作和情绪状态。不主动与下属沟通，下属的思想和对工作的认识就会受到限制，不能及时改进工作方法从而提高工作效率，下属也会认为领导不关心、不体恤、不理解，难免对工作降低热情。不主动与下属沟通，就不容易与下属建立良好、愉快的工作关系。

**温馨提示：**

□ 作为上级，应主动而及时地向下级传达任务、听取意见。

□ 上级应经常性地与下级沟通。

□ 上级与下级进行沟通时态度应平和、自然。

## ◇要在下属面前克制情绪◇

把情绪完全表现在脸上，或得意忘形，或乱发脾气，或面无表情，这样的上司不容易受到下属的爱戴和信任。

上级在下级面前应保持沉稳大方而优雅的风度，即使情况紧急时，上级也应在下属面前保持冷静。

下属做错事时，上级应避免大发雷霆，否则容易扰乱人心，影响下属的信心和意志，进而影响工作氛围和工作效果。

顶头上司应该是一个单位的"领头羊"和灵魂人物。小的领导，哪怕只是一个组长，也理所当然地在下属面前起榜样作用。

# 第十八章
# 会议礼仪

## 举行露天大型活动要设休息棚

庆功大会、颁奖典礼、运动会开幕式、展览会、展销会等露天举办的大型活动对于我们而言绝不陌生。有很多这样的大型活动进行时间很长，却没有设休息棚。这是巨大的疏漏。

无论是气温高、阳光强还是气温低、天气阴冷，不设休息棚都会使相当一部分参加者感到疲惫不堪。尤其是在仪式举行时间超过两个小时的情况下，一些年老或年幼、体弱的人，便会有很强烈的不适感。

**温馨提示：**

□ 举行露天大型活动时，应设置休息棚。
□ 举行露天大型活动时，应设置足够的休息位。
□ 举行大型活动时，应为嘉宾或年老体弱者设置专门的、安静的休息场所。

## 展览会要安排讲解员

展览会上无讲解，不能算是合格的展览会，也不能算是完整的展览会。

没有讲解人员，参观者就无法更全面、更有效地了解展览会的整体设置，难以更有效地寻找到自己需要的信息；没有讲解资料，参加者就难以充分了解参展物品，留存相关资料，整理所见所感。

展览会的目的必然是让更多的人了解自己的展品，从而更有利地开发市场或传播知识与文化。但如果没有讲解，这个目的就难以圆满实现。对于参观者来说，这是"招待不周"的表现。

**温馨提示：**

□ 展览会上应安排针对整个活动的专职讲解人员，准备详细的讲解资料免费派发。
□ 参加展览会的商家应安排针对客户的专职讲解人员。
□ 有顾客询问时，展台负责人应热情讲解。

## 举办展览会要注意展品排列

举办展会、参加展览会，如果不注重展品的排列位置和方法，就可能导致失败。

参展的展品东一个西一个，排列得毫无章法，展台布置得令人眼花缭乱，即使是再好的展品，也难以在第一时间吸引参观者。展品分类不清楚，不同色彩的展品位置安排不和谐，展品的质量和档次就容易受到怀疑。参展的展品新旧不一，漂亮的展品放在外观一般的展品背后、主次不分，参展者可能就没有兴趣深入了解下去。

# ◇举办展会要热情地向观众讲解◇

　　举办展会时对观众置之不理，必然是令人愤然的。想要展会成功，就必须要热情地向观众讲解。

　　举办展会时，展位负责人应随时准备为观众进行讲解，并以热情、饱满的精神状态呈现在公众面前。

　　举办展会时，当观众经过自己所在的展台，无论对方是否前来观看，都应向其致以热情问候。

　　相反，如果展会正式开始后，有观众上前参观或询问时，工作人员看都不看对方一眼，即使展品丰富独特，也难以留住客户。

**温馨提示：**

□ 用于参展的展品，一定要保证质量上乘，优中选优，而且应保证外观上完好。

□ 展品的陈列摆放要讲究整齐有序，有重点、有陪衬、有美感。

□ 展品的背景布置应与展览的主题相呼应，有吸引力。

## 展会上不可对观众滔滔不绝

热情的服务态度会给人留下良好的印象，但过于热情则是错误的。

参观者还未走到你所在展位的"势力范围"内，你就立刻做出热情洋溢的表情上前拉对方参观，对方如果无心前来，会为你的鲁莽而生气；如果对方有心前来，可能会对你的过度殷勤产生反感，反倒不来了。如果参观者只是询问了一下自己想要了解的问题，更希望自己看，你却滔滔不绝，对方必定会觉得不自在而迅速离开。

**温馨提示：**

□ 展会上对观众作介绍时应适可而止。

□ 对于不打算停留的观众，不要强行拦住对方向其进行介绍。

□ 对待展会上的观众应做到礼貌而诚恳。

## 参观展会时要注意自己的公众形象

作为参观者参加展会时，如果觉得自己只代表自己，无需注意形象，那就大错特错了。

参观展会时旁若无人地与同伴喧哗，会影响他人参观；参观展会时不注意避让，会妨碍他人的行动；参观展会时随处丢垃圾，会破坏展会场所的整洁，并给工作人员增添负担。如果在展会上随便把玩展品，却又不轻拿轻放、不放到原位，容易破坏展品，影响展品的宣传效果。

**温馨提示：**

□ 参观展会时，不要对展位和展品以及其他观众指指点点。

□ 参观展会时不要歪斜着走路。

□ 参观展会时不要长时间抓摸展品。

## 参加典礼要遵守程序

典礼通常都有一定的程序，如果参加典礼却不遵循程序，忽略程序或程序乱套，必然是失礼的。

典礼派发了请柬，来宾却不按照相关规定和程序出示请柬，登记签到；典礼上

# ◇应邀参加典礼不可无故缺席◇

应邀参加朋友的婚礼、应邀参加同行的开业典礼……应邀参加典礼却无故缺席，受邀而不出场，肯定会令主办者感到不满。对于任何人而言，这都是失礼的事。

谢谢来参加我的婚礼。

既然答应了要来，我就一定会按时来参加的。

每个人都不会无缘无故邀请别人参加自己主办的典礼，邀请你本身就说明了对你的重视和关心。因此接受邀请后，一定要提前做好准备，按时出席。

真是不好意思，你的生日派对我去不了了……

这有什么，没事！

如果临时有事而不能参加典礼，必须及时通知邀请者并向其道歉。

谢谢你，如果现在打车可能赶不到我朋友的婚礼了，只好先借你的车用一下。

接受邀请后，出席典礼前应计算好路程和车程，避免因为估计不准或者堵车等原因错过典礼。

请了嘉宾，主持人却不对他们进行介绍；主持人引领大家起立、奏国歌时，作为普通来宾的你却径自坐在位子上不予回应……无论是典礼组织者还是参加者，在典礼上不按照特定程序来都是对典礼不重视的表现，同时也是失礼的表现，还有可能被人认为是挑衅。

**温馨提示：**

□ 典礼通常包括来宾入场、正式开始、主持人致辞、嘉宾发言、礼成几个环节。
□ 参加典礼时应首先熟悉相关程序，以免自己在需要出现的某个环节关键时刻时出丑。
□ 参加典礼时，应在参加一个环节的同时为下一个环节做好准备。

## 不要坐在嘉宾席上嚼口香糖

有人说嚼口香糖可以消除紧张心理，让表情更自然、更放松，多嚼有好处。这话虽然有一点道理，但如果你身为嘉宾出席各种仪式、典礼等活动，在嘉宾席上嚼口香糖是不对的。

在嘉宾席上嚼口香糖，一方面会让人觉得嘉宾对活动举办者"有意见"，一方面会让人觉得嘉宾不端庄、不稳重，对其他参加者不尊重。在嘉宾席上嚼口香糖，会显得过于自我。而且，嚼着口香糖说话也容易影响发言效果。

**温馨提示：**

□ 作为嘉宾出席活动时，在公众面前应时刻注意自己的形象。
□ 在嘉宾席上就座时，口中不能咀嚼任何食物。
□ 在嘉宾席上就座时，应保持良好的精神状态和自然得体的表情。

## 参加会议要签到

举行大型会议时一般都有签到的环节，如果你到会而不签到，是错误的。

参加会议不签到，如果你身份、地位特殊，人们就会认为你摆架子，搞特殊化；如果你是个无名之辈，参加会议不签到会让人认为你故意捣乱。对于限制人数的大型会议，不签到不利于组织者统计人数。

参加会议并遵循相关程序是会议礼仪的基本条目。有签到环节而不签到，是对会议程序的破坏。

**温馨提示：**

□ 参加会议时，应按照规定签到。
□ 参加会议签到时，应严格遵循签到的程序。
□ 参加会议时，应避免代替别人签到。

## ◇迟到入场不要影响他人◇

参加会议不应该迟到，这是常识。迟到后还招摇入场，更是错上加错。

1. 会明显影响会场秩序，引起与会者注意力的分散。如果你的座位在中间，很多人都必须因为你而起身让路，这是对他们的打扰。

2. 会给别人留下拖沓与散漫的印象。如果你是单位唯一的代表，你所在单位就会因为你的行为而丢失印象分。

因此，如果迟到了，进场应尽量从侧面入场，进场和寻找自己座位时应减少与别人的碰撞，也要避免张扬地与熟人打招呼。

## 在指定位置就座

参加会议而不在指定位置就座是不合礼仪的。有人觉得参加者众多，坐哪里都无所谓。如果这样做的话，麻烦是在所难免的。

当你作为嘉宾出席会议时，不在指定的、放有名牌的位置就座，有逃避责任、藐视主办方的嫌疑；当你被安排到特定区域就座，而你不遵守安排混入其他单位所在区域，有缺乏集体观念之嫌。不在指定位置就座，会打乱会议举办者的计划。如果会议上需要在不同区域就座的人商议并发言，你就会无形中被孤立起来。

**温馨提示：**

□ 参加大型会议时，应按照指示标志就座或询问服务人员，寻找自己的座位。

□ 普通与会者应避免坐到嘉宾席上。

□ 集体参加会议时，应坐在自己集体所在区域内。

# 主持活动要注意与会者的情绪变化

主持人主持活动时如果只按照既定程序背台词，<u>丝毫</u>不注意与会者的情绪变化，肯定不是合格的主持人。

主持人准备的台词与现场气氛不相符，却不做<u>丝毫</u>改变，参与者难免会皱眉头。如果这时主持人仍然对与会者的情绪无动于衷，就是失礼的表现。现场出现骚乱，众人表情各异、情绪不稳定，主持人却视而不见，就是胆怯与无能的表现。主持活动时，主持人如果不注意与会者情绪的变化，就会影响整个现场的氛围，导致与会者的厌倦心理。同时，这样的主持人会给人冷漠、以自我为中心的印象。

**温馨提示：**

□ 主持活动时，主持人应随时关注现场参加者的表情和姿态。

□ 主持活动时，主持人应保持与现场参加者的互动。

□ 主持活动时，主持人应随机应变。

# 主持会议时不可在场内与熟人打招呼

主持人主持会议或活动时，不应该在场内与熟人打招呼。

主持人是全场的焦点，一举一动都会被观众尽收眼底。如果在主持的间隙与台下的熟人挥手或用目光、表情打招呼，立刻就能被观众察觉。既然主持人的工作是主持活动，这样做就是失职。同时，主持人在场上与熟人打招呼会分散自己的注意力，影响自己的形象，当然也会降低活动的水准。从会议的成功度考虑，主持人的分心和不专业的表现将很难使会议达到预期效果。

**温馨提示：**

□ 主持人在台上主持节目的过程中，应避免与熟人眼神交流。

□ 主持人发言时，应避免因为看到熟人而分心。

□ 主持人在台上应全神贯注地专注于自己的工作。

# ◇主持人要精神饱满◇

主持人是会议或典礼的灵魂人物，在主持时应精神饱满。

主持人是会议或典礼的灵魂人物，如果主持人在台上无精打采，整个活动就失败了一半。

主持人讲话时应声音洪亮、精神饱满。

这个主持人真是一点形象也没有啊，主持得也没意思。

作为主持人，要注重自己的形象，这不仅是对观众的尊重，更是对自己的负责。

总之，主持人表现如果不佳，所有参加者都会不愉快。因此，主持人上台前应做好充分准备，让自己以最好的状态出现。

# 主持人不可过分自我表现

主持人在台上过分自我表现是不应该的。

主持会议的时候大谈与会议主题无关的话题，在开场白和过渡引导的环节极力表现自己；主持活动的时候肢体动作幅度过大，手势夸张，表情也过于丰富……这样的主持人给人的感觉是他在表演，过于自我。

主持人虽然是会场的焦点，却不应该是主角。主持人的作用更多的在于使整个会场环节衔接紧密，气氛融洽。如果表现超出正常的范围，就是对与会者的不尊重，不是礼貌之举。

**温馨提示：**

□ 主持人在台上应注意控制自己的言行举止。

□ 主持人应将注意力放在调度现场上。

□ 主持人讲话时应避免声音做作、夸张。

# 主持人要尊重嘉宾

主持人对嘉宾出言不逊，即使他能力出众也是不合格的。

单位组织一场晚会，请外单位的几位领导做嘉宾。主持人请嘉宾做游戏未果就对嘉宾进行批评，对方会觉得受到了侮辱，本单位全体人员也会觉得失礼。嘉宾的言谈举止显得不那么得体，主持人就出言讽刺，对方会觉得受到了伤害，现场的其他人也会觉得主持人太刻薄。

主持人的职责是尽可能地使自己所主持的活动圆满成功，而非利用身份的便利随便对别人冷嘲热讽。

**温馨提示：**

□ 如果嘉宾有不得体的言行，主持人可以含蓄而善意地提醒。

□ 如果主持人与嘉宾认识，不要在交流中掺杂私人情感，更不应借机聊天或"报仇"。

□ 主持人不可在主持过程中发泄负面情绪。

# 会上发言要听主持人安排

任何会议都少不了主持人这个角色，如果你作为普通与会者发言时不听主持人安排，必然会引来不友好的目光。

别人发言的时候你高声打断，这是对会场秩序的蓄意破坏；轮流发言的时候你抢在别人前面，这是对被抢话的那个人的不敬；该你发言的时候你退缩，坚持先让别人发言，这不能说明你谦虚、礼让，而是说明你的不合作态度；该停止发言的时候你仍然滔滔不绝，这是对现场所有人忍耐力的考验和公然挑战。

**温馨提示：**

☐ 会上发言应遵循主持人的指示。

☐ 会上发言应注意主持人的表情举止的暗示。

☐ 会上发言也应注意礼貌。

## ◇在会上发言时手势动作不可频繁◇

发言时高举双手、指向前方等，也许你觉得这种动作太自然了，没什么，但如果手势动作过于频繁会带来许多不好的影响。

1.会给人一种强势之感，容易导致听众分心，无法专注于发言内容。

手动个不停，光看手了，讲的什么都没注意听。

这人是搞宣传的吧动不动就加油、鼓动大家。

2.会使发言者显得太刻意，对发言者的公众形象没有积极意义，过多的话还可能产生负面影响。

因此，在发言的时候应避免不停地重复手势动作，不是说不可以有手势，而是不要太多，过犹不及。

# 不可同时提出两个以上的问题

在会议场合或者作报告的场合，只要时间允许，基本都会给听众和观众一段自由提问的时间。如果在提问时同时提出两个以上的问题，就有点"不够意思"了。

任何人在没有准备的情况下，通常都难以一下子记住很多话语。同时提出两个以上的问题，被提问者容易遗忘或将问题混淆，容易导致他无法准确回答或偏题。一方面，如果你的每个问题都很长，并且一连问了三四个问题，就可能使被提问者陷入窘迫；另一方面，一次提出太多问题，等于是抢夺了其他人提问的机会，这是自私、霸道的表现。如果你所在的会场只允许提三个问题，你必定会招致大家的声讨。

**温馨提示：**

□ 提出问题时，应精简语言。

□ 在向发言者提问时，应尽量每次提一个问题。

□ 提问时，应避免提出无聊的或其他人提过的问题。

# 中途退场要低调

没有哪个举办会议的人会希望参加者不等会议结束就退场。

旁若无人地中途退场容易导致其他与会者分心，产生退场的想法。你的退场是对台上发言者身份和尊严的侮辱。如果发言者身份一般，你的高调退场会降低他的信心；如果发言者恰好是位名人，对方会觉得难堪。

**温馨提示：**

□ 中途退场时应从侧面低调退场。

□ 参加会议等活动时应尽量避免中途退场。

□ 退场时应避免妨碍别人。

# 按次序退场

不按次序退场是不礼貌的行为。

不按次序退场，拥挤是必然的。无端被别人推挤、撞击甚至踩上一脚，再有涵养的人也会感到恼火。不按次序退场，浪费了时间，也无法提高效率。不按次序退场，显然是没有耐心、道德修养低、缺乏公德的表现。假如你在人群中好不容易走到门口，却突然被后面的人挤到他身后，心里一定感觉不爽。

**温馨提示：**

□ 应按照一定次序如按照座位所在的方向、按距离门口远近的程度退场。

□ 退场时应避免推挤前面的人。

□ 退场时，不要抢先或在人群中站立着等人。

# ◇不在会场上乱扔杂物◇

在会场上乱扔杂物是不礼貌的，也会给自己或者所代表的单位带来不好的影响。

乱扔杂物，是没教养的表现，会给所在单位或国家丢脸。

乱扔杂物也会给清洁人员带来负担。

离开会场时，应将自己制造的废弃物带出会场并妥善处理。不可随意丢弃，留下一片狼藉。

# 作演讲时要擅用目光

演讲时不擅用目光暴露了演讲者对礼仪的无知或缺乏重视。

如果作演讲时低头看稿子，或者抬头看天花板，或低头看脚，观众会觉得演讲者过于紧张、生涩，同时不懂得尊重观众的感受。演讲时目光游移不定，观众会觉得演讲者心神不宁，对自己缺乏信心。

目光在人与人交流过程中起着至关重要的作用。演讲既然是一个与所有观众沟通、交流的活动，不擅用目光显然是错误的。

**温馨提示：**

□演讲时应恰当使用环视、注视。

□演讲时应使目光与观众保持互动。

□演讲的过程中，应避免一直盯着一个方向或一个范围。

# 演讲时自我介绍要恰当

演讲时的自我介绍很重要，它不同于平时结识新朋友和参加面试时的自我介绍。如果你不注意，你的演讲可能尚未开始就给人留下了不好的印象。

演讲时作自我介绍长篇大论，将自己的性格、爱好、身高、体重都报上来，大家会觉得你过于自恋；演讲时自我介绍简短到只匆匆报上一个名字，大家会觉得太突兀，容易将你遗忘；演讲时作自我介绍，声音或尖锐或嗫嚅，表情或严肃或谄媚，同样不利于你给大家以良好印象。

**温馨提示：**

□演讲时的自我介绍应简短而有重点。

□演讲时的自我介绍应包括姓名、所在单位和自己的序号。

□演讲时的自我介绍声音和表情应自然得体。

# 第十九章
# 应对媒体礼仪

## 举办演出要注意节目顺序的安排

先是一大堆歌曲，然后突然插一场舞蹈；节奏强烈的歌舞类节目之间没有任何其他类型的节目穿插；时间长短不一的节目胡乱穿插……举办文艺晚会时，节目单不能马马虎虎，否则就容易将演出办砸。

排节目表时如果不懂得从人们的欣赏角度和心理接受规律出发、杂乱无章，第一会显得主办方愚蠢无知，没有艺术修养；第二容易使观众感到疲劳、乏味；第三容易使演员难以完全发挥应有的水平，从而从整体上降低演出的档次。

**温馨提示：**

□ 举办演出时，应事先对节目表进行精心安排，确保节目安排合理、有序。

□ 在节目表的制定上，应动静结合、悲喜结合，使歌曲、舞蹈、小品等各种节目的安排井然有序。

□ 参加演出的演员应服从集体安排，避免争抢和冲突。

## 开新闻发布会前要准备资料

开新闻发布会，各种资料如果不能提前准备好，必然会导致不圆满的结果。

开新闻发布会而不提前准备资料，第一，会使前来参加的媒体记者因为缺乏准确材料而造成提出的问题偏离方向；第二，容易造成信息传播的不准确，从而给媒体带来负面影响；第三，容易使主办者达不到预期的宣传效果。还有重要的一点是，事先不准备材料本身就说明新闻发布会的主办者未做好准备工作。

**温馨提示：**

□ 开新闻发布会前，一定要准备充足的文字、影音等各种材料。

□ 必要的话，开新闻发布会时应向到场的媒体工作人员分发相关材料。

□ 开新闻发布会前必须认真核实准备的资料，防止错误信息。

## 召开新闻发布会切忌请错媒体

召开新闻发布会而请错媒体，不要说这种事不可能发生，实际上确有人请错了媒体而不自知。

本应请当地最知名的媒体，却请了几个名不见经传且信誉度不高的小媒体，即使你个人或集体声誉再好，此举也相当于砸自己的牌子；受众主要是通过广播来接收信息，你却请了电视媒体，宣传效果不一定会好；本来是社会性新闻，却请来了娱乐界媒体，宣传容易变得滑稽。

请错了媒体就像送不合适的礼物给别人，当然是难以让人满意的。

**温馨提示：**

☐ 召开新闻发布会时，应邀请与自己所在行业和地区比较贴切的媒体。

☐ 召开新闻发布会时，应邀请知名度与自己身份和级别相匹配的媒体。

☐ 召开新闻发布会时，应邀请信誉较好的媒体。

## 召开新闻发布会要考虑媒体的方便

召开新闻发布会的目的通常是将个人或集体的目的或想法向社会公布，用以宣传或澄清事实。如果不考虑媒体的方便，目的就不容易达到。

举行新闻发布会的场地太小、座位很少，甚至给主要媒体的资料、文件都数量

### ◇召开新闻发布会要选择合适的场地◇

召开新闻发布会如果没有一个合适的场地，就像表演没有一个合适的舞台，是难以取得成功的。

如果新闻发布会规模宏大，请来的媒体众多，地点却选在空间狭小的单位会议室，就会显得不够严肃、正规，同时会给媒体采访和拍摄带来麻烦。

相反，如果新闻发布会无需请很多媒体到会，而地点选在豪华酒店的多功能厅，就会显得虚张声势。

空间太大，会显得气氛冷清；空间太小，则会显得气氛压抑。因此召开新闻发布会应根据预定的规模和媒体情况安排相宜的场所。

有限，这难免使媒体难以顺利进行采访；虽说是发布会，却对大部分问题一概保持沉默，即使这些问题不在禁区范围内，新闻发布会也一定难以取得预期效果，反倒可能会有负面影响。

**温馨提示：**

□ 召开新闻发布会时，在场地和座位的安排上应考虑到媒体的方便。

□ 召开者应准备充分的辅助材料，如影音资料、模型、样品、沙盘、图表、说明书等。

□ 对于不违背原则的问题，发言人不应闪烁其词、不予回答。

## 采访时不宜提刁难问题

每个记者都希望能发掘震撼性的新闻，于是难免提出一些刁难采访对象的问题，但这并非为媒体工作者工作能力的体现。

采访时提出隐私性问题，会令采访对象尴尬甚至愤怒；采访时提出挑衅对方的问题，会令采访对象有受辱之感；采访时提出有损采访对象形象的猜测，会给对方造成无形的压力。采访时提出刁难问题，一方面说明采访者对被采访者没有尊重之心，也没有自重之心；一方面会被采访对象和其他人视为侵犯权益。采访时提出刁难问题，既不利于拉近媒体与采访对象的距离，同时又损害了采访对象、采访者、媒体的形象。

**温馨提示：**

□ 采访别人时提出问题要有针对性，言辞要简洁。

□ 采访期间应尽量避免提没有新意的、涉及对方隐私的问题。

□ 采访时不要提刁难对方的问题。

## 采访提问要顾及对方的心情

采访时不考虑采访对象的心情是不合礼仪的。

运动员刚从赛场上失败归来，记者就询问参赛感受，对方必然不悦；某人刚失去亲人，记者就热情地上前询问对方是否想念亲人，对方必然更加悲伤；某演员获奖不久正在得意时，记者上前询问对方交税的问题，对方很容易转喜为怒。

采访时不顾采访对象的心情随意发问，不仅不利于采访顺利进行，而且说不定会让采访对象再也不希望见到你。

**温馨提示：**

□ 采访时，提问应照顾到采访对象的心情。

□ 不要在采访对象情绪不稳定的时候提出尖锐问题。

□ 采访时，应避免以猎奇的心态看待采访对象。

# ◇接受采访时要配合◇

# 接受采访时要注意言行举止

接受媒体采访时，你面对的就不单是一个或几个人，而是媒体和媒体所面对的特定群体甚至整个社会。如果你不注意言行举止，就会产生负面影响。

接受采访时说话大大咧咧、摇头晃脑，不时做小动作，甚至口出脏话、口头禅，随便用下巴指人……当这些记录你形象的照片或录像公布到大众眼前时，相信任何一个有自尊心的人都会感到羞耻。

**温馨提示：**

□接受采访时应避免不雅观的动作。

□接受采访时说话、做事都应本着礼貌、规矩、端庄的原则。

□接受采访时要避免"得意忘形"。

# 第二十章
# 商务与公务礼仪

# 在接待室等待时要有耐心

到其他单位拜访、找人时，在等待期间焦躁不安是不礼貌的。

在接待室等待时显得焦躁不安，会让人觉得你没有涵养、性情急躁。如果你只是等了几分钟就如此表现，别人会觉得你在摆谱、故作姿态。如果接待方的确征得你的同意请你等待一段时间，并且已经请人代为暂时接待，你表现出焦躁，就会给人一种对接待者非常不满的印象，也会让代别人接待你的人觉得自己受到了轻视。

在接待室等待时表现得焦躁不安，暗示出你不信任接待方，说明你不注意自己的公众形象。

**温馨提示：**

□在接待室等待时，应该耐心地在指定位置静候。
□如果等待时间太长，可以与接待方沟通，确定"改日再访"。
□等待期间应该避免东张西望。

# 等待期间不可与工作人员聊天

有人在其他单位等待自己要找的人时，往往耐不住寂寞而主动找工作人员聊天。这是不礼貌的。

与接待方所在单位的工作人员聊天，说明你不懂得尊重对方的工作制度，不惜牺牲别人的时间来打发自己的无聊，有自私之嫌。与你聊天的工作人员必定不能全心专注于自己的工作，而且对方可能会因为你的打扰而背上玩忽职守的罪名。同时，与工作人员聊天，也必然会打扰其他人的正常工作。

**温馨提示：**

□等待期间，当有专人暂时接待自己时，可与之浅谈，但不应过度。
□等待期间，如果工作人员忙碌，不要上前与其搭讪。
□等待期间，不要与工作人员开玩笑。

# 和接待人员说话要懂礼貌

设想一下，当你作为接待人员接待一位来访者，如果他用命令语气和你说话，你是否会因为对方的身份而对其产生好感呢？恐怕不会。

如果你是上级单位的领导，用命令语气对接待人员说话，会给你的个人形象带来负面影响；如果你是友邻单位的工作人员，用命令语气和接待人员说话，对方会觉得你装腔作势，甚至觉得你心理扭曲；如果你是与接待单位无任何瓜葛的初次来访者，贸然用命令语气对接待人员说话，对方可能拒绝为你服务或者降低服务质量。

**温馨提示：**

□ 需要请接待人员找人或帮助时，应礼貌、诚恳。

□ 与接待人员对话时，应避免用语尖刻、挑剔。

□ 与接待人员对话时，应避免说话语气生硬。

## 商务谈话时不可常作补充、质疑

商务谈话中不要时常作补充或质疑。

如果针对商务谈话中对方说出的观点或意见，你总是"很及时"地进行补充，对方会认为你轻视对方而热衷于炫耀自己。你的合作伙伴刚刚提出一点建议，你就表示出怀疑，追问对方可靠性和可行性，对方会认为你怀疑他的经验和为人，也可能会认为你故作姿态，或者认为你根本就是无知、胆小、没见过世面。

商务谈话中时常作补充或质疑，一方面会引起双方交流的不畅，另一方面会影响双方对彼此的印象，此外还会拖延时间、降低效率。

**温馨提示：**

□ 商务谈话中最好不对对方的话作补充。

□ 商务谈话中不要打断对方说话。

□ 商务谈话中要本着平等、开放的心态进行交流。

## 谈判时要尊重对手

谈判时如果不尊重对手，谈判将很难取得成功。

谈判时对对手流露出猜疑的表情，不时向己方人员递眼色；谈判时由于对对方所在的国家或民族有偏见，就使用暗示性、侮辱性词语；自认为己方实力雄厚，就处处做出自以为是的表情；想凭借特殊手段达到目的，就使用威胁、拖延时间等方式进行谈判。如果你这样做了，对方必然不会对你产生良好印象。无论是你的个人形象还是内在素养，都会给谈判对手留下恶劣印象。虽然谈判主要是双方利益上的事，但个人态度和形象对于谈判结果也起着相当重要的作用。

**温馨提示：**

□ 谈判时应以尊重、平等的态度对待谈判对象。

□ 谈判过程中说话、讨论时应避免攻击性言语。

□ 谈判过程中应避免使用容易引起对方反感的肢体语言。

□ 谈判过程中要分清人事。

# 谈判最忌人事不分

谈判对手是你的朋友，谈判中就不自觉地向对方的利益靠拢，你会造成己方利益的损失，这是对自己单位的不负责，也是失职行为；谈判对手与你个人有过结，谈判中便处处刁难，这不仅是对己方利益的损害，也是对对方人员的不尊重，更是自私和目光短浅、心胸狭窄的表现。谈判过程中人事不分，容易造成判断失误和难以达到预期目标，不但给自己的团队带来损失，而且给对方团队留下不值得合作的印象。

**温馨提示：**

□ 谈判过程中应避免因双方的态度而干扰谈判的进程。

□ 如果谈判对象是自己的熟人，不要掺杂私人情感。

□ 谈判过程中不要根据自己的好恶做决定。

## 不可以私事理由拒绝商务宴请

不要以私事理由拒绝商务宴请。

以私事理由拒绝商务宴请，说明你不重视对方和对方的宴请，也表示你对与对方的交往不感兴趣。如果对方是认识不久且初次相邀，你会失去与对方私交和商务合作的机会。此外，以私事理由拒绝商务宴请容易给人以不把重心放在工作上、不善于抓机会、不善于沟通的印象。

对方发出邀请，这本身就是礼貌的表现。但你以私事理由拒绝商务宴请，对方会觉得受到了冷落和敷衍。

**温馨提示：**

□ 接到商务宴请的邀请后，应根据自己的需要和时间表尽快决定是否应允。

□ 如果不愿接受商务宴请，应以工作方面的理由加以拒绝。

□ 拒绝商务宴请时，说话要委婉，并向对方表示感谢和歉意。

## 不可在低档嘈杂的饭店宴请客户

有人觉得，为了防止客户认为我们不懂得节约而不与我们合作，干脆就找低档饭店请对方吃饭。这样想就错了。

在低档、嘈杂的饭店宴请客户，一方面难以保证卫生，另一方面难以保证安静、适合商谈的氛围以及私密性。此外，这样做还会让客户产生强烈的不受重视之感。对方会觉得我们过于吝啬、不尊重对方，同时缺乏自我品牌意识。有谁愿与不自重也不尊敬别人的人交往呢？如此，对方与我们合作的愿望就很容易打消。

**温馨提示：**

□ 宴请客户时，应选择环境幽雅的饭店。

□ 宴请客户时，应选择安静的地方。

□ 宴请客户时，应根据对方的身份选择相应级别的饭店。

## 商务宴请的花费应适可而止

商务宴请是决定商务合作能否继续乃至成功的特殊宴请，但并不是花钱越多就越容易成功。

招待实力雄厚的客户时，以超出己方数倍的规格宴请，会使对方觉得你虚伪；

## ◇接待过程中询问意见不宜采用开放式提问◇

招待客人时不假思索地问对方："想吃什么？想喝什么？想玩什么？"这种开放式提问很容易给自己和客人带来尴尬。

一方面，这样提问给客人以可以任意选择的暗示，如果对方提出接待方不具备的条件，接待方会显得小气、准备不足，客人则会显得太刁难人。

另一方面，这样的开放式提问容易让客人误解为招待方认为自己没见过世面，什么都不懂，因而对招待方产生不满心理。

此外，这样询问会暴露出接待人员考虑不周、不懂得说话技巧的缺点，从而难以给客人留下良好的印象。

因此，招待客人时询问客人需要什么，应该以恭敬、礼貌的语言给客人提供一个可选范围。

面对实力相当的客户宴请时铺张浪费，会使对方觉得你在制造压力；面对实力稍逊但很有潜力的客户宴请时花费过多，对方会觉得你摆阔。商人从来都讲究"每一分钱都花在刀刃上"，铺张浪费会让你显得"不够专业"，让别人对与你合作产生怀疑。

**温馨提示：**

□ 商务宴请应量力而行，不应过于奢华。

□ 商务宴请的规格可根据对方的地位和双方的关系来定。

□ 商务宴请应在招待好对方的基础上适当节省。

## 拒绝对方要注意时机

拒绝的话通常是难以说出口的。虽然很多时候拒绝很重要，但拒绝别人时，不能想什么时候说就什么时候说。

别人鼓足勇气向你开口求助，话还没说完就遭到你的拒绝，对方必然难以释怀，觉得你拒绝的是他这个人，而不考虑他求助的是什么事，他会认为你蔑视他而沮丧。别人刚提出请求，你就断然拒绝，对方会觉得你太不近人情、冷漠、自私。别人情绪激动的时候拒绝对方，对方会难以接受，而且因为打击沉重而可能做出过激举动。拒绝别人不注意时机，即使你理由充足，也难以让人接受，并且会给对方留下恶劣印象。如果对方是你的朋友，你很可能失去他的友谊。

**温馨提示：**

□ 拒绝别人的请求前应认真考虑。

□ 拒绝对方应选择对方心平气和的时候。

□ 拒绝对方应选择对方空闲的时候。

## 商务宴请的菜单安排要合理搭配

商务宴请不同于普通性质的宴请，因为关系到生意、事业，所以菜单的安排不能马虎大意。

自作主张点店里的招牌菜，却不知道客人对这几道菜毫无兴趣；点菜时只管照准价格高的点，却不知道客人最喜欢的菜恰恰在低档菜栏中。菜单全由自己定，显得霸道、不体贴；全由对方来定，又会显得懦弱。菜单上品种单一，全是肉食或全是素食，会显得"一根筋"；菜单上菜品味道单一，同样无法显出请客者的诚意和周到。

**温馨提示：**

□ 准备商务宴请时，菜单必须由主人与客人共同来商定。

□ 商务宴请时，菜单的安排应注意菜品的搭配。
□ 商务宴请的菜单应注意味道与色彩的搭配。

## 开会前要布置会场

开会前不布置会场，就难以使会议圆满完成。

参加者都已经到场了，才发现会议室的桌椅上还落着厚厚的灰尘；会议开始前已经确定了人数，大家进入会场后才发现桌椅不够；拟定在会议上展示影音资料，会议开始后却发现会场内没有准备放映机。不准备好必要的设备，不按照会议要求摆放桌椅，这都是不布置会场的表现。这样做会让与会人员难以确信会议的必要性和严肃性，容易影响会议的进程和预期效果，同时给人一种仓促而寒碜之感，让与会者觉得未受到尊重。

**温馨提示：**
□ 开会前应充分准备，将会场布置好。
□ 开会前应保证会场整洁、设备齐全。
□ 开会前应将必备的条幅等宣传用品和话筒等工具准备到位。

## 选择的会谈人员身份要对等

正式会谈时选择的代表与对方人员身份不对等，这是严重不合礼仪的做法。

选择身份低于对方的人员参与会谈，一方面显得我方"朝中无人""底气不足"，是对自己的贬低；另一方面，会让对方误认为我方小视他们，以此向对方表明"我们用小兵对付你们，已经很看得起你们了"。选择身份高于对方的人员参与会谈，一方面显得我方傲慢自大，故意将会谈变成了"接见"对方；另一方面，也会让对方觉得不受尊重。

选择的会谈人员身份不对等，不利于双方会谈正常进行。

**温馨提示：**
□ 应选定身份、素质与对方相当的人参与会谈。
□ 选择参与会谈的人员时，人数也应与对方保持一致。
□ 参与会谈的人员选择完毕后应及时与对方沟通。

## 确定谈判地点时要征求各方意见

谈判地点对于谈判各方是不容忽视的因素，因此许多人谈判前都尽可能地将地点定得对自己更有利。即使如此，如果强行做主确定谈判地点的话，结果就不见得好。

选择谈判地点时，一味强调己方利益，会让对手觉得压力过大，同时不满于你的固执、自私，对方更可能对谈判结果不抱乐观的态度。如果己方是主方，强行按照自己的意愿确定谈判地点，对方会觉得我们搞地方主义；如果对方是主方，以强硬的态度确定谈判地点，会让对方觉得我们不把东道主放在眼里。

**温馨提示：**

☐ 谈判前应与谈判对象共同协商确定谈判地点。

☐ 确定谈判地点时应综合考虑双方的利益。

☐ 确定谈判地点时应避免自作主张、提前自定。

## ◇谈判双方签字要讲座次◇

谈判举行双方签字仪式时千万别忽略了座次的排列，否则签字仪式可能会最终无果。

双边签字仪式座次排列方式之一是横桌式：桌子在室内横放，主方背门而坐，客方对门而坐。

另一种座次排列方式为竖桌式：桌子竖放室内，客方人员居右。

另外，双方主谈人员右侧可坐副手。在涉外谈判时，还要安排翻译人员。签字仪式是谈判成功的结果，如果进行这个重要环节时在座次安排上出了问题，可能就会功亏一篑。

## 谈判时不可自己坐上座

谈判的时候，不要自己坐在上座的位置，否则客方谈判人员必定不乐意与你交往下去。

进行客方谈判时，不等东道主礼让就主动坐在上座，主方人员会觉得你不懂得谦虚、礼貌，有示威的嫌疑。进行第三方谈判时主动坐到上座，会给人一种抬高自己、贬低别人的印象，从而不受欢迎。在多方谈判的场合，当自己的身份不算最高却坐到级别最高的上座时，你这是在喧宾夺主，有采取非正当竞争手段的嫌疑。

谈判桌虽小，座位却有着严格的尊卑上下之分，体现出严格的礼仪规则。

**温馨提示：**

□ 谈判时，应将客方人员让到上座。

□ 谈判时，通常以右为上。

□ 谈判时，应根据人数和桌椅排列方式安排座位。

## 多边谈判座次排列要恰当

举行多边谈判时，参加人员众多，但无论按照什么标准排列座次，都会有人被安排到"委屈"的位置。这时如果勉强按照某一职位标准排座次，势必让安排到次要座位上的谈判人员内心不平。

举行多边谈判时座次排列失当，会使谈判的准备人员显得不公平，甚至让各方人员疑心有歧视和偏见。此外，这也不利于谈判开诚布公地顺利进行。

**温馨提示：**

□ 多边谈判可采用自由式排列，即不按职位、身份安排座次，各方参加人员自由就座。

□ 多边谈判也可以采用主席式排列，即在室内正对门的位置设一个主席位，各方人员统一背对正门，面对主席位就座。谁发言谁就座，发言后返回台下。

□ 举行多边谈判时，务必要认真排列参加各方的座次。

## 懂得处理谈判中的冷场

谈判中因为某个细节问题发生分歧而冷场，谈判中因为其中一方态度恶劣而冷场，谈判中因为一方太过沉默而冷场，谈判中因为判断失误而冷场……在谈判过程中，出现冷场是难以避免的，但如果任其继续，谈判可能就会泡汤。

谈判冷场时保持沉默，容易使谈判对象纳闷，觉得你在打小算盘；冷场时乱开玩笑，对方会觉得受到了奚落；冷场时出言不逊，谈判各方都会受到干扰，谈判就难以继续。谈判中出现冷场已经让人难以忍受，再不好好处理就会失败。对于主方谈判者来说，这是无法挽回的错误。

**温馨提示：**

□ 谈判中出现冷场时，应以适当的提问或讨论对气氛进行缓和。

□ 谈判中遇到冷场时，不应消极地保持沉默。

□ 谈判中出现冷场时，可暂时休息。

# 以左为尊要看场合

以左为尊在国际惯例中是行不通的。

中国传统文化中，在秦、唐、宋、明时期，人们以左为尊，"男左女右""左膀右臂"等词语可见人们对左的重视。直到现在，中国人仍然习惯说"左右"；然而在英语国家，却是"右左"。作为东道主与国外商人谈判时将客人安排在左侧位置，对方会认为你没有诚意，甚至不懂基本礼貌。将国外友人作为贵客接待时让他坐在左边，对方会认为你不重视他。

**温馨提示：**

□ 涉及国际交往的活动中将多人排列时，应遵循以右为尊的原则。

□ 在商务交往和会议中，应遵循以右为尊的原则。

□ 在与国际友人交往的聚会中，应本着以右为尊的原则。

# 与英国人商谈不可系条纹领带

每个国家和民族都有自己独特的风俗，体现在方方面面，英国自然也不例外。在英国人的观念中，只有旧式军团或旧式学校的学生才系条纹领带。系条纹领带对英国人而言是轻视、不在乎的暗示，如果把条纹领带当作礼物送给他们，则是更为失礼的做法。

如果你无意系了条纹领带准备去会见英国客商，趁着尚未见面，赶快换掉吧！

**温馨提示：**

□ 英国人做事较为谨慎、保守，因此系领带也应侧重于庄重保守的样式和花色。

□ 与英国人商谈时，应事先了解他们佩带领带的习惯。

□ 与英国人商谈时，应尽量注重领带的质地。

# 与外宾交谈不可涉及敏感话题

与外宾交谈时涉及敏感话题，容易引起对方的误解，导致交往失败。

如果两国邦交正处于紧张状况，你与外国友人对话时开口就问对方对双方国家的看法，对方一定会认为你对他有成见；如果你面对的外宾是位年轻女性，你询问

# ◇谈判桌上要保持风度◇

参加谈判时穿得太随便，就会让谈判对象觉得你不重视对方，也不重视谈判，所以参加谈判时，应穿整洁优雅的职业装。

参加谈判时举止傲慢或粗鲁，也会令谈判对象对你失去兴趣和信心，所以应该尽力保持平和的心态和从容的表情举止。

谈判过程中商谈双方利益时表现得气急败坏或懦弱、迟疑，对方会轻视你。所以谈判时应避免急躁、失态。

对方是否恋爱、是否结婚、是否有孩子，对方一定会因为你干涉她的隐私而生气；如果你所接待的外宾是一位黑人，你无意间提起黑人在国际社会中的地位，对方一定会觉得你歧视黑人而不愿继续与你交谈。

与外宾交谈时涉及敏感话题，无论是否有意为之，都会被对方视为无礼。

**温馨提示：**

□ 与外宾交谈时，不要涉及敏感的话题。

□ 与外宾交谈时，不要涉及对方收入、年龄等私密问题。

□ 与外宾交谈时，不要涉及宗教信仰、种族类问题。

## 注意国旗的摆放位置和次序

在对外交往中，我们常常看到两国或多国国旗同时出现在人们眼前的景象。但是，国旗的位置和次序可不是怎么放都可以的。

不注意国旗的摆放位置和次序，简单地说是粗心、放错了位置，严肃地说就是有意破坏国际友谊。这一方面显得你不懂得相关礼节，另一方面说明你犯了工作上的失职错误，以及待人方面不尊重外宾。

因为关系国格，所以千万别做不注意国旗摆放的事。

**温馨提示：**

□ 同时需要摆放多国国旗时，应按照参与各方代表的地位和与东道主方之间的关系来依次安排。

□ 同时悬挂或摆放两面国旗时，应将客方国旗置于本国国旗同等高度的右侧。

□ 在轿车、广场等任何场合摆放或悬挂国旗，都应奉行以右为尊的原则。

## 签字要遵守程序

签字仪式不仅是一个仪式性很强的完整活动，也是一个很必要的使谈判各方达成一致意见、体现各方合作诚意的重要仪式。如果不遵守程序，就不能令人信服。

仪式开始后不按顺序入场，有对最后结果轻慢、不满之嫌；签署文件时抢着签自己的名字，有自视过高之嫌；签字完毕后不礼貌地交换签字笔，有不尊重对方之嫌；不准备饮酒环节，大家会觉得签字仪式不够圆满。

**温馨提示：**

□ 签字仪式第一步是宣布开始，相关人员依次进入签字厅依序就座，接下来签署文件。

□ 签字一般实行轮换制，每位签字者都有机会将自己的名字列在由自己保存的文本的首位。

□ 签字完毕后各方交换文本，签字者彼此握手相互祝贺，并互换用过的签字笔，其他在场人员应鼓掌祝贺。最后，大家喝香槟酒庆贺。

## 商务接待要注意规格

商务接待是很重要的事，规格是衡量一次商务接待是否合格的重要标准，绝不能马虎大意。

迎接贵宾，却按照接待一般来访者的规格进行招待，对方会觉得受到了轻慢；迎接友邻单位，上次接待安排对方在三星级酒店住宿，此次却安排对方住在普通小旅店，对方必然会觉得双方可能产生了什么矛盾。接待时过于奢侈，有浪费、讨好、摆阔之嫌；过于吝啬，则有不欢迎、贬低之嫌。

商务接待的规格能体现出接待方对接待对象的态度以及接待能力，千万别认为规格是可以随便定的。

**温馨提示：**

□ 商务接待应按照来宾的身份、所在单位的级别来安排规格。

□ 商务接待应保证周到而不铺张浪费。

□ 商务接待时，如果不是第一次接待，规格应不低于以前。

## 迎宾前要制订计划

迎宾前不制订计划，什么事都随机而行、想到什么做什么，这是很难做好的。

如果迎宾前连该由谁来接待客人都没有确定，来宾马上就到站的时候，则只好临时派几个没有经验的生手前去接待。迎宾时是否需要列队迎接？是否需要邀请礼仪小姐？是否需要请乐队奏乐？迎宾时接待队伍应该怎样排列、怎样行进？这些问题都是需要在正式迎接来宾之前认真考虑好的。如果仓促迎接或随便找人迎接，容易造成措手不及的后果，甚至导致无人迎接或环节出现漏洞等尴尬。

**温馨提示：**

□ 迎宾前应确定好接待人员和接待时间。

□ 迎宾前应确定好接待地点和接待规模。

□ 迎宾前应对所有可能出现的情况做出预计与准备。

## 迎接客人要提前到达

客人首次远道而来，等候多时却没有人接站，必定会觉得自己受到了冷落；客人虽然不是第一次来访，却依旧对走访的城市交通生疏，到站后询问许久才找到前往接待单位的路线，客人必定产生举目无亲的感觉。

迎接客人而不提前到达，客人就必须等待多时而浪费时间和精力。这样接待单位会显得办事没有效率，待客不周到、准备不充分，显得仓促、敷衍。如果客人是外宾或上级领导，对方必然对我方没有好印象。

**温馨提示：**

□ 迎接客人时，应至少提前 10 分钟到达。

□ 迎接首次到来的客人时，应提前到达客人的落脚点。

□ 迎接熟客，也应提前在大门外守候。

## ◇选择合适的迎宾地点◇

迎接来宾时，让来宾感受到热情和周到的服务是必须的。但如果你忽略了迎宾地点的选择，你的接待就不太容易令人满意了。

总之，选择合适的地点有利于来宾迅速恢复状态，给对方留下良好印象，同时利于双方良好交往和顺利沟通。

## 事先确定合适的接待人员

如果迎接非英语国家的客人，却派出了只会英语的接待人员；迎接贵宾，却让本单位一个毫无待客经验的小职员陪同；迎接一个做事雷厉风行的长者，却让一个办事拖拖拉拉、说话慢吞吞的人接待对方。这样随便找一个或几个人接待来访人员，双方沟通必然容易产生问题，甚至出现矛盾。

如果迎接客人不确定合适的接待人员，无论是级别、性别、年龄、种族还是其他的差异，都会导致接待的不圆满甚至失败。

**温馨提示：**

□ 如果客人是外宾，应配备懂外语的接待人员。

□ 选择接待人员时，应选择对客人比较熟悉或身份、地位相称的人。

□ 应根据来宾的人数确定接待人员的人数。

## 接站牌要整洁大方

接站牌是我们迎接初次来访的客人、未曾谋面的客人、团体客人等各种客人时常用的工具，为我们及时与客人取得联系以及体现我们的热情周到起到了不可忽视的作用。但是你要当心，如果接站牌制做得不合适就会起负面作用。

接站牌上客人的名字写了错字、白字，对方会觉得你不尊重他；接站牌用废旧纸板做成，客人看到后会觉得你所在的单位太寒酸；接站牌上的字歪斜、有涂改或大小不一，客人会觉得你和你所代表的集体不规范。接站牌能体现出接站者的素质和对待客人的态度，绝不可以胡乱应付。

**温馨提示：**

□ 接站牌上书写迎接对象的名字要使用尊称。

□ 接站牌制作不要太简陋，应尽量避免白纸黑字。

□ 接站牌上的字迹应该清楚、足够大。

## 客人到达后不可马上安排活动

客人从远方颠簸一日甚至数日才到达我处，如果接待人员不顾其劳累马上安排活动是不合适的。

首先，客人到达后马上安排活动，对方尚未从旅途劳累中恢复过来，因此不宜马上参加活动；其次，马上安排活动容易让客人误以为接待方不耐烦，目的在于早点将客人送走；再者，马上安排活动不利于宾主相互熟悉、沟通，有强人所难之嫌。

客人到达后马上安排活动，并非表达我方人员热情周到的好办法。

**温馨提示：**

□ 客人到达后，应先热情问候并向其介绍我方人员及单位情况。

□ 客人到达后，应先征求意见，了解客人的计划。

□ 客人到达后，应先安排休息。

# 行进中的位次要有讲究

陪同来宾走平地、上楼梯等，与来宾一起行进时，位次的问题不能忽略。

几个接待人员与一位来宾并排行走时把对方挤在外侧；一个接待人员陪同一位来宾时将其甩在自己身后；一个接待人员陪同几位来宾时，不懂得根据来宾的身份、地位以及他们彼此间的关系进行位次排列……这些都是不讲究行进位次的表现。

行进中的位次不讲究，容易让来宾误解，同时暴露出接待方准备不充分、不注意细节的弊病。如果是商务性考察，对方会怀疑接待方乃至当地人的素质。

**温馨提示：**

□ 与来宾并排行进时，应请对方走在中间或道路内侧；与来宾单行行进时，通常应请客人走在前方。

□ 上下楼梯时应采用单行行进的方式，请客人走在前面。如果客人是身穿短裙的女性，应走在客人前面。

□ 来宾不止一个时，应根据他们的身份、年龄进行排序。

# 上楼梯时不宜请女士走在前面

上楼梯时要请女性走在后面。许多人对此不以为然，因为上楼梯时跟随在引导人员身后是天经地义的。如果多人同时行进，请女性走在前面是对女性的尊重。但如果引导人员是女性，而且穿短裙，走在她后面上楼梯就有窥视之嫌；与女性同伴结伴上楼梯这样做，也有窥视对方裙下风光之嫌。如果几个人同行，男性比女性更熟悉环境，请女性走在前面是不妥当的。

与女性同行时，应从尊重对方的角度考虑问题，否则是有违礼仪规范的。

**温馨提示：**

□ 如果女士穿短裙，应请女士走在后面。

□ 上楼梯时，应请女性走在里侧。

□ 上楼梯时，不要与女士分开太远。

## ◇乘扶梯时不可并排站◇

乘坐商场、地铁中的扶梯时，多人并排站立是错误的。

扶梯左侧是急行通道，专为有急事的人准备。如果多人并排站立在扶梯上，就会挡住他人的路。

并排站在扶梯上，给人一种霸道、不讲理的印象。如果你和同伴是单位的代表，更会令单位的形象受到损害。

除了不能并排站之外，乘坐扶梯时也不要在扶梯上奔跑，或者说笑、打闹。

# 乘电梯时应保持安静

乘电梯时不应该喋喋不休地说话。

电梯的空间本来就狭小，在电梯里说话，难免会将唾沫星子溅到别人脸上，将自己口腔中的不洁气息传到别人鼻子里。当别人受到你的干扰时，心情一定是烦乱的。乘电梯时说话，还会使其他人深受聒噪之害。乘电梯时与恋人大讲情话，别人就会觉得尴尬；在电梯里与同事谈论办公室八卦，说不定会无意间泄漏单位机密；在电梯里与别人谈论私人感情，别人会向你们投来诧异和鄙视的目光。

**温馨提示：**

□ 乘电梯时不要与身边的人贴得太近。

□ 乘电梯时不要与同伴谈论隐私以及单位情况。

□ 乘电梯时不要与陌生人搭讪。

# 参观时要从众

别人都跟随着接待者的引领依次参观，你却独自去找自己感兴趣的地方；大家已经离开某个场所了，你却依然在原地徘徊；大家在行进中都保持一定的距离，结伴而行，你却脱离大家，超前或滞后很远。这种不从众的做法不可取。

参观时不从众，有目无组织、目无纪律的嫌疑；参观时不从众，别人会为你的安全担心；参观时不从众，会给别人留下孤僻或高傲的印象；参观时不从众，会使你所在的整个团队形象受损。

**温馨提示：**

□ 参观时，应根据引导者的指示前行。

□ 参观时，应在行进速度和行进路线上和大家保持一致。

□ 参观时，不要独自一人。

# 参观时不可进入非开放场所

参观任何企业、单位时，不要进入对方非对外开放的场所。

参观博物馆时进入禁止游人入内的展室，会被认为有不良企图；参观工厂时进入不对外开放的车间，会被认为窥伺行业机密；参观医院时进入非开放的病房，会被认为是对病人的骚扰。无论是出于什么目的进入非开放场所，都是对对方制度和接待者的不尊重，是缺乏教养、缺乏自制力、缺乏责任心的表现。

无视规定进入参观地的非开放场所是错误的。

温馨提示：

□ 参观时，未经允许不要进入非对外开放场所。

□ 如果想进入非对外开放场所，必须经过接待方同意。

□ 如果误入非开放场所，应及时向接待方道歉。

## 轿车上要讲究座次排序

我们乘坐轿车的机会很多，但你是否注意过轿车座次的排序呢？如果没有，你就要立刻补课了。

单独坐朋友的私家车时坐后排，给朋友的感觉是你把他当作出租车司机；与别人结伴乘坐出租车时让别人坐副驾驶座，等于是向别人说你比对方地位高；陪领导乘接待单位的轿车时自己坐到司机背后的座位，这是在礼节上抢领导的风头。

轿车上不讲座次，容易引起他人误解，尤其是引起身份、地位较高者的误解，甚至导致工作无法顺利进行、交往难以顺利发展。

温馨提示：

□ 轿车由主人驾驶或为吉普车时，副驾驶座最尊贵，前排为上。而轿车由专职司机驾驶时，副驾驶座最次，后排为上。

□ 轿车由主人驾驶时，通常副驾驶座上不应空着。

## 切忌在轿车上指出贵宾坐错了位置

陪同贵宾一起乘坐轿车时，你不要自作聪明地告诉坐在"下座"上的贵宾说："您坐错了，那个座位才是您的。"对方绝对不会感激你的。

指出贵宾坐错了位置，一方面是对对方自由选择座位的权利的干扰，是对对方尊严的损害；另一方面暴露了你的自以为是，这样做其实是画蛇添足。指出贵宾坐错了位置，等于是向对方以及其他人说贵宾连乘车的常识都不懂。

温馨提示：

□ 乘坐轿车时，通常贵宾坐在哪里，哪里就是上座。

□ 乘坐轿车时，应将贵宾让到上座，但更应尊重贵宾的自由选择。

□ 贵宾选定位置后，其他人可随便坐，也可按照身份高低依次就座。

□ 轿车座次通常是以右为尊。

## 坐车时切忌不断问询司机

坐车时不断与司机搭话是不礼貌的。

驾驶是需要高度集中精神的活动，稍有疏忽就容易发生意外。乘坐私家车时不停地与司机说话，会使对方心烦意乱，影响心情；坐公用车时不停打扰司机，如果司机因此而放低车速，会引起其他乘客的公愤，他们会埋怨你违反交通秩序。坐车时不停与司机搭话，会让他分心，容易使对方认为你在打发时间，并会妨碍对方正常工作，因此而引起事故也说不定。

**温馨提示：**

□ 乘车时，应避免在行驶过程中引逗司机谈话。
□ 乘车时，不要在路况较差的时候与司机说话。
□ 乘车时，不要大声与旁边的人谈笑，以免影响司机开车。

## ◇上下轿车要讲谦让◇

上下轿车举止随便，既容易造成误解和不便，又有损你的形象，不利于和别人的交往。

若乘坐由司机驾驶的轿车，前排乘客应后上先下。与别人同排乘坐时，应后上先下，以便替长辈、贵宾、女士拉开右侧上座的车门。

若轿车由自己亲自驾驶，一般应后上先下，以便照顾客人。

乘坐轿车时，上下车的礼仪是不能忽视的，否则就是对客人的不敬，应该引起足够的重视。

## 送客时要等客人的车离开后再返回

送初次见面的客人时，不等对方的车离开就返回，对方会认为你无心与其交往；送贵客时，不等对方的车离开自己家或单位门口就返回，对方会认为你不把他放在眼里；送久别重逢的朋友时，不等对方驶离你就返回，对方会觉得自己受到了冷落和敷衍。

送客时急不可待地返回，说明你厌烦客人，不愿招待对方。中国人自古以来送客都讲究依依惜别，迫不及待地返回，无疑会让你的礼貌和真诚打折。

**温馨提示：**

□送客时，应跟随客人的车走一段距离，以示惜别。

□送客时，应目送客人乘坐的车远去。

□送客时，应待客人的车离开自己的视线后再返回。

## 正式活动要发邀请函

举办正式活动而不发邀请函是不够礼貌的。

举办大型公益晚会、举办颁奖晚会、举办年度庆典……种种大型的正式活动举办时如果没有邀请函，会失去其隆重的味道，也显得对被邀请者不够尊重。对活动举办者而言，不发邀请函不利于统计与会者情况，不利于活动顺利开展。对受邀者来说，没有邀请函，对方就容易忘记，从而出现不能及时赴约的情况。

**温馨提示：**

□举办正式活动前，应该先确定活动规模，并确定参加人数。

□举办正式活动前，应向被邀请者发送请柬。发送时间应以活动规模和被邀请者的情况而定，一般提前两周或半年以内。

□发出的邀请函应保证及时到达被邀请人手中并征求回复。

第二十一章

# 现代科技礼仪

## 使用邮件要规范

现在很多人主要通过邮件和客户联系，而不是传统的电话。虽然邮件已经成为日常交流的主要方式，但大部分人在使用邮件的时候，并没有注意到礼仪问题。

**温馨提示：**

□在商务邮件中避免使用字符组成的图案，这是不正式的。

□在第一次同某人用邮件联系时，不要忘记加上先生或者女士等称呼。

□写邮件时保持正确的书写和语法。

## 不可用网络取代面对面交流

很多人每天通过网络同他人保持联系。但是如果你只用邮件同他人联系，想想看，你是怎样通过邮件同他人联系的——还有这种联系方式对你的人际关系可能产生什么样的影响。

把邮件作为唯一的交流方式，除了会导致直接交流的缺乏外，邮件想要表达的事件本身也很容易被误解。如果通过直接谈话听起来很有趣、幽默的故事，在邮件中可能就会被认为是不严肃、冷淡的。如果你注意到对方并没有积极地回复邮件，可能需要安排一次面对面的交流。邮件应该帮助你维护人际关系，而不是破坏。

当你计划给外祖母或者女朋友发一封邮件询问对方近况如何时，最好用打电话来代替发邮件，不同的交流方式会给对方留下不一样的感觉。

**温馨提示：**

□如果你大部分的交流都是通过邮件和短信息实现的，包括生活和工作上的事情，那么你需要注意自己的本意有没有被误解。

□正确选择邮件和短信的标题，不要用对方可能会觉得受到了挑衅或者会留下不好印象的词汇。

## 发送邮件前要检查

和在电脑上写的任何文件一样，在发出邮件之前，你应该认真查看一下邮件内容，检查一下是否有错别字和语法错误。这在使用邮件洽谈生意时显得尤其重要。

给某人发送一封写着"由于我对你的了解不多，我也不知道这封信的内容是否合适"的邮件并不妥当，因为这种不自信的说法，并不能表达你的真正意图。

如果你没有时间检查邮件的内容，那么不要发出邮件。退出邮箱，等你有足够的时间来处理邮件时再写。

**温馨提示：**

□ 电脑拼写检查程序通常不能够达到百分百的正确。

□ 当你结束书写检查时，必须再验读一遍邮件，这能够帮助你找出电脑拼写检查程序遗漏的问题。

## ◇转发邮件须谨慎◇

当你收到一封觉得很有趣的邮件时，可以非常容易地转发给别人。但是当你有同别人分享这封邮件的想法时，要先考虑转发的内容是什么、打算转发给谁。

## 收到电子邮件要及时处理

对电子邮件采取不予理睬的态度是不可取的。

不回复电子邮件，可以省却一些垃圾邮件带来的麻烦，但是也给等待你消息的邮件发送者带来了麻烦。如果对方有求职、应聘的目的，不予理睬可能会让你错过一个人才；如果对方是咨询、探讨的目的，不予理睬可能会让你失去一个朋友；如果对方的信件是公务事务，不予理睬可能会让你错过良好的合作机会或被认为渎职。

**温馨提示：**

□ 对于普通邮件，可以设置自动回复，以便对方确定自己的信已经被你收到。

□ 对于重要邮件，应该在收到后以最快速度回复。

□ 对于有必要回复的邮件，都要认真对待。

## 发送电子邮件要讲礼节

很多人写电子邮件时不规范，这样做不好。

使用色彩鲜艳的信纸模板和字体、使用太大或太小的字号会让电子邮件看起来眼花缭乱，缺乏严肃性；不使用敬称或称呼、不注明落款，会让电子邮件看起来太过随便，缺乏规范性。在电子邮件中插入与信件内容无关的图片和音乐，会使其看起来不伦不类，不简洁、不缜密。

电子邮件虽然不需要笔墨纸张和信封邮票，但也不能不讲礼节。

**温馨提示：**

□ 电子邮件也应该像手写信件一样有问候语和结语及相应的格式。回复私人邮件可以稍微忽略格式，但也不能太简略。

□ 写电子邮件时不要使用太花哨的文本。

□ 写电子邮件不要使用网络流行语，商务、公务用途的电子邮件更要保持语言的规范和准确。

## 谨慎选择回复全部邮件

回复全部邮件是不明智的。

有的人发送公务邮件时图省事，点击"回复全部"，以期每个相关的人都能收到电子邮件。但是信件同时也发送到了你邮箱通讯录中其他无关人员的信箱里，对于其他人而言，你的邮件就是垃圾邮件，会平白给对方添麻烦。如果你回复的邮件事关机密，点击"回复全部"就是泄密。

# ◇收发邮件的注意事项◇

邮件如果不看轻重缓急随意收发，必定不合适。在收发邮件的时候应该注意以下几点：

收发邮件应该根据信件的重要性进行排序，先收发重要的邮件。

对于垃圾邮件应该及时删除，不必打开，既可避免浪费时间，又可以避免带病毒的邮件侵入电脑。

发送重要和紧急邮件时可以在邮件级别和主题中进行标示，对于重要邮件应该及时回复。

**温馨提示：**

□ 点击"发送"之前，应该检查一遍收件人和发送方式是否正确。

□ 对于内容需要保密的电子邮件，应该单独回复，特别对待。

## 不可随便使用附件

发电子邮件时随便使用附件不礼貌。

有人只写了几句话，无须带任何图片或大容量、其他格式的文件，使用附件是多此一举，有小题大做之嫌。有人不按照对方的要求使用附件，会让对方误以为是有害邮件，结果根本看都不看就删除，这样你发送的邮件就失去了价值。

以附件形式传播的过程中可能会带来电脑病毒，故使用附件还是小心为好。

**温馨提示：**

□ 对于表明不接收附件的单位和个人，不要使用附件发信。

□ 发送带附件的邮件前应提前通知收件人或征求对方的同意，否则应采取其他方式传送信息。

## 不可在电子邮件中夹带垃圾信息

在电子邮件中夹带垃圾信息是让人讨厌的行为。

只要是无用的信息就是垃圾，包括广告、无聊笑话、从别人的邮件中转发的过时信息等等。如果习惯性地在电子邮件中夹带垃圾信息，收件人会认为你发来的邮件一般都是无用的，从而拒收你的邮件或推迟回复你的邮件，如此肯定会耽误事情。

**温馨提示：**

□ 发电子邮件要保证有联系的必要性和重要性。

□ 电子邮件写好后，应该再检查一遍是否有多余的内容。

□ 电子邮件应该写得简明扼要。

## 必要的时候使用隐蔽副本发送

写邮件最为方便的一点就是隐蔽副本。通过隐蔽副本，你可以将同一封邮件发送给很多人，而他们并不会看到这封邮件的所有发送地址，而邮件的顶端也不会出现众多地址。如果邮件顶部有很多地址，就需要滚动鼠标很久才能够看到邮件内容，这会让时间紧张的收件人觉得厌烦。

当你要给很多人发送邮件时，基于上面提到的原因，最好使用隐蔽副本的形式发送。但是你需要在邮件中说明：如果回复邮件，请点击"回复"，而不要点击"全部回复"。以免他的回复信件发送到所有收件人的信箱中。没有什么比将邮件回复给所有人更加刺激神经的事情了。

**温馨提示：**

□ 使用隐蔽副本可以避免给对方带来麻烦。

□ 使用隐蔽副本时最好提醒对方回复邮件时点击"回复"而不是"全部回复"。

## 工作中使用邮件要遵守公司规定

现在，有些公司使用了监控装置，专门通过电脑来监控员工使用网络的情况，当然包括邮件。如果你知道雇主反对工作时候使用私人邮箱，那么请遵从这个规定。道理非常简单，如果你认为这么做一次并不会伤害他人，那么你错了。你这么做违反了公司的规定，很有可能会因此失去工作。

如果上班时间允许使用个人邮箱，那么不要给同事发送过多的矫揉造作的笑话和城市流言。你上班主要是为了工作并不是和同事分享有趣的信息。尽管转发邮件给朋友是非常容易的事情，但最好还是在家里使用个人邮箱发送信息。

**温馨提示：**

□ 如果你是公司的新员工，在工作中使用邮箱前先了解公司的相关规定。

□ 即使公司允许使用个人邮箱，也不要随意发送一些与工作无关的邮件。

## 在正式场合发送短信也要讲究规范

短信可以说是最直接快速的交流方式，甚至快于邮件。除了将信息写好发送给对方这一点区别外，短信和用电话直接交谈并没有什么两样。

短信看起来似乎是青少年的专用领域，但实际上很多成年人也使用短信和亲朋好友保持联系，甚至传递商业信息。

在商业中使用短信时，尽管短信是一种非常不正式的交流方式，但是你还是应该保持短信内容的专业性。这意味着：

不要使用字符图释，它们在商业中是极不正式的。

尽可能保证书写的规范。

在给对方发送短信或者文本内容时，提前确定对方现在是否方便接收短信。这和你在打电话时，要先询问对方现在是否方便通话一样。如果对方告诉你现在并不方便，那么你需要等一会儿再和他联系。如果你现在很忙，没有时间处理短信，那么关闭电脑上的短信接收器。

**温馨提示：**

□ 以短信形式向对方发送文本内容时，要事先向对方声明。

□ 在商务中使用短信要特别注意书写规范。

## 礼貌地参与邮件列表管理

邮件列表管理、网上论坛、聊天室是通过网络加强交流的主要方式。在这些地方，人们可以很好地互相交流思想。

你可能和聊天室里的某人有不同的观点，当然你可以礼貌地反复陈述自己和他观点不同的地方，但是你必须注意控制不同观点之间的讨论不会将辩论引发成激烈的争论——当你无理地批评别人的观点时，很容易引发争论。争吵从来都是不礼貌的。如果你发现和网上某人持有不同的观点，你应该保持礼仪，无论对方多么得惹人讨厌，不要在意，继续做自己的事情。

当用邮件交流时，由于没有肢体语言和声音语调的帮助，文字信息很容易让人误解本意。因此在回复一些看起来具有煽动性的邮件之前，先做一下深呼吸，保持冷静，保证自己的行为是礼貌的。

**温馨提示：**

□ 当你与他人意见不一致时，要避免激烈的争论。

□ 谨慎对待一些煽动性邮件，不可轻易为之所动。

## 正确使用手机铃声

人们有时候给不同的号码设置了不同的铃声。这样，当他们听到铃声时就知道打电话或发短消息过来的是谁了。

也许这对你来说很方便，但是对周围的人而言却不一定是礼貌的，特别是当你的铃声很响或者听起来让人不舒服时。如果你必须使用提示音，那么请用标准铃声，同时把音量调低，尽量不要打扰周围的人。

**温馨提示：**

□ 设置手机铃声时要避免打扰他人。

□ 手机铃声的音量要适度。

## 就餐或开会时不宜接听电话

在就餐或者会议期间最好不要接听电话，除非你事先告诉对方你在等一个电话。此时此刻你应该全神贯注于周边的人事，不要接听电话。当你繁忙的时候，可以把自己的手机关掉或者调成震动。

如果你要开很长时间的会或者商务聚餐持续时间较长，但是又不想错过任何电话，那么可以采用语音留言服务。你甚至可以设置录音告诉来电者你何时方便接听电话。这样即使你没有接到重要的电话也不会显得粗鲁。在你去洗手间的时候，快速地查看一下信息，如果有非常紧急的事情需要马上处理，回电告诉对方你会尽快地和他联系。

**温馨提示：**

□ 就餐或开会时，可以把手机关掉或调成震动。

□ 如果你不想在开会或聚餐时错过电话，可以使用语音留言功能。

## ◇打电话时注意选择合适的场所◇

随着手机的普及，何时何地接打电话，也成了人们必须掌握的礼仪。

在一些开阔、安静的室外场所，比较适宜接打电话。比如在公园、海滩、操场等地。

在一些拥挤或需要保持安静的公共场合不宜接打电话。

值得注意的是，如果谈话的内容是比较私人的，或者比较情绪化的，你最好不要在公共场所进行通话。

## 不可随便查看他人通话详单

如果你忘记了某人的电话号码，那么你可以通过查询自己的通话记录来查询对方的电话号码。

尽管你可以很轻松地通过别人的手机来调查某个对你而言很重要的人或者家庭成员，但是你不要这么做。每个人的通话详单都属于私人信息，你不希望别人以此来调查你，因此你也不应该去调查别人。

**温馨提示：**

□ 只有在你怀疑孩子可能遇到麻烦了的时候，比如他可能在和一个诱拐者聊天，你才可以检查他的通话单或者聊天记录。

## 有礼貌地使用掌上电脑

如今的高科技产品中包含了很多个人信息，就像手机有通话记录一样，你可以通过查掌上电脑很快地知道对方通话和约会的对象，但是你必须尊重他人的隐私。

除非你出于好意认为对方可能处在危险当中，否则不要调查对方的联系对象。别人的数字助理和你没有任何的关系。另外，设想一下，如果你知道某个朋友或者家人浏览你的掌上电脑，你心里又有何感想？这侵犯你的隐私权，当然如果你这么做的话也会侵犯别人的隐私权。

**温馨提示：**

□ 查询掌上电脑时不要侵犯他人隐私。
□ 一般情况下，不要调查对方的联系对象。

# 第二十二章

# 送礼礼仪

# 送礼要有合适的理由

如果送礼没有合适的理由，受礼人就无法接受礼物。

突然送礼给陌生人，对方一定有戒备之心；贸然送礼给已婚异性，对方一定避之不及；没有缘由地送礼给领导，对方一定觉得蹊跷；无缘无故送礼给朋友，对方可能会以为你做了什么对不起他的事。

无故送礼或者送礼的理由太勉强，就会造成误解，引起别人的猜疑，甚至引来不必要的麻烦。这样，受礼者难以坦然接受，同时还可能造成双方关系的疏远。

**温馨提示：**

□ 送礼前，应该明确为什么而送礼，并且让受礼人也明白。

□ 送礼前，可以先通知受礼人，以免对方不方便接受。

□ 送礼的方式可根据你与受礼人的关系和距离采取亲手送、请人转送或邮寄。

# 不可滥送红玫瑰

红玫瑰虽然美丽可爱，却不是任何人都能送出、任何人都能接受的。

红玫瑰是爱情使者。男性向普通关系的女同事或女上司送红玫瑰，有谄媚和调情之嫌；男性向女性下属送红玫瑰，有骚扰和胁迫之嫌；男性客人向已婚女主人送红玫瑰有向男主人示威之嫌；男性第一次与女性见面送红玫瑰，对方会觉得你莽撞、粗鲁。滥送红玫瑰给人一种轻佻、低俗的印象，并且很容易引起误会，造成不愉快。

**温馨提示：**

□ 红玫瑰只能由男性送给恋人、爱人和情人。

□ 送花应该事先知道"花语"，并根据对方的喜好和年龄选择。

□ 送花应该根据对方的身份、地位和职业、国籍进行选择。

# 送花要数支数

送花的学问很多，选好品种不算万无一失。若不注意花的支数，是失礼的。

在花朵的世界里，不同的数字代表不同的含义。也许有的人不在乎花多花少，只要是花就高兴。但对于懂花的人来说，胡乱决定花的支数可就是不友好的表现了。本想用玫瑰表达爱情，却送出了表示分手的17支，对方一定不愿再理睬你；本想用花向友人表示友情，却送出了暗含诅咒"死"的4支，对方一定感到生气而难以理解。

送花不数支数，会让传达良好祝福和心意的花变成关系破裂的"肇事者"，怎么能符合礼仪呢？需要提醒的是，花朵的品种和颜色也需要事先了解才能送出，否则也会出错。

**温馨提示：**

□ 送花前要知道花的品种和支数代表的含义。

□ 送花应根据受礼人所在国籍或民族的习惯来确定支数，如西方人送花一般送单数。

□ 花的支数应该避免不吉利的数字，如 13 等。

# 不应送质量低劣的礼品

送给自己的恩师一座石膏底子涂金粉的塑像，似乎是在嘲笑对方没有真才实学；送给自己的上司一对粗制滥造的网球拍，对方一定会认为你轻视他的品位；送给自己的女友一条地摊上买的假银项链，对方一定会怀疑你的动机是否真诚；送给自己的好朋友一件假冒伪劣的名牌服装，无疑是在你们的友情上踩了一脚。

送礼不重档次，就无法让礼品起到传情达意的作用；送礼不重档次，就会让送礼失去意义，惹受礼人的误解和其他人的嘲笑。

**温馨提示：**

□ 送礼时不应送华而不实、质量低劣的礼品。

□ 送礼时应根据受礼人与自己的关系来确定礼品档次。

□ 送礼时应根据受礼人的身份、年龄、性别、爱好来确定礼品的档次。

# 不可送广告礼品给别人

送广告礼品给别人是对人的不尊重。

送广告礼品给别人，对方会认为你想利用他做活广告、替你免费宣传；送广告礼品给别人，对方会认为你想敷衍了事，不是真心实意地送他礼品；送广告礼品给别人，对方会认为你吝啬成性，不肯花钱买真正的礼品；送广告礼品给别人，对方会觉得你小看他，认为他只配接受不花钱的广告礼品。

送礼的目的自然是促进双方关系的进展和巩固，但如果让对方产生不愉快的印象和感受，则可见送礼人不懂得礼仪。

**温馨提示：**

□ 广告礼品不应送给关系良好的朋友或外国友人。

□ 广告礼品不应送给上司或下属。

□ 广告礼品只能在公务场合送，只能作为纪念品送给客户。

# ◇送礼的禁忌◇

送礼要送得双方都高兴可不是容易的事。

**1.忌违法违规礼品**

送外国友人礼品的时候，要考虑到不违反对方所在国家的现行法律等。

**2.私忌礼品**

由于种种原因，人们会忌讳某些物品。如果送犯忌礼品给人，对方反而会认为你不尊重他。

**3.忌有害礼品**

有一些东西，会对人的工作、学习、生活以及身体健康、家庭幸福有害。需要注意。

# 不送华而不实的礼物

送华而不实的礼物给别人，往往会引起对方的反感和误解，对交往不利。

送外表金光闪闪其实质地是劣质金属或塑料的摆件给客户，对方会认为你虚假，与你合作不会有好结果；送包装精美而内装不新鲜、不好吃的糕点的礼盒给亲朋，对方会认为你太重视形式，实际上却没有真心实意；送体型巨大、造型和质量却都极其低劣的玩具娃娃给过生日的孩子，孩子和大人都会认为你在敷衍他们。

送华而不实的礼物，只能让受礼者对你的礼物感到为难，而不能感受到你的真心祝福。

**温馨提示：**

□ 不要为精美的包装而挑选礼物。

□ 不要为"大"和"沉"而挑选礼物。

□ 不要送自己都觉得显得虚伪的礼物。

# 不可送太贵重的礼品

送太贵重的礼品不受欢迎。

向上司送名表、现金，对方会疑心你在行贿；向关系一般的异性送钻戒、现金，对方会怀疑你在勾引他，甚至怀疑你认为他品行不端；向朋友送昂贵礼品，对方会觉得受之有愧，如果对方无力回赠你价值相当的礼品，对方更会感到尴尬。

送太贵重的礼品给别人，会给对方造成极大的心理压力，而且有露富、炫耀之嫌。

**温馨提示：**

□ 不宜向关系一般的人送太贵重的礼品。

□ 在公务关系和私人关系中，除非是结婚等有必要送礼金的场合，都不宜送现金。

□ 不要向关系一般的异性送太贵重的礼品。

# 礼品与包装要相匹配

送体积很小的礼物，却配上大个子的包装。你的包装越精美，越不合礼仪。

包装盒大，给人的感觉是礼物必然也大。用一个鞋盒那么大的包装盒装巴掌大小的便笺本，用能装小提琴的盒子装短笛——小礼物配大包装，给人以虚张声势、做作、欺骗之感。

不要用大包装盒来包装小礼物，否则让受礼者产生误会，同时也违背了送礼的初衷，失去了礼仪所应有的分寸。

**温馨提示：**

□ 为礼物进行包装时应根据其大小来选择。

□礼物包装应该与礼物相匹配。
□戒指等小礼物的包装适宜选择小而精美的风格。

## 送礼金数目要有所讲究

婚丧嫁娶，婴儿出生、婴儿百日、婴儿周岁等特别的日子，中国民间有送礼金、送红包的传统。如果单从心意出发，送礼金不加考虑，就犯错了。

对方是你的好朋友，按照当地习俗，礼金数若低于一定数量就是对对方的侮辱、对双方关系的否定；对方是你的长辈、亲戚，礼金如果太少就会给对方以敷衍、虚伪、吝啬之感。当地送礼金讲究数目吉祥，你却破忌，这是失礼的行为。

送礼金是为了表达祝福和心意，但必须保证不打破一些约定俗成的禁忌才算不失礼仪。

温馨提示：
□礼金的多少应根据受礼人当地的习俗确定。
□礼金的多少应根据自己与受礼人之间的关系确定。
□礼金的多少还应与受礼人的身份和地位相符合。

## 送礼物要进行包装

送礼物却不包装，这让受礼人多少会感到遗憾和不满。

送礼物不包装，会让人觉得送礼人太过匆忙，礼物并非精心选择，而是随便买了一个就拿过来；送礼不包装，会让人觉得送礼人对受礼人不太重视，有敷衍对方的嫌疑；送礼不包装，会让礼物缺少美感和正式、庄重的味道，再高档的礼物也会因为没有包装而降低品位；送礼不包装，别人一眼就会看出礼品是什么，不具有私密性，有招摇之嫌。

温馨提示：
□送出的礼物应该有适当的包装。
□礼物的包装应该根据礼物的风格和材质进行选择。
□礼物的包装应注意色彩搭配。

## 送礼要根据不同的对象而有所区别

你身在异地，每年给家人寄一包土特产，连包装和分量都不变，家人一定会觉得你太不懂得挂念亲人；看望亲戚，给对方全家每个人一件规格相同的小礼物，没有任何区别，对方一定会想：这家伙从批发市场买东西糊弄我们。

送礼千篇一律，就无法传达出礼物所应传达出的期待和惊喜，无法充分表达出送礼人的情意；送礼千篇一律，在别人看来是虚伪和走形式的表现，而不是真情流露。

**温馨提示：**

□ 连续给同一个人送礼时，不要让每次的礼物都完全一样。

□ 送礼给一个集体中不同的人时，应选择不同的礼物。

□ 送礼给性格不同的人时，礼物也应不同。

## 不可当着几个人的面给一个人送礼

当着几个人的面给一个人送礼，如果那个人是你的师长、你已经确定关系的恋人，也许这么做会让礼物更显得贵重。但如果受礼人和其他在场的人与你的关系相当，这样做就不妥了。

当着几个普通同学的面送礼给其中之一，会引起别人的疏远和嫉妒；当着几个同事的面只送礼给其中一个，其他人会认为你们有什么特别的关系，如果对方是异性，你无疑是给自己制造绯闻。当着几个人的面给一个人送礼，会让受礼人感到尴尬，不利于你和其他人关系的进展。

**温馨提示：**
□ 不要在几个关系一般的熟人中间只给其中之一送礼。
□ 带有私密性质的礼物不要当着众人的面送出。
□ 不要在地位相当的熟人中单独给其中一个送礼。

## 送礼要选择恰当的方式

许多人送礼只关注送什么礼物，却忽略了选择适当的送礼方式。这是错误的。

为了表达爱意或歉意，对于个性腼腆、多疑、好冲动的人而言，当面送礼可能会引起对方的误解或使其产生压力；而对于某些与你关系亲密的人而言，不亲自送礼就说明你对其感情不够真挚。有的人认为当众受礼比较有面子，有的人却认为请礼仪公司派专人来送礼，会使自己更有尊贵感。如果你不太了解送礼对象的心理和个人情况，不注意送礼方式很可能使礼物失去效用。

**温馨提示：**
□ 送礼的方式有亲自送、请人转交和邮寄等。
□ 送礼的方式应根据受礼人的身份、年龄、性格、喜好来确定。
□ 送礼方式应根据双方的距离及日程表来确定。

## 送礼要懂得投其所好

送玩具娃娃给喜欢汽车模型的小男孩，他不会领情；送吃素食的人薰肠，对方会觉得你"太不会来事"；送喜欢淡雅色彩的人色彩浓艳的挂毯，对方不会觉得你的情谊有多重；送古董收藏爱好者假冒的古董，对方会觉得你嘲笑他的见识和眼力。

送礼不懂得投其所好，礼品就是废品；如果恰好犯了受礼人的习俗禁忌，就是不折不扣的弄巧成拙。送礼本是表达对别人的牵挂和尊重，如果不懂得投其所好，结果就会事倍功半甚至全盘皆输。

温馨提示：

□ 送礼前应该了解受礼人的喜好等个人特点。

□ 送出的礼物应该符合受礼人的需要。

□ 送出的礼物应该符合受礼人的性情。

## 送礼要考虑与对方的关系

送司空见惯的台历、挂匾等礼物给领导和长辈，显得敷衍对方；送有暧昧色彩的内衣给异性朋友，显得轻佻、不尊重对方；送与对方兴趣爱好不沾边的礼物给好朋友，显得忽视对方；送昂贵而不实用的礼物给节俭成性的父母，在他们看来反倒不如不送。

送礼如果不考虑自己与对方的关系，礼物就无法起到应有的作用，甚至可能起反作用。送礼既然是表达礼仪的方式，就应该让礼物适合受礼人。

温馨提示：

□ 送礼时应根据自己与受礼人的关系来确定礼物的品种。

□ 送礼时应根据自己与受礼人的关系选择送礼的时间。

□ 送礼时应根据自己与受礼人的关系来确定送礼的场合。

## 送礼要有新意

好朋友过生日、结婚……在特别有纪念意义的日子里，送礼自然要送得特别。如果没有新意，送礼的效果必然不会很好。

送与别人大同小异的礼物，送市面上司空见惯的礼物，送毫无特点的礼物，受礼人会认为你的礼物是随便买来应景的，从而不会深切感受到你的情谊。送礼无新意就无法为特殊的纪念日增添纪念意义、增添气氛。如果受礼对象是你的爱人，对方还可能会因为收到的礼物没有新意而徒增烦恼和失落感。

礼物如果没有让人惊喜之处，就难以承载它祝福和纪念的意义。

温馨提示：

□ 送礼应选择符合受礼人爱好而又在造型、寓意、色彩等方面有创新的礼物。

□ 送礼时，如果礼物在外形上没有特色，应适当用别出心裁的祝福语弥补不足。

□ 应避免和别人送同样的礼物给受礼人。

## 不可频繁送礼

别以为三天两头送礼给别人，你就会很受欢迎和喜爱，事实上恰恰相反。

频繁送礼给领导，对方会认为你行贿，对他有企图；频繁给异性送礼，他会认为你有意求爱，如果对方有伴侣，你这样做会导致对方与你断交；频繁送礼给家境不如你的人，对方会有心理负担，认为你同情、怜悯他，从而产生心理压力，说不定也会与你断交；频繁送礼给关系亲密的人，对方可能会养成收礼的习惯。

无论对方与你关系如何，频繁送礼给别人都是不妥的。对方或者认为你有特别的目的，或者认为你炫耀成性，或者认为你不顾别人的自尊进行施舍。

**温馨提示：**

□ 不要给不熟悉的人频繁送礼。

□ 不要给爱占小便宜的人频繁送礼。

□ 送礼的时间间隔不要太短。

## ◇送礼要雪中送炭，不要锦上添花◇

## 送花给病人要考虑是否合适

鲜花形色动人，老少皆宜，想必人人都会喜欢，但送花给病人就不一定合适了。

给患呼吸道疾病的病人送花，花粉和花香会使病人病情加重；如果病人对鲜花过敏，送花会让他恢复更慢；如果送盆栽的花给病人，花会和病人争夺氧气。本想为病人调整心理状态，送去康复的希望，却让他加重病情，这不是礼仪所能够允许的。

**温馨提示：**

☐ 送花给病人应该选择好养的常绿植物。

☐ 送花给病人应根据病人的病情决定是否送花。

☐ 送花时应该根据病人的病情选择花的品种和色彩。

## 送礼要大大方方

送礼本是表达问候、谢意、请求、安慰的良好途径，但是如果偷偷摸摸送礼的话，礼物再好也是不应该的。

送礼给上级，其实并没有行贿的企图，却偷偷摸摸、探头探脑地半天才进对方屋门，放下礼物后说话又支支吾吾，对方多半会强烈要求你把礼物拿回去。送礼给朋友表示道歉，却带着低三下四的表情，悄悄把礼物放在对方可能看不到的地方，对方一定会对你的表现极端反感。

偷偷摸摸地送礼，只能给别人留下动机不纯的印象，你的礼物也会因此而失去意义。

**温馨提示：**

☐ 送礼时，不可表情或动作猥琐、谨小慎微。

☐ 送礼时，不应将礼物放在对方室内的墙角或桌子底下。

☐ 送礼时，应避免走侧门、走小路。

## 做客进门时就将礼物送给主人

做客离开时才取出礼物，这么做真的很不合适。

做客离开时才将礼物送给主人，对方会觉得你原本不舍得，因此也不好意思接受你的礼物；做客离开时才拿出礼物，对方会觉得你以此来检验对方对你的招待水平。如果恰好对方对你的招待很一般，而你的礼物很高档，对方会感到你别有用心。离开时，主人可能会送给客人礼物。如果这时才取出你的礼物，就有交换的意味了，主人会想："如果我不送礼给他，看来今天他这礼物不会送给我。"

**温馨提示：**

□ 做客时，应该在进门之初就送上礼物。

□ 做客时可以在宾主交谈告一段落后送出礼物。

□ 送出礼物时，态度应落落大方。

## 礼物上不可留有价格标签

送给别人的礼物上不要留着价格标签。

送给别人的礼物上挂着价格标签，有炫耀、要求对方交换的嫌疑；送给别人的礼物上挂着价格标签，让人感觉更像商品；将留着价格标签的礼物送给别人，显得你挑选礼物不够仔细，送出礼物时不够真诚。如果对方看到礼物标签上高昂的价格，还可能因为觉得受之有愧而拒绝接受，这样对送礼者与受礼者来说都是尴尬。

**温馨提示：**

□ 对于送出的礼物，应将其价格标签撕毁并消除痕迹。

□ 送出礼物时，不要提及它花了多少钱。

□ 送出礼物时，不要强调它的价值，而应强调它所承载的情谊。

## 回礼要看价值

受礼后回礼是送礼礼节中不可缺少的一环。而回礼时，不能不考虑礼物的价值。

公务交往中，别人送了礼品给你，你却回给对方一件价值远低于对方礼物的物品。这显然是对对方的不敬，也给对方留下目中无人、一毛不拔的印象。远道而来的亲戚带了一大堆土特产来看你，对方临走时你却只送出一罐已经吃过一部分的、自家腌的老咸菜，对方一定会觉得不是滋味。一个初次相识的人送了一个小礼物给你，你却回给对方相当于对方数倍价值的贵重礼物，对方一定会认为你是在埋怨他太小气，同时又是在显示自己的财大气粗。

**温馨提示：**

□ 向平辈友人回礼，礼物价值应与自己收到的礼物相当；向关系亲密的人回礼，以对方喜好为主，不必特意考虑礼物价值。

□ 向长辈回礼，礼物价值应稍稍高于对方的礼物，但不应高出太多。

□ 向关系一般、没有深交的人回礼，其价值应与收到的礼物相当或稍高。

## 不可无故拒收礼品

无故拒收礼品是不得体的做法。

无故拒收礼品，送礼人精心选择礼品的心血就会白费，对方会疑惑而有受挫感。无故拒收礼品，对方就会不知所措，不知道是你不喜欢还是你暂时情绪不好，

# ◇受礼后要回礼◇

受礼后不回礼是很不礼貌的事，也是对自己声誉和形象的不负责任。

如果受礼而不回礼，对方会认为你漠视他们，如果送礼者代表集体、企业或团队，他们会觉得你是对整个集体和团队的无礼。

如果客人来自己家做客时送礼，受礼后应当在客人告别时回赠客人礼物。如果当下没有合适的礼物，应该抽时间回赠送礼者一份礼物。

还要注意的一点是，回赠的礼物档次应该与收到的礼物相当，不应太贵或太便宜。

还是因为违反了规定,进而不能确定以后是否能给你送礼。无故拒收礼品,就无法表明你的态度。如果你拒收礼物是因为违反制度,而别人认为问题出在礼物档次不够高,这样当别人再次送新的礼物时,就会牵扯出意外的麻烦。

**温馨提示:**

□ 如果拒收礼物,应该向送礼者说明理由。

□ 对别人转交而不愿接受的礼物,不能无故退回。

□ 通过邮寄到达而不想接受的礼物,不应无故不取,同时又不作回复。

## 对不适当的礼物要礼貌地退回

收到有骚扰意味的礼物,收到有恶作剧或侮辱意味的礼物,收到自己所在单位明文规定不能收的礼物,收到有违习俗的礼物……当我们收到不合适的礼物时,第一时间的想法就是把它退回。但是有不少人因为退还礼物时不礼貌而使送礼和受礼双方都丢了面子。

退回礼物时不礼貌,会让送礼人陷入尴尬境地,甚至会让对方恼羞成怒;会让别人觉得你故作姿态,故意让对方出丑;会给人留下不近人情、不懂得站在他人角度看问题的印象。如果送礼人出于好心,只是不懂规矩或不知道你的喜好,粗鲁拒绝是对他的伤害。

**温馨提示:**

□ 收到不能收的礼物而又不便当面退还时,应私下找合适的场合和时间退还。

□ 退还礼物时,态度要诚恳而有礼貌。

□ 收到不适当的礼物时,应在 24 小时之内退回。

## 受礼后不可随手丢放在一边

接受了朋友的礼物后将礼物随手丢在一边,传达出的含义是你对礼物不屑一顾,或者对送礼人不屑一顾;接受下属的礼物后将礼物随手丢在一边,有故意摆架子的嫌疑;将异性送的生日礼物当众随手放在一边,会让对方以为你故意让别人看他受到冷落的尴尬。

受礼后将礼物随手丢在一边,即使你是无心而为,却已经让送礼人产生了不愉快的误解。而且,这样做无法让送礼者感受到尊重,你们之间的关系也不可能得到巩固和发展。

**温馨提示:**

□ 受礼后,应对礼物的包装进行赞美。

□ 受礼后,应仔细、谨慎地打开礼物包装,注意尽量不要把包装拆坏。

□ 受礼后,应仔细欣赏礼物并表示喜爱和感谢。

# 给孩子送礼物要讲究方法

购买礼物时，最为有趣的就是给孩子们准备礼物了。逛玩具店能够让我们想起美好的童年，因此很多成年人在给小孩子准备礼物时总是很开心的。对于宠爱小孙子的外祖母来说尤其如此。

由于你的儿子或者女儿要参加朋友的生日聚会，你需要为孩子们准备一份礼物，那么尽量带孩子一起去选购礼物。作为成年人，你可能发现自己不知道怎么挑选小孩子的玩具，也不清楚应该准备一份什么样的礼物，但是你的儿子或者女儿肯定知道选择哪个玩具作为礼物最好。

在前往商店购物之前，你可以先和孩子的父母联系一下。通过这么做，你能够知道孩子已经有哪些玩具了，或者孩子们的父母期待今年收到哪类主题的礼物。

不要过早地为孩子准备礼物。如果那样，当你赠送给他时，礼物可能已经过时了。购买礼物的时间一般是孩子生日前两个星期。

玩具是孩子们最理想的礼物。选择具有教育意义的玩具作为礼物，比如棋盘游戏、魔方等。这样你可以达到一石二鸟的效果。孩子的父母会感激你，因为送的礼物能够帮助孩子学习和成长，而孩子们也会为收到礼物感到开心。

**温馨提示：**
□ 孩子们礼物的价位一般不宜太高。
□ 书籍对于孩子而言是非常合适的礼物。如果你知道所送礼物的对象已经开始识字了，那么可以送一些书作为礼物。如果你能够拿到签名的书，那么这本书作为礼物也更加有意义了。

# 给孩子送礼可以选择衣服

大部分的成年人都会选择一些可爱的服饰作为孩子的礼物，当孩子们打开包装发现里面是衣服时，很有可能会发出一声叹息。当然，发出叹息声是不礼貌的，但是很多时候孩子们并不能够很好地控制自己的情绪。

当你被邀请参加一个小孩子或者新生儿的生日聚会或者其他庆祝会时，衣服是比较好的礼物。新父母从来都不会觉得衣服已经足够了，而孩子们年龄太小还不会对礼物作出反应。

**温馨提示：**
□ 给新生儿或很小的孩子送礼物，衣服是一个非常好的选择。
□ 如果是较大的孩子，送衣服给他们可能就不太恰当了。

## ◇教育孩子如何接受礼物◇

接受礼物同样需要礼仪，你应该注意培养孩子在这个方面的礼仪。

**对礼物的赠送者表示感谢**

收到生日礼物后，无论你对礼物的评价有多么的低，也必须向赠送礼物的人表示感谢。无论你对收到的礼物喜欢与否，你都必须寄出感谢信。你可以按照常规的写法来表示谢意，同时感谢对方记住你的生日。

如果你想要和伴侣保持良好的关系，不要忘记你们的结婚纪念日。如果你有可能会忘记类似重要的日子，提前在日历上做个标记。这样能够帮助你记住这些日子，也能够帮助你避免结婚纪念日是在沙发上度过。

**温馨提示：**

□ 即使你收到自己不喜欢的礼物，也要对赠送者表示感谢。

□ 对一些有特别纪念意义的日子，可以提前在日历上做好标记。

## 谨慎选择商务活动中的礼物

如果你并不想传递错误的信号，或者你不想违反公司相关规定，就必须小心谨慎地处理商务活动中的礼物问题。避免相互赠送酒当作礼物，因为有一些公司禁止酒类礼物。避免用衣服或者其他个人项目的物品做礼物，这能够避免一些不必要的性别尴尬。

**温馨提示：**

□ 在商务活动中向对方赠送礼物之前，要先了解对方公司有关礼物方面的规定。

□ 尽量避免选择烟酒作为商务礼物。

## 节日以红包的形式给日常服务人员送礼物

当节日到来的时候，你不仅需要给亲人、朋友和同事准备礼物，还需要准备一些红包给日常生活中相处的服务人员。在节日的时候，你总是需要结识一些朋友。

根据自己和他们关系的亲密程度来决定红包的数额。比如，你可能会额外地给临时保姆一个星期的薪水作为礼物或者节日红利。

**温馨提示：**

□ 对于那些每天为你带来生活便利的人，在节日给他们送一个红包是非常礼貌的做法。

□ 你的红包会使为你服务的人非常喜悦，在以后的工作中他们会更加热忱地为你服务。

## 赠送生日礼物要有所讲究

童年时最开心的事情就是生日的到来。你可以举行派对，收许多的礼物。当你长大后，生日的新鲜感也慢慢地消失了，特别是临近20岁时。

当需要赠送生日礼物给别人时，你需要记住以下一些注意要点：

在孩子年满18岁以前，你每年都需要给孩子准备礼物。

当孩子年满18岁后，你可以只在具有特殊意义的生日时才赠送具体的礼物，比如20岁、30岁、40岁，等等。

    不管年龄如何，父母、孩子和兄弟姐妹每年都应该相互赠送礼物。

    如果你被邀请参加成人的生日聚会，你应该携带一份礼物前往。

**温馨提示：**

□ 当你需要给成年人赠送生日礼物时，可以购买一些符合对方兴趣爱好的物品。

## ◇记住朋友的生日◇

    你可能会忘记自己的生日，但是母亲从来不会忘记孩子的生日。并不是每个人都有母亲那样的记忆力，但是你需要记住一些人的生日。

如果你记忆不佳，可以备一个笔记本，将亲人和朋友的生日都记录下来。

或者将每个人的生日记录在日历上。这样当你翻开日历时，你可以看到这些特殊日子的标记。

    友谊是需要用心经营的，如果能在朋友生日到来时，及时送上一句祝福和一份礼物，相信朋友在感动之余，也会更加珍惜你们的友谊。

# 第二十三章
# 宴会礼仪

# 隆重仪典要发请帖

个人举办婚礼、庆祝寿辰，单位周年庆典、商店开业、企业奠基……大大小小的重要仪典举办之前，不发请帖是无法交代的。

举行个人的庆典时不发请帖，会显得主人有些大大咧咧；举办集体的大型庆典时不发请帖，仪典再隆重也无法让人体验到"正式"的感觉。

隆重仪典不发请帖，也不利于主人统计人数，难以防止陌生人不请自来。这样，仪典就可能无法圆满成功，更不能让参加者满意。

**温馨提示：**

□ 举行隆重仪典前必须提前发请帖，时间一般提前两周到半年为宜。

□ 发请帖可以请专人送达或邮寄。

□ 发请帖时应保证请帖制作精美、无损折和污迹。

# 发请帖要注明请客地点

发请帖而不注明请客地点，这样的错误实在令人感到有失礼仪。

发请帖而不注明请客地点，你的请帖就不能算是完整的请帖。如果是发给熟人，对方可能猜得到在哪里请客，或者很自然地打电话询问；如果是发给不太熟的人，对方也许干脆就不打算赴约了。发请帖而不注明请客地点，一方面说明主人粗心，别人会认为，既然请帖都写得这么不完整，宴请估计也不会很完美；另一方面，说明主人对客人不够体贴，有的客人会觉得主人缺乏诚意而不愿参加。如果主人发请帖是公务或商务原因，更会使客人产生经验少、素质低的怀疑。

**温馨提示：**

□ 发请帖时，应注明详细的请客地点。

□ 对于路程较远的客人，应对路线进行说明。

□ 发请帖时，应注意核对所注请客地点是否准确无误。

# 写请帖要符合规范

请帖是给客人看的，表示的是邀请者的礼貌，代表的是邀请者的形象。写请帖如果不符合规范，难免贻笑大方。

发请帖给客人时不注明客人的名字，或者将邀请对象的名字打印错或者写错，对方会认为主人没有诚意；请帖粗制滥造，客人会觉得发帖者不注重自己的形象，认为这样的邀请不真诚；请帖乱用尊称和谦称，不注意措辞、文字、行文习惯等，对方就无法感受到你的尊重。

## ◇收到请帖后要做的事情◇

真是对不起啊，我最近一直生病，实在没办法参加你的开业典礼了！

收到请帖之后，首先应该确定自己能否参加，并将结果及时告知对方。

你可真是准时啊。

如果确定自己能参加，并告知了对方自己会参加，那么就应该按时参加，尽量不要迟到。

若中途发生意外，应尽早与对方联系。如需调整时间或取消会面，都应告知对方，这是基本的礼貌。

**温馨提示：**

□ 如果对客人的着装有特殊要求，应注明如"请穿礼服""请穿便服"等。

□ 请帖的格式较为固定。对于一些公务、商务类的请帖，有的甚至无需称呼和签名，可打印或手写。

□ 若要求被邀者回复或者不参加时回复，应注明。

## 正式宴请前要沟通

正式宴请之前，别忘了和客人们沟通。

假设你准备宴请几个客户，由于事先没询问对方任何与宴请有关的问题，结果你点的菜没有几样是客人喜欢的，你定的时间也恰好是客人繁忙的时候。此外，你定的地点别人都没听说过，或者距离较远、难以找到。这样，你的宴请就不会成功了。

正式宴请前如果不沟通，容易造成误解，宴请就不会成功。

**温馨提示：**

□ 正式宴请前应询问邀请对象是否有时间和意愿。

□ 正式宴请前应询问邀请对象的饮食习惯和爱好。

□ 正式宴请前应确定大部分宴请对象对宴请地点的要求。

## 安排桌次有章法

宴请时安排桌次是门学问，稍有疏漏或差错就会使客人不满。

举办宴会时不考虑客人的身份以及与主人的关系，奉行顺其自然的原则，这会给人以太过随便的感觉。本该长辈坐的，晚辈大大咧咧地坐，必定会让人觉得他目无尊长；本该甲单位坐的，乙单位的人随便就坐，会让人觉得乙单位有意制造事端。安排桌次无章法，会显得宴会举办者经验不足或者不尊重来宾，还会给人以做事不严谨的印象。

**温馨提示：**

□ 应将重要客人安排在厅堂的中间、正对门的位置、距离屋门较远的一桌。

□ 桌次通常以距离主桌的远近来判断高低，右高左低。桌数较多时，通常以第一排或最中间的桌子为主桌。

□ 排列桌子时，各桌之间距离应该相等，不要太远或太近。

## 安排座次要注意

座次的安排在中餐宴会上很重要。

熟人聚餐，排座次时将主宾让到主人的位置，对方会误认为你想让自己付钱、贪小便宜；举办大型家宴，如果重要宾客都挤在同一张桌上，其余的人难免会觉得有些失落，不甘心做饭桌上的"无名之辈"。安排座次时没有章法，容易使身份较高的客人觉得丢面子，使普通客人觉得宴会不正规，使宴会举办者给人以不懂得尊重客人、缺乏经验之感。

**温馨提示：**

▢ 应按照礼宾次序安排座次，如按照宾客的职位高低、与主人的关系等。

▢ 安排座次应按照以右为上的原则进行。主人位置正背门，主宾的位置应正对门。

▢ 筵席在三桌以上时，应在每张桌上安排一位主宾。

# 在外宴请要预约

请朋友吃饭，并且决定在外宴请，如果不事先预约，必然不妥。

宴请别人，当然要选择一定档次的饭店；既然是吃饭，当然要选择恰当的吃饭时间。然而当"档次"遇到"高峰期"，你选择的饭店难免会出现满员的现象，如果不预约，自然容易出现找不到空座位或座位不够、需要等待很长时间等问题。

宴请别人时遭遇麻烦，说明你未做好充分的准备。客人可能会认为你无心邀请对方、缺乏诚意，或缺乏待人接物的经验。无论对方对你产生哪种误解，双方都会不愉快。

**温馨提示：**

▢ 决定在外宴请别人时，应先征求宴请对象的意见，如对方喜欢什么样的口味。

▢ 如果是临时性宴请，应避免在高峰期选择几乎不会有空位的饭店。

▢ 预约时应确定好时间，选择适合宴请对象身份的饭店。

# 不能按时赴宴要作出声明

接到邀请赴宴的请柬，而且已经答应主人前去赴宴，却在宴会当天不按时赴宴且不作任何声明。这样做是相当不礼貌的。

参加别人的婚礼、寿筵、庆功宴等重要宴会时不能按时赴约而不作声明，对方会认为你不重视他以及他的邀请，不关心他人的感受，同时也不重视自己的形象。参加商务性、社交性宴会时，不能按时赴约而不作声明，对方会认为你不讲信用、不值得信赖，当然也不会和你继续交往了。

**温馨提示：**

▢ 如果不能参加邀请，一定要尽快回复。

▢ 不能按时赴宴时，一定要礼貌地通知主人，向其解释原因并道歉。

▢ 不能按时赴宴时，不要编造理由敷衍主人。

# ◇不可穿制服赴宴会◇

穿制服参加宴会，不仅无法展示你工作场合外的个人形象，也不利于你保持自己良好的职业形象。在参加宴会的时候应该穿适合宴会的衣服，而不是制服。

参加大型正式宴会时，应穿礼服。

参加小型的私人宴会时，应穿整齐大方的便装。

故意显摆吧？

这人怎么穿着制服就来了？

总之，穿制服赴宴给人以虚伪、做作的感觉，让人难以放松地交往，于公于私都是不礼貌的。

# 赴宴时要脱帽

赴宴时不脱帽就像握手时不摘手套一样失礼。

赴宴时不脱帽，给人一种我行我素的感觉，对主人和其他客人都显得不敬，对方会认为你不把别人放在眼里。赴宴时不脱帽，会让人觉得你不愿意参加宴会，只是来这里转一圈，会马上离开。当你作为贵宾出现在大家面前时，不脱帽给大家的印象是"极度自恋"。

**温馨提示：**

▢ 赴宴时，不应戴着帽子进场。

▢ 赴宴时，应将帽子放在指定位置。

▢ 赴宴时如果戴着帽子，见到主人和其他宾客应脱帽致意。

# 赴宴时不可带未受邀请的宾客

赴宴时绝对不应该带未受邀请的宾客。

带未受邀请的客人赴宴，会给主人增加额外的负担，也许主人必须因此而额外准备座位和食物。带未受邀请的客人赴宴，给人一种占便宜的印象。如果主人的宴会对客人的身份、地位和人数有特别严格的限制，你带一个与主人宴会毫无瓜葛的人做伴，无疑是对主人尊严的轻视，你还可能因此而导致与主人关系恶化。如果你带的客人恰好很缺乏自知之明，大声喧哗、扰乱别人心情不说，别人会认为你也是如此没有教养的人。

**温馨提示：**

▢ 赴宴时不要带不在邀请范围之内的客人。

▢ 赴宴时如果想带其他人，应事先征求主人的意见。

▢ 赴宴时尤其不应带与主人关系不好的宾客。

# 赴家宴要带礼品

赴别人的家宴不带礼品有点说不过去。

家宴是比较隆重的，通常只针对关系很好的人们。别人请你赴家宴是看得起你，说明对方比较重视你，重视与你的交往。有些国家有赴家宴携带礼物的习俗，如日本。如果你未带礼物，对方会对你很失望。在节日期间赴家宴不携带礼物，显得不遵循节日礼仪。在平常的日子参加别人的家宴，如果其他客人都带了礼物而你未携带，容易给别人留下不良的印象。

**温馨提示：**

▢ 赴亲友、熟人的家宴时，应避免携带太贵重的礼物。

□ 准备礼品时，可选择符合主人喜好的鲜花、自己家乡的特产等。

□ 赴家宴时，所带礼物应该实用并精心包装。

## 切忌小皮包放在桌上，大衣搭在椅背上

吃西餐时，为了解决皮包和外套的存放问题，很多人会不假思索地把皮包放在桌子上，把外套搭在椅子背上。这样做其实不妥。

对那些深谙西餐之道的绅士淑女们而言，把皮包放在桌面上，不啻于把光脚丫放在桌面上；而把大衣、外套搭在椅子背上，像是把内衣挂在那里。如果几个人坐在优雅的西餐厅里，却忍受着同伴或其他人不满的目光，这顿西餐怎么能吃好呢？

除了钱包之类的小皮包外，不要把东西放在桌面上；任何衣服都不要搭在椅背上。

**温馨提示：**

□ 皮包应放在邻座的椅子上，或者放在自己腿上、背后或专门提供的架子上。

□ 西方人通常会将皮包放在自己脚边的地板上。

□ 外套应放在专用的衣架上或交给主人或服务人员保管。

## 入席后要跟陌生邻座打招呼

参加任何性质的宴会，入座后如果自己的邻座是陌生人，不与其打招呼是不对的。

俗话说"来者皆是客"，既然坐到一起，必然都是主人的客人，当然彼此也有可能成为朋友。在公共场合遇到陌生人，有时候尚且需要一个微笑，在参加同一个熟人举办的宴会上，难道不更应该给邻座一个问候的微笑吗？如果入座后面若冰霜，而后主人恰好要介绍你们相互认识，彼此必定会遭遇尴尬。

即便是为了保持你的优雅风度和证明你有涵养、平易近人，也不该对宴会同桌上的陌生邻座不理不睬。

**温馨提示：**

□ 入席后应和同桌而坐的人打招呼问好。

□ 入座后邻座主动向自己问好时，应及时而礼貌地回应。

□ 入座后面对陌生邻座，应热情而从容。

## 点菜时不可找最贵的点

朋友请你吃饭时点最贵的菜，对方会认为你有心"宰"他；出差时友好单位为你接风洗尘，你点最贵的菜，对方会认为你暗示对接待方的规格不满；与客户洽商时点最贵的菜，对方会认为你炫耀自己。

　　请别人吃饭点菜时找最贵的点，会给人以暴发户的感觉；别人请自己吃饭时找最贵的菜点，会给人以贪吃、自私的印象。点最贵的菜，是很没有风度的做法。

**温馨提示：**

□ 点菜时，不要专找价格最高的点。

□ 点菜时，菜量不要贪多。

□ 点菜时，最好不要点大多数人不太接受的品种。

## ◇赴宴时不可额外点菜◇

　　赴宴时，无论什么性质的宴会，通常上什么菜都是预先订好的，无需再点菜。如果你想额外点些什么以使自己饱口福或以此显示自己见多识广，那就不太好了。

　　因此，赴宴时即使自己对宴会规格不满意，也不应提出额外点菜的要求。即使主人礼貌地提出请你额外点菜，你也应委婉拒绝。

## 点菜要懂搭配

也许你有过这样的经历：和别人去饭店吃饭，点了一大桌子菜，花钱也不少，却吃得不舒服。究其原因，是点的菜品种太单一，要么太甜太咸，要么都是辣菜，要么都是肉。总之，吃得腻歪，这是点菜不懂搭配造成的错。

大家一起吃饭，必须吃得开心、吃得舒服，这才算成功的聚餐。如果点菜不懂搭配，再好的菜吃多了也会反胃，并且不利于大家彼此交流沟通。如果你想借请客增进人际关系，一桌点得单调至极的菜必定会起到相反作用。

**温馨提示：**

□点菜时应讲究荤素、冷热搭配。

□点菜时应注意菜量要适宜。

□点菜时应注意菜色和味道的搭配。

## 吃饭不要出声

吃饭出声是很不雅的行为。

吃饭出声，大家往往会联想起《西游记》中的著名人物猪八戒。像八戒一样吃饭，这显然是不可能塑造出美好的餐桌形象的。出席商务宴会时吃饭出声，估计饭还没吃完，对方就决定放弃与你合作了；与长辈同桌吃饭时进食有声，对方会认为你无视其长辈身份；与初次相识的朋友一起进餐时吃饭出声，你给对方留下的第一印象一定会相当差。

吃饭出声会影响别人的食欲和对你的看法，会给人一种没有教养的印象。

**温馨提示：**

□吃饭时，应避免发出"吧唧"之类的声音。

□喝汤时，应避免发出"呼噜"声。

□吃饭时，不要狼吞虎咽。

## 打喷嚏要背转身

不要对着桌面打喷嚏。

从医学卫生角度而言，对着桌面打喷嚏会使你的废气、废口水溅到大家身上，融入到餐桌周围的空气里。这个情景想象起来就让人觉得恶心。从礼仪角度来讲，对着桌面打喷嚏是没教养和自制力差的表现。这会给大家带来不愉快，让大家同时感觉到身心的不适。如果你打喷嚏的同时还流鼻涕、流眼泪，这简直是对大家审美的亵渎，也会对你公众形象产生负面影响。无论你身份地位如何，这个喷嚏都必定会让你大丢脸面。

**温馨提示：**

□ 打喷嚏时，一定要背过身去，并用纸或手绢掩住口鼻。

□ 打喷嚏前后，要向在座者道歉。

□ 打喷嚏后应该洗手，应避免擦完鼻子就上桌。

## 不可只挑自己喜欢的吃

在宴会上只挑自己喜欢的吃，这种行为绝不提倡。

在别人的家宴上只挑自己喜欢的吃，主人会认为你对他做的菜不满意，还可能因为自己招待不周而感到愧疚；在商务宴请上只挑自己喜欢的吃，对方会觉得你太过自我，对别人态度不恭敬；在朋友聚会上只挑自己喜欢的吃，会给人以不把别人放在眼里的印象。

**温馨提示：**

□ 与别人吃饭时，要避免只挑自己爱吃的，而应每样菜都吃一点。

□ 遇到自己爱吃的菜，不要一下子拨一大堆到自己碗里，更不要最后剩下
　 很多。

□ 遇到不喜欢的菜，不要表现得非常厌恶。

## 切忌抢着夹菜

抢着夹菜可不是什么好的表现。

跟领导和长辈抢菜，对方会认为你意在挑衅；跟晚辈抢菜，对方会觉得你缺乏长者风度；跟同事或朋友、一起参加大型宴会的陌生人抢菜，对方会觉得你没有修养。抢着夹菜，容易造成筷子碰撞，将菜汁菜渣溅到在座者的身上；抢着夹菜，还容易使有洁癖的人觉得自己的筷子受到了污染，从而心里不痛快。

**温馨提示：**

□ 夹菜时不要与别人争抢。

□ 不要同时与别人夹同一种菜。

□ 不要与长辈和领导抢菜。

## 不可起身去夹离自己很远的菜

在宴会餐桌上起身去夹离自己很远的菜是失礼的。

起身去夹离自己很远的菜，如果你心里着急吃不上，怕别人抢光，别人会为你"以小人之心度君子之腹"而轻视你；如果你是因为想迫切品尝菜的味道，你的动

作会引起别人的注目和暗自嘲笑。抛开个人形象不说，起身夹离自己很远的菜，很容易打扰、碰撞别人。只为早点夹到一筷子菜而不顾可能将食物撒到别人身上的危险，这样做没有人会觉得你礼貌。

**温馨提示：**

☐ 如果某种菜离自己很远，应待其转到自己面前时再夹。

☐ 夹菜时，不要站起来夹。

☐ 对于自己够不着的菜，宁可不吃也不能伸长脖子和手臂去夹。

## 不可将夹起的菜重新放回盘中

在众人聚集的宴会上吃饭夹菜时，千万不要把夹起的菜重新放回盘中。

夹了一大筷子鱼香肉丝，还没夹到自己碟子里，因为觉得颜色太红了，就"啪嗒"一下扔回菜盘子；好不容易从一只烤鸭身上撕了一块肉，刚好有一盘新菜上桌，就立刻将鸭肉放回菜盘……这样的做法实在令人不齿。使用公筷也好，使用自用筷子也好，没有人愿意吃别人夹过又放下的菜，因为那样给人的感觉恰似吃别人的剩饭。

**温馨提示：**

☐ 夹起菜后应该放在自己面前的小盘里。无论是因为不爱吃还是别的原因，都不能放回菜盘。

☐ 夹菜时应避免夹不牢掉落盘中。

☐ 夹菜时应避免太过急速。

## 吃中餐时不可嘬筷子

吃中餐时嘬筷子的行为要不得。

吃饭时不停嘬筷子，哪怕是筷子尖上沾的一点汤或残渣也不肯放过，给人的感觉是你没吃过好吃的饭菜——饿疯了。与重要客人共餐时嘬筷子，对方会觉得你是用此举来抬高自己、贬低对方。如果你陪同的客人是外宾，你的脸就丢出国门了。

**温馨提示：**

☐ 吃饭时不要嘬筷子并发出响声。

☐ 在餐桌上与人交流过程中、短暂思索时，不要将筷子放在嘴里。

☐ 不要刻意吮吸筷子上沾的汤汁或菜渣。

# 吃中餐要注意筷子不可乱用

在中餐宴会中，筷子是必不可少的工具，也是体现中国传统饮食礼仪的重要载体。如果使用筷子不当，就会留下笑柄。

在中餐宴席上用筷子敲杯盘碗碟，是扮演乞丐、令主人难堪的表现；吃中餐时把筷子竖着插在饭菜上，在中国传统习俗中，只有给死人上坟才这样做；在中餐宴会上将筷子一横一竖交叉放在碗碟上，同样是很不恭敬的做法。中国传统中，筷子的用法是一门学问，就像西餐中的餐具不能乱用一样。吃中餐乱用筷子，既是对饮食文化的亵渎，对宴会主人的侮辱，同时也是对自己形象的破坏。

**温馨提示：**

□ 筷子不能将大头和小头两端颠倒使用，更不能一根大头朝上、一根小头朝上。

□ 筷子不用时，应该放在专用的筷托上。

□ 筷子横放是表示已经吃完的意思；中途不用时应对齐竖放。

# 不可用筷子剔牙

在餐桌上，一定别用筷子剔牙。

就像咖啡勺只能用来搅咖啡而不能用来舀咖啡，筷子是用来吃饭的，而不是大号牙签；滥用筷子是不合礼仪的。无论在什么性质的宴会上吃饭，用筷子剔牙都会给人留下不修边幅的印象。如果你出席家庭宴会，而主人用上等竹筷甚至象牙筷来招待你时，你用筷子剔牙，简直是"暴殄天物"。相信主人再也不愿意使用你剔过牙的筷子，也不愿意把你当作贵宾招待了。

**温馨提示：**

□ 应该使用专门的牙签剔牙，并避开众人。

□ 剔牙应在饭后，并且不要剔个没完。

□ 筷子除了夹菜用，不应该当作"指挥棒""节拍器"等其他工具。

# 交谈时不可挥舞筷子

有的人在宴席上总觉得有发挥不完的豪情，边吃边说，边说边拿筷子当辅助工具，狂挥乱舞，大有一副指点江山的架势。这是错误的。

在餐桌上交谈时挥舞筷子，容易将食物残渣甩到桌上或别人身上，如果你的筷子戳到别人身上就是"人身攻击"。挥舞着筷子说话，想必你有很多激动人心的言论，但无论如何，交谈时挥舞筷子看起来都是滑稽、浅薄、无聊的行为。

**温馨提示：**

□ 在餐桌上与别人交谈时应将筷子、勺子等餐具放下。

□ 与人交谈时，不要将筷子等餐具当作抒情道具。

# 不要用筷子指人

宴会上不宜与他人交头接耳。

参加宴会时在餐桌上交头接耳可不是好习惯。

与自己身边的熟人邻座交头接耳，其他相对陌生的客人会显得受到冷落；与自己身边的陌生邻座交头接耳，别人会觉得你自来熟、热情过度。在餐桌上和别人说悄悄话，会给人一种背后讲别人闲话的印象。如果你恰好与别人交头接耳的内容是对某人发表评论，无论你的观点对被评论者是好是坏，你爱"嚼舌头"的名声必定会传出去。

**温馨提示：**

□ 宴会上，不要与别人作神秘状谈话。

□ 在宴会过程中，不要对某人指指点点。

□ 宴会上，不要与别人长时间议论其他人。

# 宴会上要使用公筷

如今宴会上公筷的身影很容易见到，因为人们的卫生意识越来越强了。但如果放着公筷不用，就是绝对的不合礼仪了。

如果不用公筷，对方会觉得你既不讲卫生，又不尊重对方。与奉行分餐制的欧美客人一起吃饭时不用公筷，他们的不满会格外强烈。如果在商务宴会上不使用公筷，就是对餐桌规矩的违背。你在小节上不注意，觉得可以不分彼此，关注细节的客人就会对你产生怀疑和失望。

**温馨提示：**

□ 如果宴会上有公筷，夹菜时，一定要使用公筷。

□ 喝大盆的汤时，应该用公用的母勺。

□ 使用公筷时，应避免使其接触自己专用碟子里的菜。

# 切忌随意劝酒劝菜

在中式宴会上，劝酒劝菜是很平常、很自然的事。但随意劝酒劝菜就是不礼貌的行为。

每个人都知道自己的酒量和食量，随意劝酒劝菜会给客人带来尴尬。如果对

## ◇饮酒要有节制◇

中国人有独特的酒文化，在酒桌上更有一醉方休的传统。但一味喝酒而不加限制是不对的。

别人劝你喝酒，劝多少喝多少，显得没有原则、缺乏自制力，别人会认为你做事为人也是如此。

你的酒量可真好啊！

你们继续吃，他喝醉了我先扶他出去！

酒量不大而不限制自己喝酒，等你喝醉了吐得一塌糊涂就会洋相百出。因此在宴会上饮酒要掌握分寸，避免喝醉。

方已经达到自己肠胃承受能力的极限，你这样做等于是危害他的健康。有的酒菜，你认为好，别人不一定喜欢。强行劝酒劝菜，逼客人喝不想喝的酒、吃不喜欢吃的菜，这就不是好客而是欺客了。如果你劝酒劝菜的时候将自己杯中的酒倒给客人，用自己的筷子夹菜给客人，对方会极为反感。

**温馨提示：**

□ 在宴会上，不要对不熟悉的人大力劝酒劝菜。

□ 如果宴会上有外宾，不要对其进行中国式的劝酒劝菜。

□ 不要用自己的筷子给任何客人夹菜。

## 别人敬酒时不可捂酒杯

参加宴会时，相互敬酒是这种场合的常见行为，也是礼貌的表现。但有许多人因为自己不擅饮酒或不喝酒，或者因为其他原因暂时不能喝酒，对于别人的敬酒，下意识地采取捂酒杯的动作抵挡。这样可不应该。

捂住酒杯是对酒的拒绝，在敬酒者看来，也是对他祝福和问候的拒绝。晚辈敬酒遇到这样的动作，会觉得受到了歧视；长辈敬酒遇到这种反应，会觉得脸上无光；想结识你的人遇到这样的动作，会觉得你不容易交往。

**温馨提示：**

□ 别人向自己敬酒时，即使不饮酒也应允许对方象征性地为自己斟酒。

□ 别人向自己敬酒时，应礼貌地举杯回礼。

□ 如果自己的确不能饮酒，应礼貌向别人说明，并象征性地轻抿酒杯。

## 不可越过身边的人敬酒

越过身边的人敬酒是不应该的，别觉得自己身边的人无关紧要就不向其敬酒。

如果你身边的人是陌生人，越过对方敬酒等于是向对方表明"我不打算认识你"；如果对方是普通朋友，越过对方敬酒等于是告诉对方"你对我并不重要"；如果对方是晚辈或下属，越过对方敬酒是表明你对他不屑一顾；如果对方是长辈，越过对方敬酒几乎是对他公然表示不敬。无论你身边的人是什么身份，越过对方向别人敬酒，即使被敬的人也会觉得你的做法不尽如人意。

**温馨提示：**

□ 敬酒时应按照一定的次序如顺时针。

□ 敬酒时，不应越过自己身边的人。

□ 敬酒时，不要跳跃式进行。

## 给领导或长辈敬酒时杯沿要低于对方

中国人喝酒，在酒席上有一整套的细节礼仪，不遵循是不应该的。例如给领导敬酒时，你的酒杯杯沿不应高于对方。

给领导或长辈敬酒时使自己酒杯的杯沿高于对方，表明自己觉得自己的身份、地位高于对方，或者暗示对方：我看不起你，你不值得我尊重。虽然仅仅是几毫米的距离，却能看出一个人是否细心，是否懂礼貌，是否心中有别人。

给友邻单位的同辈以及初次相识的朋友敬酒时，自己的杯沿也不应高于对方。

**温馨提示：**

□ 给领导或长辈敬酒时，杯沿应低于对方。

□ 给领导或长辈敬酒时，应双手擎杯。

□ 给领导或长辈敬酒的同时，应礼貌地用祝福的话语表达敬意。

## 别人敬酒时不可只顾自己夹菜

在酒桌上，少不了推杯换盏，你敬我、我敬你。别人向你敬酒时，可千万要提高自己的注意力哟！

晚辈郑重地向你敬酒，你却眼见对方擎起杯子，仍不慌不忙地夹一口菜吃，对方一定会怀疑自己是否敬错了人或者举杯的时机不对，也可能想：这人怎么这么不给面子？同事向你敬酒，你却一边举杯，一边将筷子伸向菜盘，对方一定会觉得你对他有成见，以此向其表示不满或轻蔑。

**温馨提示：**

□ 别人敬酒给自己时，应举杯回应对方。

□ 当别人敬酒时如果自己正在夹菜，应立即停止。

□ 别人快敬到自己时，应停箸提前做好准备。

## 主人或主宾致词时不可与旁人交谈

在宴会上，你的一举一动都必须注意，否则就很容易失礼。

参加单位的宴会，领导讲话时你和身边的同事交谈，会干扰现场秩序，引起众人侧目。参加婚宴、寿宴，主人致词时你与旁边的人交谈，会让别人认为你看主人不顺眼。出差参加大型酒会，主持人致词时你找旁边的人交谈，不仅是给自己丢脸，也是给自己的单位丢脸，别人会认为你所在单位的人素质都差。

**温馨提示：**

□ 主人或主宾向在座者致词时，应专注地聆听。

□有人致词时，应坐姿端正、态度积极。
□主人或主宾致词时，应制止旁边的人和自己说话。

## ◇在餐桌上不宜谈论政治和新闻◇

政治与新闻向来是人们关注的焦点，但将它们作为餐桌上的好话题并不合适。

餐桌上有女性在座时，提出政治与新闻话题，通常会让平时对这些信息不加关注的女性客人感到无所适从以及被动的尴尬。

大谈政治和新闻话题，会让谈话者显得好大喜功，爱出风头，这显然是对在座者的不礼貌。

因此，当有人在餐桌上谈起不合适的话题时，主人和其他客人应尽快不动声色地将话题转移，避免出现尴尬或者争执。

## 在中餐宴会上不可只吃饭不说话

在中餐宴会上闷头吃饭、一语不发是不对的。

中餐宴会的实质就是展开交际，增进彼此感情，不说话是大忌。只吃饭不说话，一来会给人以不擅交际或故作清高的印象，容易被认为是个人不良情绪的当众宣泄；二来会使现场气氛冷场，甚至陷入尴尬；第三会让想结识你的人摸不着头脑，不知道该如何与你交往，甚至对你望而却步，丧失与你交往的兴趣。如果宴会上有贵宾，你的沉默很容易引起对方的疑心和不快，觉得你在给对方脸色看。

**温馨提示：**

□ 即使筵席上没有自己熟悉的人，也不应沉默到底。

□ 别人与自己交谈时，应礼貌回应。

□ 聚餐的主要目的应该是交际，而不是吃饭。

## 酒桌上谈话不可唯我独尊

酒桌上谈话，唯我独尊是自私和狭隘的表现。

朋友聚会时在酒桌上唯我独尊，就失去了交流和畅谈的意义；陪领导宴请客户时说话围着自己转，非但谈不好，还会给客户留下张狂的印象，同时让领导丢尽脸面；被介绍给陌生人时不停地对大家讲述自己，大家会对与你结交失去兴趣。

**温馨提示：**

□ 在酒桌上谈话，不要总是拿自己当话题。

□ 在酒桌上谈话，应以交际和沟通为目的。

□ 在酒桌上谈话，应避免天花乱坠。

## 酒桌上不可大声喧哗

在酒桌上大声喧哗，有人也许觉得没什么，其实这是不礼貌的行为。

在环境幽雅的高级酒店里吃饭时，在酒桌上大声喧哗，有失你的身份；在普通饭店的大厅里吃饭时，在酒桌上喧哗，影响周围人的心情；在别人的家宴上大声喧哗，是得意忘形、对主人的不礼貌。如果你初次与人相识而因为工作原因喝酒，在酒桌上喧哗，也许会使你失去对方的信任。

**温馨提示：**

□ 在酒桌上应保持文明、礼貌的姿态。

□在酒桌上应避免高声猜拳、行酒令。
□在酒桌上应避免争吵、强行灌酒。

## 不可随便转移餐桌

随时随意转桌绝对不受欢迎。

新上的菜，长辈或主宾一口都没吃到，你就转桌自己先下筷子，别人会觉得你不懂得尊重人，不懂得礼节；别人正在举杯祝酒，你转桌吃菜，别人会觉得你目中无人；别人正在夹菜，你转桌是在给夹菜的人捣乱，给人的感觉是你成心让他夹不着或者夹不牢；众人正在就某事停箸讨论，你却旁若无人地转桌准备夹菜，明显是对吃菜的兴趣大过对与大家交往的兴趣。

随时随意转桌，显得过于自由，这非但不利于制造轻松随意的气氛，更容易给大家带来疑惑和尴尬。

**温馨提示：**
□转桌要找没有人夹菜的时候。
□不要待主宾还未品尝第一道菜时转桌。
□转桌时，如果有必要，应先用语言或眼神、动作向大家提示一下。

## 不可结伴提早离席

在宴会上觉得自己吃得差不多了，想去办别的事情，又不愿单独离开，于是怂恿三五个人一起做伴提前离席。这是不对的。

参加别人的家宴也好，参加单位举办的节庆宴会也好，或者参加友邻单位的便宴，都不应结伴提早离席。宴会的性质不同于鸡尾酒会，不能想什么时候来就什么时候来、想何时走就何时走。提早离席已经是散漫的表现，结伴提前离席更是对宴会举办者公然的恶意叫板。

**温馨提示：**
□参加宴会时，应避免提前离开。
□有必要提前离开时，不要结伴一起离开。
□提前离开时，应尽量从侧门离开。

## 吃西餐要学会点酒

吃西餐时人们不一定会喝酒，但如果有人提议喝酒，而你不会点酒、不会喝酒，会使这顿西餐少了很多"味道"。

吃西餐不会点酒，一方面会使西餐的酒与菜搭配不当而口感欠佳，使某些味道独特或品质优良的酒难以体现出它的特点；一方面你容易被视为不懂装懂，从而引来别人的不信任。点酒而不会喝酒，在酒中随意掺杂其他饮料，美其名曰"鸡尾酒"，这是对好酒和西餐厅的不敬，是对西餐文化无知的表现。

**温馨提示：**

□ 点酒时应根据在座客人的身份、性别、喜好来点，不会点酒可以请懂酒的同伴或服务人员帮助。

□ 喝酒时应避免吸着喝，且应避免猛烈摇晃酒杯。

## 吃西餐不识菜名不可胡乱点

吃西餐时，尤其是在正规的西餐厅吃饭，不认识菜名千万别胡乱点。

点一堆汤或点一堆肉，餐桌上单调不说，如何把食物吃喝完都是个问题；点一堆现场演奏的音乐，额外花钱不说，干等着半天才知道你的"菜"已经"品尝"过了，让人哭笑不得；点的甜食过多，整顿饭吃得不会舒服。总之，吃西餐而不懂菜谱胡乱点，则既无法吃饱吃好，又会给同伴留下糟糕印象。

**温馨提示：**

□ 吃西餐点菜时应首先对菜名有所了解。

□ 如果自己没有把握，可以请服务人员稍作介绍或提供建议。

□ 吃西餐时，点菜也应考虑到别人的口味和禁忌。

## 不要在红酒中加其他饮料

喝红酒时在其中加饮料是错误的。

在红酒中加雪碧，会被人视为愚蠢；在红酒中加茶，简直是乱弹琴；在红酒中加咖啡，是对红酒和咖啡的双重亵渎；在红酒中加可乐，你会被当作暴发户。在红酒中加入任何其他饮料，都会破坏红酒本身的美味。在西方，红酒也和咖啡一样，正如中国的茶，有独特的文化内涵。当你在熟谙红酒文化的人面前在红酒中随意添加饮料时，对方是无法容忍的。

**温馨提示：**

□ 红酒中不应添任何饮料。

□ 红酒中不应加冰块。

□ 红酒不需要冷冻或加热。

# ◇在西餐桌上客人不可主动斟酒◇

在西餐桌上客人亲自斟酒、自饮或替他人斟酒，都是不正确的做法。别人请你吃西餐，无论是赴家宴还是在西餐厅里的宴会，身为客人的你都不要主动斟酒。

在国际礼仪中，西餐桌上通常由主人或服务生为客人斟酒，客人不必动手。

客人接受斟酒时不必端起酒杯或挪动酒杯，任酒杯放在原处，对斟酒的人点头微笑以示谢意即可。

如果觉得自己已经喝够，可轻声婉拒前来斟酒的主人或服务生。

西餐礼仪中，为客人斟酒是主人或餐厅服务生的责任和义务。对于主人，这也是体现主人身份和尊贵的表现。

# 在西餐桌上喝酒有度

中餐宴会上喝酒，喝得越多越显热闹，显得宾主关系亲密，且越显"英雄本色"，然而，在西餐宴会上这会被外国人视为极端的无礼。

在西餐桌上不停叫嚷"喝酒喝酒"，会显得不懂自律、自制力差；在西餐桌上不停地让主人或服务人员上酒，会被视为不懂酒文化，亵渎美酒，且不尊重别人；在西餐桌上劝别人喝酒，或端起自己的酒杯向其他桌上的客人敬酒，借花献佛，一方面会被视为强人所难，一方面会被视为自私而浪费。

**温馨提示：**

□ 在西餐桌上，喝酒时应避免劝酒、挡酒、代饮。

□ 在西餐桌上，喝酒不能划拳。

□ 在西餐桌上，不应豪饮，而应适可而止。

# 吃西餐时不可把双肘支在桌上

吃西餐时把双肘支在桌上，可能大多数人都不觉得这样做有什么不妥，觉得这只是无意识的动作。偶尔托腮，还会有点思想者的美感。事实上，这样的动作不可取。

吃西餐时把双肘放在餐桌上会显得自负，耀武扬威，在西方人眼中，这是不雅也是不尊重人的表现。将双肘放在餐桌上就像抱胸与别人对话，传达给别人的感觉是保守、抵触和不信任。

**温馨提示：**

□ 吃西餐时，使双手前臂靠近桌边即可。

□ 吃西餐时，上身要挺直，保持自然的姿势。

□ 吃西餐时，应避免趴在桌上的姿式。

# 吃西餐切忌擦餐具

吃西餐不应该用餐巾或纸巾擦餐具，因为这是对餐厅或主人不信任和不尊敬的表现。

西餐讲究美食美器和优美的环境，当然也讲究洁净卫生。无论是在公共餐厅还是在外国友人家中，西餐上桌前，其餐具必然是经过严格消毒、清洗得干干净净才放上桌的。如果你出于习惯，哪怕是象征性地擦一下餐具，服务人员或主人都会认为你嫌餐具脏，对餐厅不信任。如果对方认为你借此挑衅，结果会更不愉快。

**温馨提示:**

□ 西餐桌上的餐巾是用来擦手和就餐中的污渍的,而非用来擦餐具的。

□ 餐巾不能用来擦鼻涕和口红。

□ 餐巾应放在膝盖上,不能塞在领口或围在腰间。

# 不可大口大块吃面包、一粒一粒吃豆子

吃西餐时,如果你像吃馒头那样随手拿起一整个大面包就咬,拿着勺子一颗豆子一颗豆子地吃,或者用叉子一粒粒地吃,这样做会让"西餐专家"们偷偷发笑的。

大口大块吃面包会给人留下慌张、粗鲁、饥不择食的印象;而一粒一粒地吃豆子,则会显得动作过于琐碎,给人以过于小心谨慎之感。

**温馨提示:**

□ 吃大块的三明治、面包之前,应先用刀切开,可用手拿着吃;蘸卤汁吃的热三明治要用刀叉来吃。

□ 吃面包最安全的做法是无论大小都先将其切成两半再吃。

□ 吃豆子可以用勺或叉子一小堆一小堆地撮着吃;必要时可适当用面包辅助推一下,堆到叉子或勺子上。

# 吃西餐要学会用餐具

吃西餐在很多人看来与吃中餐最大的区别就是餐具不同,只不过是诸多刀叉上阵。如果你这样想,说明你对西餐餐具的认识不足。因为西餐餐具是不能随便使用的,不是怎么拿都好的。

吃西餐时像拿勺子一样拿刀叉,一切食物都用自己看着顺眼的刀来解决,想用刀的时候用刀,想用叉时用叉,这样做是失礼和无知的表现。如果你参加外宾举办的宴会,哪怕是野餐性质的西餐,这样做也是不礼貌的。

**温馨提示:**

□ 吃西餐时,别忘记左叉右刀的基本使用规则。

□ 手持餐具时,手不要太靠下,通常握在餐具底部以上三分之二处即可,同时应使餐具的尖端稍微朝向下方。

□ 在正式西餐宴会上吃沙拉、鱼、肉、甜点等不同食物时,要会使用相应的刀叉,并按照上菜的顺序依次食用。

# ◇西餐礼仪◇

随着中西文化交流的扩大，西餐已逐渐进入中国人的生活，而且在日常人际交往中占有一定的地位，所以，每个人都有必要学习，掌握一些有关西餐的基本礼仪。

**餐前1.等女主人示意才可用餐**

注意：如果餐巾较大，应双叠放在腿上；如果餐巾较小，可以全部打开。

**餐时2.用手取面包，刀叉取一般食物**

注意：要喝水时，应把口中的食物先咽下去。不要用水冲嘴里的食物。

**餐后3.客人先等女主人站起才可离席**

注意：如果有东西塞了牙非取出不可，应用餐巾将嘴遮住。

# 不可捡起掉落的刀叉继续用

吃西餐时，有的人不小心将刀叉掉到地上。为了显示自己的"美德"，他们将刀叉捡起来用餐巾纸擦一下，或者用水冲一下继续用。这样做其实是错误的。

捡起掉落在地的刀叉，一方面是刀叉已经沾染了脏污，再使用会不利于健康；一方面是因为你弯腰去捡的时候容易碰到别人，同时使你的姿态显得多少有些狼狈。如果捡拾的过程中再碰掉其他的餐具，更是平白制造笑话。

**温馨提示：**

□吃西餐时刀叉掉落后，应请主人或服务人员换上新的。

□使用刀叉时应避免将其乱放而掉落。

□刀叉掉落后，不要表现得慌张失措。

# 喝汤时切忌把整个勺子放进嘴里

在吃西餐的过程中，喝汤时将整个勺子放进嘴里是不优雅的举动。

喝汤时将整个勺子放在嘴里，给人一种贪婪的印象，显得很粗俗。如果汤里还有肉丁、菜叶之类，一下子将整个汤勺送进嘴巴，嘴巴立刻被塞得满满的样子一定很滑稽；如果此时别人刚好问你一个问题，你恐怕不能马上将食物解决掉；如果不小心有汤汁从嘴角漏出来，此时的景象也难免让人忍俊不禁。

**温馨提示：**

□喝汤时，将勺子放进嘴中三分之一左右即可。

□喝汤将勺子放进口中时，应避免发出勺子碰撞牙齿的声音。

□喝汤时，应避免勺子从嘴里取出时残留食物渣子。

# 不可将面条切断再吃

西餐中也有面条，比如意大利面。吃面条时，有的人大概觉得没有筷子，担心吃起来麻烦，于是就先用刀将面条切断，将其弄成小段吃。这样做看似方便许多，其实是犯了常识性错误。

把面条切断，首先破坏了面条的美感，从视觉上说，已经谈不上是美食了。切面条的时候，如果你将渣滓弄得满盘都是，估计满桌的人都会对你暗自摇头。

**温馨提示：**

□面条应用叉子头部卷着吃。

□吃面条时可以用汤勺辅助，但是不能用刀切断。

□吃面条时不要一次挑太多，以免掉落。

# 吃鱼时不可将鱼翻过去吃另一半

在西餐桌上吃鱼时，吃完一面后，将鱼翻个身去吃另一面是错误的。

吃完一面后翻过来吃，这样做很容易使汤汁淋漓，无论是掉在桌上还是星星点点洒在盘子里都显得不雅。如果不小心洒到自己或别人身上，更不好收场。当你粗鲁地将鱼翻过去时，即使你做得很熟练，没有妨碍到任何人，其结果也只能是让注意礼节的人失望。

**温馨提示：**

□ 吃鱼时，应先将鱼身体两侧的小刺用刀割离鱼身，再用刀将上面的鱼身切割成块，用叉子进食。

□ 吃完一面鱼肉时，应将整个的鱼骨用叉挑起剔掉放在盘边，应避免将鱼骨弄断。

□ 吃鱼的时候，应避免将其分割得很碎、很烂。

# 参加西式宴会告辞要看主宾行事

参加西式宴会时什么时候告辞，千万别任由自己决定。

主宾谈兴正浓，你突然提出要走，主宾会觉得你暗示对方停留时间太久，应该走人了，同时主宾会怀疑你嫉妒对方、想故意使对方丢面子。在主人看来，他会为你冒犯了主宾而感到不自在，也会为你不识抬举而感到这次宴会举办得不够圆满；其他客人会觉得你给宴会的和谐气氛泼冷水，同样会觉得不悦。

**温馨提示：**

□ 参加西式宴会时，主宾告辞后普通客人才能告辞。

□ 如果必须先于主宾告辞去处理急事，应向主人和主宾恳切地说明原因。

□ 参加西式宴会时，应在宴会的结束时间到来前及时告辞。

# 不做最后一个告辞的人

在西式宴会上最后一个告辞的人，是不懂礼仪的人。

参加西式宴会时最后一个告辞，容易影响主人与其他客人交流。尤其是当主人的好友想与主人深谈时，你会被认为是好奇且无聊的窥探者。普通客人最后一个告辞，别人会认为你和主人关系非同一般，也容易认为你喜欢拖延时间。最后一个告辞并不能说明你体谅主人，证明主人的宴请对你格外有吸引力。如果你该说的话已经说完，然而一定要等到宴会结束的那一刻走，主人会觉得和你交谈很累。

**温馨提示：**

□ 参加宴会时，即使自己和主人关系很好，也不应长时间逗留。

□ 参加宴会告别时，应避免长时间与主人寒暄。

□ 在宴会上应注意其他客人离开的时间，不要过于滞后。

# 不可吹气为咖啡降温

喝汤喝水时如果太烫，会很自然地想到用嘴吹气降温，但喝咖啡的时候用吹气的方法降温就有失你的大好形象了。

咖啡代表着一种文化，传达着人的品位和修养，喝咖啡时就不能在举止上马马虎虎。用嘴吹气很不雅观，还容易在咖啡里溅入自己的唾液，或者使咖啡溅出杯子。

礼仪一方面是为了表达对别人的尊重，一方面是为了塑造自己的形象。不要用吹气的方法为咖啡降温，这是失礼的。

**温馨提示：**

□ 咖啡应该令其自然降温或用专用小勺搅拌降温。

□ 喝咖啡时，不应大口大口地像解渴一样地喝，而应动作轻缓、小口小口地喝。

□ 咖啡如果太热，可以暂时放置。

# 咖啡杯碟不可分开放

咖啡杯和咖啡碟是配套使用的，不应当分开放。

咖啡文化如同茶文化，咖啡杯碟与茶具一样，都有严格的使用规则。咖啡杯和咖啡碟分开放，第一是破坏了整套咖啡用具的完整性，显得不够美观；第二是显出你对咖啡文化的无知，以及自作聪明。

**温馨提示：**

□ 需要端着咖啡行走时，应将碟子托着咖啡杯一起端起。

□ 暂时不喝时，应将咖啡杯放在配套的碟子上。

□ 添加咖啡时，不应把咖啡杯从咖啡碟中拿起来。

# 切忌左手咖啡，右手甜点

左手咖啡，右手甜点，想象一下，你不禁感叹：潇洒！享受！其实这么做是不合礼仪的。

假设你到外国朋友家做客，主人亲自为你煮咖啡、烤制甜点招待你，而你一手端咖啡、一手拿甜点，喝一口咖啡、吃一口甜点，主人一定会觉得你太缺少修养，不尊重他。咖啡和甜点各有各的滋味，混着吃喝会影响二者的纯正味道，并且边喝咖啡边吃甜点还容易使甜点残渣混入咖啡杯。

**温馨提示：**

□ 喝咖啡的同时不应吃甜点。

□ 喝咖啡和吃甜点可以交替进行。

□ 通常人们在吃完甜点后上咖啡。

## ◇坐着喝咖啡时不要连碟一起端◇

　　咖啡碟的作用是防止咖啡溅出来，污染衣服、手指和桌子。坐着的时候人们通常稳当得很，根本不用担心咖啡会洒出来。将咖啡碟子一并端起来，给人一种煞有介事、故意引人注目的印象。

　　坐着喝咖啡时，只需端起咖啡杯。而且要注意，应用拇指和食指捏着杯把将咖啡杯端起。

　　如果是参加比较随便的活动或坐在面前没有桌子的椅子上时，可以左手拿碟、右手端杯。

## 不可用咖啡勺喝咖啡

用咖啡勺舀咖啡喝，会招人笑话的。

看一个人如何喝咖啡，能看出这个人对咖啡文化了解多少、是否懂得咖啡礼仪。用咖啡勺舀着喝咖啡是无知的表现。在有些人看来，这是装模作样、不懂装懂。当你在聚会上高谈阔论时用咖啡勺喝咖啡，即使你言论再高明、外表再无懈可击，也难以赢得他人的由衷认同。

如果你不太清楚该怎么用咖啡勺，应该先看别人怎么用，而不是自以为是地拿咖啡勺舀咖啡喝。

**温馨提示：**

□咖啡勺是用来加糖和搅拌咖啡的，而不是用来盛咖啡入口的。

□喝咖啡的时候，应将咖啡勺取出放在碟子上。

□咖啡勺不能一直放在咖啡杯里。

## 吃自助餐要使用公用餐具

自助餐的最大优点就是想吃什么吃什么，想吃多少吃多少。但在自助餐厅或自助餐会上吃饭时如果不使用公用餐具盛食物，便会遭到他人的鄙视。

用自己的餐勺去盛公共餐盘中的食物，相当于让别人吃你的唾液。想必你也不喜欢在别人用他吮过的勺子搅过的餐盘里盛食物吧！盛自助餐不使用公用的勺子或铲子等餐具，是没有公德的表现，更是没有教养、自私、放肆的表现。

**温馨提示：**

□吃自助餐使用公共餐具后，应将其放回原位。

□暂时没有多余的餐具供你使用时，应稍等片刻。

□取用水果、面包等固体食物时，应避免用手抓。

## 吃自助餐要了解菜序

吃自助餐不了解菜序，一方面会惹人笑话，一方面会让自己吃亏。这个结果严格地说不是礼貌问题，而是明显的礼仪认知缺乏。

如果你是和朋友或客户一起，吃自助餐不了解菜序，对方会认为你没有相关经验，甚至没有多少社交经验；如果是你自己吃，也会给别人留下相同的印象。最实际的结果是，你可能花了不少钱却只吃到一点点价值很低的食物，并因此而错过味道更好的食物。

**温馨提示：**

□吃自助餐时，应首先对菜序有所了解。

□吃自助餐时应按照一定次序。

□吃自助餐取食时动作应文雅，避免打乱菜序。

## 吃自助餐不可一次取食太多

吃自助餐时，一次取食太多会让人笑话。

自助餐当然是自己想吃什么就吃什么，可是如果一次性取超量的食物，生怕自己取少了再也吃不到，这样做是很没风度的。如果你恰好在规定了浪费多少食物罚多少款的店里吃自助餐，看着一大堆盛了却吃不完的食物，你能不头疼吗？当你因公与别人一起吃自助餐时，一次取食太多，对方对你的好感必定会一落千丈，甚至因此而不想再与你交往。

**温馨提示：**

□吃自助餐时，应避免一次取大量食物。

□吃自助餐时，应该多次少取。

□吃自助餐时，应对自己的食量事先有所估计。

## 为别人取菜不可太殷勤

在自助餐会上，无论是与自己的熟人结伴而来，还是在餐会期间认识了新的朋友，都不应该过分热情地为对方取菜。

每个人的爱好和口味都不同，而且有的人不喜欢被关照，不喜欢别人代劳。你热情为别人取菜，对方不一定喜欢，甚至可能反感。如果你所取的菜恰好是对方不喜欢吃或者对方因为饮食禁忌而不能吃的，你的做法就是强人所难。照顾别人虽然是礼貌，但按照自己的意愿"帮助别人"就是不礼貌。

**温馨提示：**

□参加宴会时，不要自作主张频繁为别人取菜。

□如果别人婉拒你代取菜，不要认为对方是在客气而坚持行动。

□不要为自己不熟悉的人随便取自己认为好吃的菜。

## 吃完自助餐不可打包带走

吃自助餐不能打包，否则就贻笑大方了。

吃自助餐，给你最大的自由选择食物品种和食量，但出了自助餐厅就不能如此了。出于商务或公务目的吃自助餐时打包，你的专业形象瞬间坍塌；吃单位食堂的自助餐打包，你会给大家留下心胸狭窄、贪图蝇头小利的印象；在陪亲友吃专门的自助餐时打包，亲友会为你的提议和表现感到难为情；参加私人举行的自助餐会时，你吃完后要求打包，在场的人都难免尴尬。

**温馨提示：**

□吃自助餐应该不超过规定时间。

□吃自助餐时，取餐前应对自己的食量有大体的估算。

□任何自助餐形式，其根本在于方便与人交际。

## ◇吃完自助餐要送回餐具◇

自助餐其实质就是全程自助，当然包括自己吃完后放回用过的餐具。这是自助餐厅和自助餐会上约定俗成的规矩。

如果不主动放回，而是将自助餐具堆放在桌上，既影响别人的食欲，又不方便其他人找空位用餐。有时还会给人留下霸道的印象。

因此，参加自助餐会时，吃完后应将餐具放回指定位置，并且应避免吃饱后餐具中仍有大量残余食物。

除了要主动放回餐具之外，吃自助餐时还要注意，不要将食物残渣弄得到处都是，而应保持桌面洁净。

## 主人在酒会上不可忽略次要客人

在酒会上，主人不能因为客人可以随便走动就忽略了次要客人。

举办酒会时，主人只和主宾交谈，或者只和善于交际的客人交流，任由次要客人和性情安静的客人在角落里独处，会使其他客人觉得势利。在被冷落的客人看来，主人的行为似乎是故意为之。无论是有意还是无心，无法让所有的客人得到照顾，这都是一个主人的失职，更是对客人的不敬。既然请客，就应该圆满地让每位客人都感受到主人的热情、礼貌。

**温馨提示：**

□ 主人在举行酒会时，应兼顾主宾与次宾。

□ 举办酒会时，主人不应忽略与一般客人打招呼和寒暄。

□ 当一般宾客与自己交谈时，主人应热情回应。

## 参加酒会吃喝的同时要注意交际

参加酒会，如果只顾挑选自己觉得美味的点心吃，喝各种各样的酒水，以尽力"填饱肚子"为己任，把酒会当作一场自助餐会，这就有违酒会主人举办活动的初衷。如果你给别人留下了不易交往的印象，以后即使你主动联系别人，别人也会很难与你交往。

你愿意被别人当作不合群、不礼貌的人吗？你愿意失去结识优秀的新朋友的机会吗？你愿意被主人看做不受欢迎的客人吗？如果你的答案是否定的，就请记住：参加酒会时，不要只吃喝不交际。

**温馨提示：**

□ 参加酒会时，应主动与其他宾客交谈。

□ 参加酒会时，不要回避他人的主动沟通。

□ 参加酒会时，不应把目的放在吃喝上。

## 回复宴请的规格要相当

宴请是中国人社交的重要途径，受到别人宴请后，及时为对方设宴是很有必要的礼节。但回请别人时，千万要注意规格。

别人花2000元宴请你，你却只花500元回请对方，这显然是敷衍塞责、没有真心实意的表现。对方请你在小饭店吃了顿"便饭"，你就请对方到豪华酒楼吃"满汉全席"以示回请。这在对方看来是揶揄和无声的责备，以及对你自己财富和热情露骨的炫耀。

以较低或较高的规格回请别人，很容易引起对方的误解，容易使双方造成隔阂。

**温馨提示：**

□ 回请别人时规格以相当为好。

□ 不要故意将回请别人的宴会规格搞得高出对方很多。

□ 回请别人时，应尽量照顾对方的喜好。

## 在品酒会上把自带酒与大家一起分享

西式酒会中有一种称之为"品酒会"，会上的各种酒水来自每一位参加的客人。大家将各自携带的酒水放在一起，交换、分享。有的人可能觉得自己带的酒档次比别人高、味道比别人好，因而不愿与他人分享。这么做可不受欢迎。

既然是品酒会，遵从集中分享的规则才符合相关礼仪。独享自带酒，一方面会让别人认为你看不起别人，另一方面会让别人认为你太自卑或太自私。

**温馨提示：**

□ 参加品酒会式宴会时，一定要把自己带来的酒和大家的酒放到一起。

□ 参加品酒会时，不要带太过低劣的酒。

□ 如果自己带来的酒很好，应热情与大家分享。

## 在AA制聚会上要主动掏钱

AA制聚会在现代社会中很受欢迎，原因在于它公平合理。如果你参加这种聚会而不掏一分钱，对别人就不公平了。

各自付费集体旅游时不掏钱，各自付费聚餐时不掏钱，各自付费集体运动时不掏钱……这样做是令人不愉快的。同伴们会认为你不守信用，不遵守规则，不为别人考虑，爱占小便宜，并且脸皮厚。聚餐时的表现如此无礼，别人会推想你在其他方面也不会采取合作态度，从而不愿与你交往。

**温馨提示：**

□ 大家事先声明是 AA 制聚餐时，一定要为自己的食物付费。

□ 实行 AA 制时，不要帮别人掏钱。

□ 实行 AA 制时，聚餐前应准备好钱。

# ◇参加宴会告辞时宜低调◇

参加宴会或酒会时，大张旗鼓地告辞是不正确的做法，会明显为宴会的气氛降温。

参加宴会时，大张旗鼓地向周围围着一圈客人的主人告辞，主人会觉得你在暗示其他客人"该走了"，或者暗示自己"你的招待没有让我感到满意"。

如果你是身份较高的人，大张旗鼓地告辞给人以故意炫耀自己、出风头的印象。

因此，参加大型宴会，告辞时只向自己周围的人低调告辞即可。如果主人没有时间应答自己，告辞时可以不打扰主人。

# 不可悄悄拿走新奇的食物

在风格各异的餐桌上，我们常常能见到自己未曾见过的新奇食物。尤其是一些干果、甜点等小巧而又便携的食物，总有人忍不住悄悄拿走。这样是不对的。

在自助形式的西餐厅里拿走新奇食物，首先是违背"不准外带"的规则，其次是给人以钻空子、占便宜的印象。在别人的婚宴、寿宴等家宴上悄悄拿走新奇食物，会让主人觉得你猥琐不堪；在商务和公务宴会上悄悄拿走新奇食物，你的个人形象会因此而变得令人鄙视。

**温馨提示：**

□ 参加任何宴请，如果没有经过同意不要打包，不要偷拿任何自己觉得新奇的食物。

□ 别人打包的时候，自己不应提前将新奇的食物偷偷藏起。

□ 当餐桌上有新奇的食物时，不应对其表现出特别引人注目的贪婪表情。

# 第二十四章

# 约会礼仪

# 第一次约会前要做好充分的准备

当你第一次和某人约会时，可能和大多数人一样，感到心头的小鹿乱蹦乱跳。但是在你的精神状态到达最好之前，你要记住：如果你是邀请者，不仅要做好所有的安排，还必须去迎接被邀请者。

第一次约会时做的事情并没有对错之分。如果你们是通过共同的业余爱好认识的，那么可以让业余爱好在你们第一次约会中发挥作用。比如说，如果你们都喜欢美食，到餐厅就餐就是一个很好的相处方式。

由邀请者来安排节目是一条不成文的规定，如果你对自己全程安排约会感到不是很舒适，那么你可以让对方来选择想做的事情。如果对方并不在意约会的内容或者还是希望由你来安排，那么尽量做好约会计划。

有时候第一次约会最好安排在周末以外的晚上。因为第二天大家都需要上班、上学或者做其他必须要做的事情，你可以自动地结束这次约会。当然，如果你们确实非常喜欢对方，可以计划第二天或者接下来的周末继续约会见面。然而，并不是每个人的工作时间都是朝九晚五的，因此上班日的晚上并不一定适用所有情况。以下是一些安排约会时的注意事项：

你们双方各自的工作时间如何？或许共同吃早餐对你们来说是最好的选择。

你们是否有共同爱好可以在第一次约会的时候一起分享？

你的经济状况如何？你是否需要安排一些费用不是很高但是可以获得乐趣的计划？

你们怎么到达约会的目的地？你是否需要接对方和送对方回家？

正如前所述，没有安排好节目也可以邀请他人约会。如果你已经邀请了某人，而以上提到的注意事项让你犹豫未决时，你可以询问约会对象的意见，然后根据她或他的想法安排计划。

**温馨提示：**

□ 如果你不希望在第一次外出约会时给对方留下不好的印象，就不要随意变动计划。第一次外出约会也不要大手大脚地花钱。你的意图或许是好的，但是铺张的行为可能会得到相反的效果。

□ 如果你是女方的父母，而你的孩子已经准备开始第一次约会了，你应该要求和她约会的人到家里来接她。如果他们决定在其他地方碰面，比如餐厅或者电影院，那么你必须提前和孩子的约会对象见个面，介绍一下自己，然后和对方约定约会的持续时间或者告诉对方你希望你的孩子什么时候到家。

□ 约会过程中保持绅士风度。当你到达目的地时，你可以为对方打开车门或者房间的门。只要涉及到约会礼仪，绅士风度是永远不会过时的。

# 主动邀请某人外出约会

当你想有更多的时间和你遇到的某个人在一起的时候，这是一种非常奇妙的感觉。接下来最为自然的行动就是邀请对方外出约会。值得庆幸的是，如今的女士们不需要等待男士来邀请她们外出，男士们也不用承担第一次约会的压力。你们双方都可以提出约会邀请。

尽管人们在现代生活中的角色发生了变化，但邀请别人外出的方式并没有改变。当然写电子邮件或者发短信邀请你喜欢的人外出约会非常方便，但是尽量当面或者电话邀请。这只是简单地表现你的诚意而已，而对方也会对此留下深刻的印象。

邀请别人外出时应该尽可能详细地包含所有信息。你应该说："你愿意星期六晚上和我一起去看电影吗？"而不是："你星期六晚上要做什么？"因为这个问题看起来非常一般，无法传送你想邀请对方外出约会的愿望。对方会认为你只是想要进行简单的谈话。然而如果你具体地表达了自己的想法，那么意图也就非常明显了。如果你是被邀请的人，也应该尽可能直接而详细地回复对方。如果你对对方也感兴趣但是已经有安排了，不要这么说："让我考虑一下。"这样的回答可能会让对方觉得你并不想和他（她）一起外出约会。相反，你应该这么说："恐怕我会很忙，但是如果换一个时间，我很乐意和你见面。"这就清楚地表明了你想和对方约会的意愿。

**温馨提示：**

□ 即使你是女方，你也可以主动向男士发出约会邀请。
□ 向对方发出约会邀请时要说明详细的时间和地点。

# 拒绝约会时尽量详细说明理由

如果你对邀请你约会的人不感兴趣或者不想接受这个约会，你应该怎么做？同样，尽可能详细地回复对方。如果你只是回复："嗯，我那天晚上很忙。"这样只会给对方再一次邀请你外出约会的机会。这种时候明确地回答对方你并不想和他约会或许是更好的答案，但是也不要太直接，你可以说："谢谢你的邀请，但是我已经和别人有约了。"或者："谢谢你的邀请，但是我现在并不想约会。"

**温馨提示：**

□ 当你要拒绝约会时，最好给人一个充足的理由，即使编造一个理由也比生硬的说"不"好。
□ 如果你本想去约会却碰巧没有时间，可以请求对方换一个时间。

## ◇男方应该去接约会对象◇

如果男方主动邀请对方外出约会，就应该去接女方，而且在接她的时候要注意以下几点：

如果你去她家里接她，那么你应该保持良好的礼仪，并且要做好同和她一起住的人碰面的准备，不管是她的父母还是室友。

如果你在她家门外等她，不要拼命地按喇叭，或者打电话提醒她你已经到了。

还要注意一点，如果开车去接她，应该保持风度，在车外等她。

## 约会结束后道晚安

男方在约会结束后，无论是你开车、乘坐同一辆出租车或者走路送她回家，你都应该确定她安全到家了。即使你不是约会的邀请者，约会并不愉快，或者你并没有再一次外出和她约会的欲望了，你也必须确定她安全到家。

如果事情进行得非常顺利，你也已经准备说晚安了，那么你该怎么做呢？用一个吻来告别并没有什么不好。

如果女方愿意和你的约会对象再待一会儿，但是今天晚上并不方便，你可以提出另一个对你来说方便的晚上。给对方一个明确的回应，让他知道，你也非常想再见他，非常愿意和他进行第二次约会。

**温馨提示：**

▫ 当女方不愿意再进行第二次约会时，在和对方握手说晚安的时候，暗示他："这是一个美好的晚上，但是我觉得维持朋友关系或许会更好。"

## 在第一次约会结束时约定第二次约会

约定第二次约会的最佳时机是第一次约会结束的时候。这可以避免说"我会打电话给你的"这种情节的出现，因为即使你真的会在第二天打电话给对方，也会让对方陷入一个晚上的迟疑不决。一次愉快的约会后，你不要留给别人任何疑惑，让对方陷入"他（她）对我的感觉到底如何呢"的困苦中。

相反，如果你想和对方再次见面，就应该约定第二次约会的时间。你可以在第二天或者马上就打电话给对方以确定你的安排，而不要在结束第一次约会时不给出任何具体的信息。比如说"当我确定好周末具体的安排时，我会在星期五给你电话的"，这样要比"让我们谈谈周末的安排吧"让人满意得多。

**温馨提示：**

▫ 在约会结束后向对方表示感谢，特别是你非常喜欢对方，想要和对方再次见面的情况。但是并不需要赠送礼物，你可以在离开后，给对方打电话表示感谢，让对方知道和他约会非常开心。

## 确定恋人关系

"确定恋人关系"，每个人都明白它的意思：当你和某人确定关系的时候，你就承认了那个人是你的恋人。通常情况下，你不需要大肆宣扬你们已经确定关系这个消息，这不同于结婚。但是有时候有一些明显的细节可以暗示这个决定，事实上，在约会的时候你就开始传递这些信息了。这些线索包括，那个人用男朋友或者女朋友来称呼你、你被邀请到对方家里参加节日或者家庭聚会，或者你邀请对方到你家里来参加活动。

**温馨提示：**

□ 在确定恋人关系的最初，最好保持低调，不要作太多宣传，因为你们的关系还不稳定。

□ 有时候确定恋人关系并不需要明确的声明，一些小小的暗示就足够了。

## 与对方以相同的步伐推进彼此的关系

在第一次约会后，你可能觉得即使无缘相伴终身，你还是希望和对方有更进一步的发展。或者你可能需要花上几个月的时间来决定你是否已经准备好和对方确定恋人关系。无论你制定了怎样的时间表，当你们讨论怎样以及何时将关系向前更推进一步时，你必须同对方保持相同的节奏。当你发现在面对节日和家庭时，你们双方都不愿意分开，那么是时候讨论你们之间的关系应该怎么样发展的问题了。你可以在下一次双方见面的时候，面对面地提出来，告诉对方你想和他（她）一起共度假日，并且现在是决定你们双方是否愿意和对方单独约会的时候了。这是一个需要双方共同讨论的严肃问题，在彼此关系的确立上也应该征得双方的同意。

**温馨提示：**

□ 当你希望与对方进一步发展关系时，要与对方保持相同的节奏，既不可操之过急，也不能总是慢半拍。

□ 要不时地和对方讨论彼此关系发展到了何种阶段。

## 坦诚地交流经济问题

确定关系后，你可能对谁应该为哪些东西付钱的问题感到疑惑。一直让一方买单显然是不合理的，但是双方各自买单也显得很怪异。

处理金钱相关问题时，应该提前想好解决方案，比如购买电影票、吃饭以及一起度假时的开销如何分配等。你可以选择性地付款，如果你们其中一方明显比另一方挣得多，那么可以由高收入的一方来支付活动的主要费用。总之，当涉及到金钱和感情问题时，不要臆想，坦诚地交流能够避免不愉快的经济问题。

**温馨提示：**

□ 对于如何支付双方共同的花费问题，最好坦诚地提出来，而不可遮遮掩掩。

□ 如果你的收入远远高出对方，应该主动承担大部分费用。

## 公共场所可以适当表露亲密行为

为了不让旁边的客人尴尬，当你想要和爱人有一些亲密动作时，谨记下面的一些建议。

拥抱：女士和男士见面或者分开的时候可以简短地拥抱对方。

亲吻脸颊：按照欧洲传统，在见面或者说再见的时候，可以亲吻男士或者女士的脸颊。

非正式亲吻：可以在脸颊上简单快速地亲吻。只有和爱人才可以亲吻嘴唇。

牵手：这也许是最无伤大雅的亲密行为，而且一般情况下都是合适的。

### ◇公共场合的情感表露要有所节制◇

无论你们彼此之间有多么相爱，你都必须控制自己在公共场所的情感宣泄。

情侣之间不可在公共场合做一些过于亲密的举动，这样既会让其他人感到尴尬，也会破坏自己的形象。

如果是你的客人在聚会上公开热烈地表露情感，可以等他们停下后再提醒他们。

如果你和爱人去参加一些聚会，或者在公共场所，即使你们多么情意浓浓，也必须把手老老实实地放在自己的身边。

父母在其他孩子面前亲吻自己的孩子：父母亲吻自己的孩子完全没有问题，但是如果在其他同龄人前面，你的孩子可能会纯粹地因为害羞尴尬而躲避你的吻。

**温馨提示：**

□ 人们是不是经常对你和你的爱人说："是不是需要一个房间？"这样你应该知道你们的行为过于亲密了。你需要努力控制情感。

## 不可仅仅为了抚平旧的创伤而开始新的约会

如果你是被抛弃的一方，这个消息对你而言是刺痛的。没有一个人愿意听到这样的消息：自己对约会对象来说已经没有吸引力了。即使你也想结束这段关系，但是你仍旧需要时间恢复。

首先你必须接受这个令人伤心的事实，不要让受伤的情绪影响到自己的生活。不要将情绪发泄到其他人身上，特别是自己的家人身上，也不要报复对方。

你可能需要花一段时间才能从分手的痛苦中恢复过来。不要在这个过程中寻找另外的人作为过渡，你犹豫不决地和其他人约会，仅仅只是让自己感觉好一点，这是非常自私的行为。当然，最后你还是需要继续寻找能够相伴终身的人。

**温馨提示：**

□ 如果你是一段失败的感情中受伤害的一方，要尽快走出过去的阴影。
□ 要学会自己抚平自己的创伤，不要把伤害转移到家人或者新的恋人身上。

# 第二十五章

# 婚礼与舞会礼仪

## 参加婚礼不可穿得比新娘还艳

参加婚礼穿得绝不能比新娘还艳。

伴娘穿得比新娘还艳，就会抢了新娘的风头。如果别人误以为伴娘是新娘，恐怕新娘一辈子都会厌恶伴娘。普通女性参加婚礼时穿得比新娘艳，也会导致同样的结果。在别人看来，也许你恰恰是想借这一做法发泄自己与新人的宿怨，或者是居心不良。

如果你是男性，穿得比新郎还帅，不用说也是错误的、不合情理的。因为，如果你穿得衣冠楚楚，看上去比新郎还酷，在婚礼上就会抢了新郎的风头，引人注目，一般婚礼参加者还以为你就是新郎呢。

**温馨提示：**

□ 参加婚礼时，应避免穿大红色或白色衣服。
□ 参加婚礼时，女性应避免穿得暴露。
□ 参加婚礼时，女性应避免穿和新娘款式相似的衣服。
□ 参加婚礼时，女性不宜化浓妆。

## 参加婚礼时务必摘除黑纱

有的人接到婚礼邀请函时，可能正在服丧，臂戴黑纱。如果参加婚礼时不将其去掉，就会遭到诟病。

婚礼理所应当地应该喜庆，每个参加婚礼的人都理应为新人增添欢乐。戴着黑纱参加婚礼，显然会给喜庆的场合带来压抑的气氛。在别人看来，这是对新人的诅咒，将会给新人带来"晦气"。戴着黑纱参加婚礼，容易被别人视为挑衅，会遭到别人的责骂。

**温馨提示：**

□ 参加婚礼时，应将自己服丧期间佩戴的黑纱暂时去掉。
□ 参加婚礼时，应避免穿黑色衣服。
□ 在婚礼上应避免不愉快的表情举止。
□ 在婚礼上应避免说一些不吉利、忌讳的话。

## 在婚礼上与新人开玩笑要有度

在婚礼上戏耍新人的确能给宾客们带来快乐，活跃现场气氛，但稍有不当就容易变成恶作剧，令人讨厌。

拿颜料涂沫新人的脸和四肢，容易弄脏新人的衣服。如果他们的服装价值不菲且是租来的，你说让谁来赔付呢？想出各种刁钻主意让新人表演节目，容易让新人

# ◇参加婚礼穿着不可太朴素◇

有的人参加婚礼时，穿着绝对没有抢新人的风头，也绝对没有戴黑纱给人晦气之感。但他们穿得过于平常，身穿便装、牛仔服、运动鞋，以致让人怀疑他们是在逛大街。参加婚礼穿得过于朴素给人的感觉有3点：

还是好哥们呢，竟然穿这样就来了！

1.给人的感觉是你对新人的终身大事根本就不重视，是对人的不敬，如果你是新人的至交或亲戚，对方必定会不愉快。

穿这样来参加婚礼，是嘲笑我们吗？

2.感觉是你故意制造穷酸相给新人看，表示嘲讽。

这人怎么穿这样就来参加婚礼啊？

3.会影响婚礼的和谐、喜庆气氛，让其他参加婚礼的人觉得你这样不伦不类。

因此，在参加婚礼的时候虽然不能抢了新人的风头，但是也不能穿着太平常、太朴素，而是应穿带有喜庆色彩的、做工精细的服装，女性还应该适当化妆。

陷入尴尬。如果你的提议格调不高，这样做简直是对新人的侮辱。

**温馨提示：**

□ 参加婚礼时应始终表现得礼貌、大方。

□ 遇到与新人开玩笑的环节，应掌握分寸。

□ 不要在较为隆重的场合和环节戏耍新人。

□ 如果有人与新人开玩笑过头了，可出面婉言相劝。

## 参加婚礼不可故意出风头

在婚礼上表情和动作夸张地与别人打招呼，腔调怪异地与别人说话，女性搔首弄姿，男性故意装酷……如此这些行为都是出风头的表现。

如果你与新人年龄相仿，在婚礼上出风头，别人可能会认为你感情上受了刺激，或者对新娘或新郎心怀芥蒂；如果你年长，别人可能会认为你心理有问题。

如果你身份高，别人容易视你为"不甘被放在焦点之外"；相反，别人会认为你内心自卑。

在以新人为主角的场合出风头，是对新人的蔑视，也是对其他参加者的不敬。

**温馨提示：**

□ 参加婚礼时，说话做事都要有分寸、懂礼节。

□ 参加婚礼时，不要刻意吸引别人的注意。

□ 参加婚礼时，不要突然改变自己的形象和举止。

□ 参加婚礼时，不要高声喧哗，狂饮滥喝。

## 舞会上场、下场要守规矩

舞会是人们结识新知、娱乐身心的好场合。在如此重要的场合，如果上场、下场不守规矩，必然是令人感到遗憾的。

上场时男性拖着女性，女性脚步踉跄地跟着，此情此景好似强盗抢劫，必然不会给观众留下好印象；下场时男性不等女性抢先离开，或者女性三步并作两步小跑着离开，此情此景看似两人跳得很不愉快，必然也不雅观。

上场、下场如果毫不讲究，就不可能体现出舞会所特有的高贵、典雅的礼仪特点。

**温馨提示：**

□ 当男宾带女宾上场时，应请女宾走在前面，而非挽臂而行。

□ 上场、下场时，男女舞者都应步履从容、表情轻松愉悦。

□ 男女如果表演独舞，上下场时应礼貌地向观众鞠躬。

## 参加正式舞会要穿礼服

参加正式舞会不穿礼服是不守规矩的表现。

参加商务洽商后的舞会不穿礼服，参加婚礼典礼后举行的舞会不穿礼服，参加大型私人生日宴会上的舞会不穿礼服，参加社区里比赛性质的舞会不穿礼服……都会让在场的人很不舒服。在正式场合应该化妆，以此来表示敬人与自尊，参加正式舞会穿礼服也是同样的道理。

参加正式舞会而不穿礼服是对舞会举办方的藐视，也是对自己形象的亵渎和贬低。

**温馨提示：**

☐ 参加正式的商务或社交舞会时，无论请柬上是否注明须穿礼服，都应穿礼服赴约。

☐ 参加舞会所穿的礼服应尽量避免与他人重复，并要避免脏污和破损。

☐ 在正式舞会上，男士一般穿西装或燕尾服，女性穿晚礼服。

## 参加迪厅舞会不可穿着礼服

穿着礼服参加迪厅舞会，会显得不伦不类。

迪厅舞会多半舞曲节奏很快，灯光回旋不休。穿着华美礼服，男士穿西装或燕尾服，女士穿真丝长裙、高跟鞋，必定会有刻板之嫌，也难免有对迪厅环境不屑一顾之嫌。跳起舞来，必然也不太方便，更不用说烘托气氛了。出席某种场合而不按礼仪着装，对相应场合以及邀请你的人，都无法体现出你对礼仪的熟悉和对邀请的重视。

**温馨提示：**

☐ 参加迪厅舞会时，应避免穿得太正式或太平淡无奇。

☐ 参加迪厅的舞会或家庭舞会时，应穿轻松随意而又有休闲和狂野风格的服装。

☐ 参加假面舞会时，服装上应有独特风格，还应与面具风格一致。

## 舞会服饰不可喧宾夺主

参加任何人举办的舞会，在服饰上喧宾夺主都是不恰当的。

参加别人的生日舞会，你穿得像个耀眼的公主，不知道的还认为你是女主角；参加上司发起的周末舞会，你的服饰把上司比得光彩尽失，给人的感觉是你用超人气的漂亮服饰向上司表示不满和示威。在舞会服饰上装扮得喧宾夺主，就好比公然占领了别人的领地，给人以不知好歹的印象。如果舞会主人心眼比较小，你这么做的结果就是可能会导致你和主人友谊的告终。

**温馨提示:**

□ 参加私人舞会时,应避免穿得比主人耀眼、漂亮。

□ 参加舞会不要刻意打扮得怪异。

□ 参加舞会时所穿的衣服和所佩戴的饰物应避免夸张、过分。

## 邀请舞伴要看时机

一位女性刚跳完一曲节奏欢快的舞曲,细汗淋漓,正坐在场下休息,你上前邀舞多半不会得到同意;一位女性刚刚拒绝了一位男士的邀请,你就立刻上前邀舞,无疑是对被拒男士的挑衅,也是给这位女性制造麻烦。别人跳舞时扭了脚,刚高一脚低一脚地回到座位上,你就上前邀舞,无疑是对其身体状况的不关心、不体谅。

邀舞不看时机,无法成功邀请到对方是小事,让对方对你产生故意捣乱的印象,就不能说是礼貌之举了。

**温馨提示:**

□ 邀舞时应避开对方正在接受别人邀请的时刻。

□ 邀舞时应选择对方兴致好、心情愉快的时刻。

□ 邀舞时应选择对方精力充沛、暂时没有确定舞伴的时刻。

## 不可频繁邀请同一个人跳舞

频繁邀请同一个人跳舞是"非正常现象"。

频繁邀请同一位女性跳舞,如果对方有男士陪伴,你会有骚扰或勾引女性之嫌;如果你身份地位较高,被众多观众所熟识,频繁邀请同一个人跳舞是对其他人的冷落;如果你频繁邀请的人是陌生人,对方会对你产生戒备心理;如果你频繁邀请的对象是你的上司或长辈,对方会以为你在献媚、别有企图。

频繁与同一个人跳舞而把别人晾在一边,会显得你孤僻或高傲,不容易给别人留下良好的印象。

**温馨提示:**

□ 应避免每次都邀请同一个舞伴跳舞。

□ 不要频繁请有情侣陪伴的人跳舞。

□ 不要频繁邀请独处的人跳舞。

## 邀请人跳舞要征求其同行者的许可

我们常常见到舞场观看者中有成双成对的观众,如果你邀请某个人跳舞而未征得其同伴的首肯,就是错误的。

如果你邀请一对恋人中的女性跳舞,未经男伴的同意就将其女伴邀走,是对男

# ◇不要邀请不合适的舞伴◇

参加舞会时，不是任何人都适合做你的舞伴。如果你请错了舞伴，尴尬就会不请自来。

一位女性正同她的同伴亲密地坐在一起聊天，丝毫没有进入舞池的意思，你上前邀舞是对她的打扰。

一位女性独自坐在角落里，显然是不希望被别人注意，你上前邀舞如果遭到拒绝，只能说明你不懂得察言观色。

邀请身高、体型与自己相差极大的人跳舞，等于是为别人演滑稽戏。

邀请不合适的舞伴，就会导致共舞不和谐，是对邀请对象的不尊重。这是不礼貌的。

伴的侮辱和轻视；如果你邀请结伴而来的女性之一跳舞，不征求其同伴的首肯，就是对其他女性的蔑视。

**温馨提示：**

□ 邀请别人跳舞时，应先征询对方舞伴的意见。

□ 如果被邀者的舞伴不允许你与其舞伴跳舞，不应勉强。

□ 征求邀请对象舞伴的意见时，无论对方是否允许，态度都应礼貌。

## 跳舞时要避免踩舞伴的脚

跳舞时踩舞伴的脚是常见现象，但跳一曲舞连续多次踩舞伴的脚，就令人难以接受了。

跳舞时总是踩舞伴的脚，会让你更紧张。总踩舞伴的脚，还容易让对方认为你存心找碴或者以此挑逗。在别人看来，你的动作会很滑稽，连带你的舞伴也因为频繁被踩而失态。当这一曲结束后，相信不会有人主动邀请你跳舞，而你主动邀请别人跳舞，也十有八九没有人响应。

**温馨提示：**

□ 如果自己情绪紧张或舞技不佳，应避免邀请别人共舞。

□ 踩了舞伴的脚之后一定要马上诚恳道歉。

□ 跳舞时应确保自己对舞步熟悉。

## 避免将口红沾在男舞伴衣领上

跳舞时将口红沾在男舞伴衣领上，难免被别人视为不成体统的表现。

将口红沾在男舞伴衣领上，首先是不美观。把别人衣服弄脏了，显然是不礼貌的。其次是不雅观。男舞伴可能会认为你有意表达暧昧之情，因而给你带来不必要的麻烦；别人可能会认为你们在跳舞时做了过于亲密的动作，因此才有如此"光荣印记"，这是对你自己和男舞伴形象的丑化。最后，将口红沾在男舞伴衣领上，对方再邀请其他女性跳舞时必定会遭遇反感，因为这样给别人轻浮的感觉。

**温馨提示：**

□ 跳舞时，应避免将头紧靠在男伴胸前。

□ 跳舞时，应避免对男伴有耳鬓厮磨的动作。

□ 跳舞时，姿态要大方、自然，避免给人以暧昧的感觉。

## 跳舞时切忌盯着别人喋喋不休

跳舞时盯着别人喋喋不休是很不受欢迎的。

与陌生舞伴跳舞时盯着对方喋喋不休，即使脸皮再厚的人，也经不住如此热烈的目光和密不透风的唾沫"炸弹"；与长辈跳舞时盯着对方喋喋不休，对方也许会被你折磨出急病；与人跳舞的同时，盯着舞伴之外的人喋喋不休，舞伴会认为你和他跳舞心不在焉，巴望着舞曲早点结束。

跳舞是高雅的社交活动，紧盯着别人看会让对方受窘，喋喋不休则会破坏共舞的美好氛围、破坏跳舞的心情、影响双方的形象。

**温馨提示：**

□ 跳舞时，不要紧盯着舞伴。
□ 跳舞时，不要频繁询问舞伴的私人情况。
□ 跳舞时，不要与舞伴谈论无聊的话题。

## 跳舞时切忌详问舞伴个人情况

在舞会上遇到一个很有风度和魅力的舞伴时，有的人就按捺不住，挖空心思追问对方的个人情况。这样做是不对的。

详问长辈的个人情况，对方会认为你有意想利用他；详问漂亮女性或帅气男性的个人情况，对方会认为你想追求她或他。如果你是个很容易让人联想到古惑仔形象的人，被询问的舞伴心里一定会伴随着与你共舞的节奏不安地敲小鼓。

在舞会上初识舞伴就详问其个人情况，容易给别人造成误解，还有侵犯隐私之嫌。没有人会觉得对他人的个人情况穷追不舍的人是懂礼貌之人。

**温馨提示：**

□ 不要详细询问陌生舞伴的住址和姓名、年龄等私人情况。
□ 不要询问舞伴是否有伴侣。
□ 不要询问舞伴的个人爱好以及对你的看法。

## 跳舞时与舞伴保持适当的距离

跳舞时贴舞伴很紧，绝对会引人侧目。但你不会赢得欣赏的目光，因为这是错误的行为。

跳舞时，男士紧紧抱住女舞伴，以致彼此能感受到对方呼吸的气息，如果彼此陌生，这是对女舞伴的侵犯；如果彼此相熟，这会令女舞伴感到不自然。同样，女士在跳舞时紧贴男舞伴，把头搭在男舞伴肩上或者把身体挂在男舞伴身上也是不礼貌的，同样是对男舞伴的骚扰和侵犯。

即使是恋人，在公共场合跳舞时也不应贴得太近。

**温馨提示：**

▢ 跳舞时，舞伴之间应该相距两拳左右的距离。

▢ 跳舞时，男士的手应轻放在女士的腰部。

▢ 跳舞时，舞伴之间应避免贴脸。

## 拒绝邀请要说明具体理由

在舞会上，陌生人之间邀请与被邀请是再平常不过的。但如果拒绝受邀时只说声"抱歉"就不再理睬对方，未免太过冷漠。

如果对方几次邀请你你都拒绝，且只拒绝而不说任何理由，对方会觉得很不甘心；如果对方态度恳切，你拒绝而不说明理由，必然会让对方很不愉快。拒绝邀舞而只说声"抱歉"，就好像指责一个无辜的人犯错却不说明原因，会使人委屈而想不通。

**温馨提示：**

▢ 拒绝别人邀舞时，应礼貌地说明缘由——即使这个缘由是编造的。

▢ 拒绝邀请时，不要一言不发。

▢ 拒绝邀请时，表情和态度应从容大方。

## 不当不合群的冰山美人

参加舞会的时候，千万不要扮演不合群的冰山美人。

别人跳舞时，扮演一个面无表情、姿态僵硬的观众；别人邀请你跳舞时，扮演高傲的天鹅，以白眼回敬对方；与别人跳舞时扮演不苟言笑、不肯与舞伴对视的木头人；同伴与你说话时你爱搭不理，别人向你问好时假装没看见、没听见……如果你在舞会上处处表现得冷漠、沉默，好像人人都亏欠你一样，不仅难以让别人忍受，恐怕你也会觉得自己很无趣。

**温馨提示：**

▢ 与别人跳舞时，应适当与对方交谈，表情应自然而愉悦。

▢ 观看别人跳舞时，不要不理会其他观众的问候和搭话。

▢ 参加舞会时，应避免独自一人长时间坐在角落里。

# ◇如何优雅地拒舞◇

在社会交际中，拒绝邀舞能表现出一个人良好的思想修养和文化素质。如何优雅地拒舞而且不招致别人反感，必须注意以下几个细节：

**态度诚恳地拒绝邀舞**

如万不得已要谢绝，必须态度诚恳。但一曲未终时，你应不再同别的男士共舞，否则会被认为是对前一位邀请者的藐视，这是很不礼貌的表现。

**婉言谢绝两位男士同时邀舞**

如果有两位男士同时邀请一位女士跳舞，女士最好都礼貌谢绝。

**不能拒绝同一男士两次**

当女士已拒绝一位男士的邀舞，在确无特殊情况之下，这位女士应接受同一男士的第二次邀舞。

注意：如果你参加舞会时自带舞伴，当你们跳过一曲或几曲之后，有别人前来邀请你的舞伴共舞，你应开朗大方，促其接受。你的舞伴也应有礼貌地接受。

# 选舞伴要懂规矩

参加上司或者好朋友举办的舞会，只和主人打过招呼就找别人跳舞去了，直到整个舞会结束也没有邀请女主人跳过一次；自己带了舞伴前来，一进舞场就抛下舞伴与别人跳舞，整场舞会下来竟然没有和自己带来的舞伴跳一支舞；跳舞时，只邀请长得漂亮的人跳，对自己旁边的人却始终视而不见……

有以上表现的人，会给人以傲慢、势利、无知、自私的感觉，别人因此而拒绝你是丝毫不必惊讶的。舞蹈可不是上了舞场随便拽个人就能跳的，不懂规矩的话，会让人觉得你不懂礼貌。

**温馨提示：**

☐ 参加私人舞会，男士跳第 1 支舞时应选择自己的女伴。

☐ 男士的第 2 支舞应选择私人舞会的女主人作为舞伴，而后他应分别邀请自己座位两侧的女士跳舞。

☐ 如果男士希望再次与自己的女伴共舞，只能选择最后一支舞。

# 舞曲类型要有变化

舞曲选择得如何，关系到一场舞会能否成功。

从头到尾演奏慷慨激昂的快节奏舞曲，参加舞会的人不等舞会结束就会集体累倒；千篇一律地放节奏轻柔缓慢的摇篮曲、小夜曲，舞会尚未结束，参加者就会昏昏欲睡。举办舞会就必须营造出欢乐而有张有弛的气氛，而舞曲选择单一，则无法起到愉悦身心的作用，也难以使舞会充分发挥结识新知、促进交际的积极作用。

**温馨提示：**

☐ 在舞曲的选择上，应保证舒缓与节奏稍快的舞曲穿插演奏。

☐ 正式的舞会，舞曲应该选择现场演奏的形式。如果使用音响，应尽量避免出现卡带等意外。

☐ 舞会结束的标志通常是播放或演奏《友谊地久天长》（或《一路平安》）。

# 男士不可拒绝女士的邀舞

男士拒绝女士邀舞是错误的。

女士打破男士主动邀请的惯例主动邀请男士跳舞，这行为本身就说明女士已经鼓足了勇气，说明她对自己所邀请的男士很欣赏。如果男士拒绝她的邀舞，就是对她的伤害。在舞场上，男士尤其应该表现得绅士。拒绝女性邀舞是违反绅士礼仪的，会被其他女士甚至男士所蔑视。

**温馨提示：**

□女士邀请男士跳舞前，应首先确定没有打扰到男士与别人交谈。

□女士邀请男士跳舞时，应该态度恭敬而恳切。

□男士如果的确不便跳舞，应耐心向女士解释，而女士应礼貌而有涵养地接受。

## 做观众时要注意自己的形象

不要以为不在舞池中、不和别人跳舞就可以得意忘形、不拘小节。作为观众，你不能忽视自己的形象。

在角落里无精打采地缩着，别人会认为你受了什么伤害，你的表现会使现场的愉快气氛受到干扰。在座位上歪歪斜斜地坐着，别人会觉得你吊儿郎当，如果你是女性，想必想和你跳舞的绅士们都会打消念头。在观众席上对舞池中的人们评头论足、唾沫横飞，别人会觉得你缺乏教养、"污染了空气"。

**温馨提示：**

□作为观众观看别人跳舞时，应注意自己的站姿或坐姿。

□观看别人跳舞时，不要做搔头、晃腿等不雅的动作。

□观看别人跳舞时，不要妄加评论、口出狂言或脏话。

## 跳舞时动作要协调

跳舞如果动作太夸张，不会受人欢迎。

跳优雅的探戈或节奏舒缓的华尔兹时，昂头抬腿的动作过于夸张，就容易变成滑稽表演，成为打架演习或木偶剧，只会给观众以不愉快的感觉。跳舞动作太夸张，你的舞伴就无法与你很合拍地默契合作，共舞就容易出错。跳舞时动作太夸张，你就会失去舞蹈者应有的高贵风度和美好气质，破坏整场舞会的和谐气氛。

**温馨提示：**

□跳舞时，动作应力求标准、优美，姿态优雅。

□跳舞时，应避免表情夸张。

□跳舞时，应适当控制自己的情绪，避免因过度兴奋而失态。

## 不可在舞场中穿行找人

在舞场中穿行找人显然是不合适的。

当别人跳快节奏、满场飞式的交谊舞时，你穿行在对对舞者当中，既影响舞场的整体、和谐的美感，又影响别人跳舞的心情，还容易撞到翩翩起舞的人们。

温馨提示：

□ 在舞场找人时，最好选择舞曲尚未开始的时候。

□ 必须进入舞池找人时，应避免与正在跳舞的人碰撞，并应随口说"打扰""对不起"。

□ 在舞场中找人时，应避免在音乐声中大叫寻找对象的名字。

## ◇跳舞结束后不可径自返回◇

就好比路上看到熟人不打招呼，跳舞结束后径自返回，是不礼貌的行为。

刚才你跳得真好，能和你共舞一曲是我的荣幸。

愉快共舞之后，音乐一结束，就马上若无其事地走开，你的舞伴必然会觉得有些失落。所以，一支舞曲结束后，应与自己的舞伴稍事寒暄。

需要我送你回家吗？

谢谢，我和朋友一块儿回去就可以

如果跳的是最后一支舞曲，男士应礼貌地询问女士是否需要送她返回。

无论是某一支舞曲结束还是整场舞会结束，跳舞结束后径自返回都会让人产生误解，认为你对舞蹈的兴趣远远大过对人际关系的兴趣，认为你冷漠或者孤僻、戒备心强。

# 第二十六章
# 寿礼和葬礼礼仪

# 做寿要遵循年龄规定

做寿，俗语称"做生日"。做寿的年龄有一定的规定，人届30岁诞日，称做生，但不称做寿。中国民间有俗语：30不做，40不发。40不做的原因是民间方言认为"40"的谐音为"死日"。50岁开始，凡岁数逢10的生日，才称做寿。60岁、70岁、80岁以上老人的寿辰，称"做大寿"。有的地方有"做九不做十"的习惯，即60大寿在59岁做，是为避"十全为满，满则招损"之讳。

一般做寿，各年纪称呼有所不同，50岁称暖寿、半百添寿；60岁称小寿、花甲寿；70岁称中寿；80岁称上寿、大寿；90岁称绛老添寿；100岁称期颐。

**温馨提示：**

□ 给人祝寿时，要根据不同的年龄正确地称谓，以避免忌讳。

# 赠送寿礼要轻重得宜

前往祝寿的亲友以礼盒、酒或红包等贺礼来祝寿。寿礼中通常有寿烛、寿桃和长寿面。寿烛为红色，上书"福如东海，寿比南山"金字或松鹤图，祝寿时点燃。有的在寿烛上置金色"寿"字。

赠送寿礼要考虑对方的身份地位，送礼一定要恰当。如果你送的是大礼，有炫耀自己与寿星的关系的嫌疑，如果你送的是很"薄"的礼物，就会有贬损寿星的嫌疑。无论你和主人关系如何、你的礼物档次如何，高调随身携带寿礼都显得过于张扬。如果无法让自己显得自然大方，那么你的"礼貌"做法肯定是出了问题的。

祝寿时，不要随身携带寿礼。

**温馨提示：**

□ 祝寿前，应将寿礼提前送到主人府上，放在指定位置。

□ 送交寿礼时，态度应谦恭而低调。

□ 送寿礼时应避免与其他人相互攀比。

# 赠送寿联要符合对方情况

为人祝寿，送上一副寿联，既表达赠送者的祝寿心愿，同时也对寿星的生平业绩有所称颂，可谓是一种比较高雅的祝寿礼品。

寿联多为5字或7字，也有达数十字或数百字的。寿联的内容，以切事、脱俗、工整而有韵味为上乘。所以撰拟寿联，必须认清对象，立定主旨，选用恰当的词句，注以流畅的气势。对人则恰如其分，对事对物则描譬生动，不务虚华，使人看了即了解其意义，引起共鸣。

　　赠寿联要考虑对方的性别、年龄、诞辰季节（月份）、社会地位及职业特点、与自己的关系等。

**温馨提示：**

□ 寿联的内容要切合当事人的生平事迹，不可胡乱编造。

□ 写寿联还要考虑对方的性别、年龄和社会地位等因素。

## 寿筵的规模要根据年龄而定

　　寿筵前要向亲朋好友发请帖。祝寿礼仪隆重者，家中设寿堂，燃寿烛，结寿彩，寿星着新衣，坐中堂，接受亲友、晚辈的祝贺和叩拜。

　　做寿的寿筵，一般是寿龄越大越丰盛，礼仪也是寿龄越大越隆重，50为做寿，

### ◇饮寿酒、吃寿面要注意规矩◇

　　酒与"久"谐音，久与"长"同义，以酒祝寿，意祝长寿。而在寿宴的菜肴中，寿面是不可或缺的，寿面象征长寿。在饮酒和吃面的时候要注意：

先敬寿星一杯，祝您身体健康，万事如意！

在饮寿酒时要注意，要先敬寿星，然后宾客共饮，而且一般在敬酒的时候要说一些祝福的吉祥话。

吃长寿面时，要将寿面拉高抽长，表示寿星将会福寿绵长，忌讳从中间咬断。

60称甲子诞，70设古稀宴，80摆大寿酒。

早晨寿面，中午酒筵，也有的中午吃寿面，晚上亲友聚宴。宴散，向四邻亲朋分送礼物。

**温馨提示：**

□邀请亲朋好友参加寿筵要提前发送请帖。

□寿筵的规模要根据寿龄的大小而有所区别。

## 对患绝症的亲友要多陪伴

或许你无法接受深爱的人得了绝症这个事实。他或许看起来还不错，日常生活也能够自理，但实际上他在地球上的日子已经有限了。

你应该尽可能多地陪伴绝症患者，即使这对你来说并不容易。死亡总是很容易让你感伤，感觉到悲痛如此地迫近。当你在乎的人生病时，尽最大的可能去陪伴他。不要推脱，他从来没有像现在一样需要你的关爱、支持和帮助。给他爱、支持和帮助是你要做的事。

**温馨提示：**

□对于患了绝症的亲友，你唯一能做的就是尽可能地多陪伴他，给他支持和关爱。

□如果有必要的话，对于亲友的绝症，最好不要急于告诉他本人。

## 以守丧的方式悼念至亲好友

在传统习俗中，悲恸的人们会以守丧的形式与死者告别。这种形式能够很好地安慰家属，尤其使用玻璃棺材时。家属有可能会选择举行遗体告别仪式。仪式上，亲朋好友不仅可以对死者表示尊重和悼念，还能够表达对生者的慰问。

**温馨提示：**

□如果你与死者的关系非同一般，可以亲自前往为死者守丧，以表示尊重和悼念。

## 对死讯谨慎询问

当有人去世时，你需要一些亲朋好友帮忙传递死讯。不要让别人在超市里听到其他人议论时才知道自己关心的人已经去世了。这是非常糟糕的行为。

当听到某人去世的消息时，马上致电对方家属表达自己的慰问之情，询问对方是否需要一些帮助。亲人刚刚去世时，家属可能还不知道应该做些什么，他们肯定会感激你提供的帮助的。

当孩子失去父母时，或者父母失去孩子，这种情形或许更为糟糕，你不仅需要联系孩子或者父母，还需要对他们的伴侣或者兄弟姐妹表示慰问和同情。

如果去世者是意外身亡，询问死因是不礼貌的。你可以从讣告上获悉死因的暗示，比如家属希望人们向医院、慈善机构或者健康相关的福利机构捐赠。

**温馨提示：**

□ 当亲朋好友有家属去世时，要及时致以问候，并提供帮助。

□ 如果死者是意外身亡，切忌向其家属询问详细死因。

## 及时向亲朋好友通知死讯

通知死讯可以按照以下程序进行：首先列出所有亲朋好友的名单，然后以自己的名义打电话通知，还可以在报纸上刊登死讯。在报纸上刊登讣告的意图并不是告诉所有人某人去世的消息。

**温馨提示：**

□ 如果有亲属去世，要及时以各种方式向所有亲朋好友通知死讯。

## 对死者的家属表达慰问

可以通过电话和卡片来表达对死者家属的悼念之情。当得到某人死讯时，应该立即致电死者家属，然后马上寄慰问卡片。如果你想购买事先打印好的卡片，不要仅仅在上面签名，写上一些安慰的话语，即使只是简单地写上："对此我深表遗憾。"

除了慰问卡片，还有很多安慰的方式，比如可以提供一些帮助，使得家属的生活能够相对容易些；可以帮忙购物、整理房间，这样家属可以安排葬礼后的招待；或者不时地冲上一杯咖啡。

**温馨提示：**

□ 悲痛的家属也必须感谢收到的每一张悼念卡片。亲人离去后的一时间内，你还是需要写感谢信寄给赠送悼念卡片的每一位朋友。

## 葬礼主持人要保持严肃、庄重

葬礼主持人要精心写好追悼词。追悼词的内容主要包括：写明自己怀着何种心情悼念死者；介绍死者身份、职务、逝世原因、时间、地点及其享年；追述死者主要生平业绩，做出合理评价；表达对死者的惋惜心情，激励生者。悼词一般不提死者的缺点和错误。

葬礼主持人要表情严肃、心情沉重，语速缓慢、低沉，说话有力但不张扬。衣着要庄重，穿黑色西装，夏天可穿白色衬衫。

葬礼主持人讲话要有分寸，来宾身份不同，在讲话时不能混淆来宾，在称呼上要慎之又慎。

**温馨提示：**

☐ 葬礼主持人不比其他主持人，在追悼会上要庄重，要让真情自然流露，要营造一种哀悼亲人或朋友的肃穆气氛，不能虚情假意、装腔作势。因为那不但是对死者的不敬，也会引起其他宾客的反感、谴责。

☐ 在葬礼中，由于死者去世，亲人或好友因为悲伤过度可能出现一些意外情况，对此，主持人也要早有准备，及时处理，防止葬礼出现较大变故。

# 参加葬礼不可佩戴耀眼首饰

有的人参加葬礼穿的衣服符合标准、很素，但却佩戴了耀眼的首饰。这是不提倡的。

在葬礼这种场合，一切都应以素为上。戴着全套参加晚会才适合的闪光的钻石首饰，别人会以为你走错了地方；戴着彩色精致首饰，别人会觉得你心情愉快；戴着造型夸张的首饰，别人会认为你不是真心来悼念死者，反而更像来这里结识新朋友的。总之，不论是死者的亲属，还是与死者关系不太亲密的人，参加葬礼戴首饰，都是不适合的。

**温馨提示：**

☐ 参加葬礼时，应避免戴颜色鲜艳或耀眼的首饰。

☐ 参加葬礼时，应避免戴形态怪异的首饰。

☐ 参加葬礼时，女性最好不要戴首饰。

# 参加葬礼要注意神情举止

在葬礼上，每个细小的动作和神态都不能随随便便。

在葬礼上面露微笑、神采飞扬，你这是追悼死者还是庆幸死者去世？在葬礼上脚步匆匆，风风火火，你这是在赶场还是活力过剩呢？在葬礼上谈笑风生，不时呼朋唤友，你以为这是参加鸡尾酒会吗？

在葬礼上不注意神情举止，容易引起别人的怀疑，给别人留下无情无义的印象。如果你是死者生前的朋友，不注意一举一动会让死者的亲人失望；如果你与死者生前有过结，不注意动作、表情会让死者的亲人感到寒心。

**温馨提示：**

□ 参加葬礼时，应表现出沉痛哀悼的表情。

□ 在葬礼上，行动不要夸张，应缓步行走、轻声说话。

□ 在葬礼上，应避免挤眉弄眼、发笑、高声喧哗等。

□ 在葬礼上，不应该随便拿走礼品或有用的东西。

## ◇参加葬礼时的穿衣指南◇

　　葬礼是极其严肃的场合，如果身穿鲜艳衣服参加葬礼，不仅与葬礼气氛不相融合，而且还会引起公愤。所以，在参加葬礼时，穿衣应注意以下几点：

## 参加葬礼时不宜号啕大哭

参加葬礼时虽应该向死者致哀，但是号啕大哭不见得受人欢迎。

在葬礼上旁若无人地号啕大哭，首先必然会加重死者亲人的痛苦，其次会使葬礼的秩序受到干扰。

在葬礼上号啕大哭不利于你的形象。如果你与死者并无很深的交情，这样做会显得做作、虚伪；如果你只嚎啕不掉泪，简直是对死者及其亲人的欺骗和敷衍。

痛哭并将泪水洒在死者的身上，更是不应该的。

**温馨提示：**

□参加葬礼时，不应扑到死者身上大哭。

□参加葬礼，哭泣时不应刻意夸张。在相对平静、肃穆的氛围中送别死者会更显得庄重、充满追思之情。

## 在葬礼上避免注视死者的亲人

在葬礼上，不要注视已经承受着巨大压力的死者亲人。

在葬礼上注视死者的亲人，首先会使你的形象恶劣，显得失态。而在他人看来，这是幸灾乐祸和不怀好意的表现。其次，参加葬礼时注视死者亲人，会给对方带来巨大心理压力。

无论是同情还是好奇，都会让对方感到尴尬和压抑。即使是平时，面对陌生人或熟人，长时间盯着对方看也会导致对方的反感和戒备心理，更何况本就承受了痛苦的死者亲人呢？

因此，参加葬礼时，应避免上述举动。

**温馨提示：**

□在葬礼上，不要对死者的亲人投去过多的目光。

□在葬礼上，应避免对死者的亲人过多提起死者生前的事情。

□在葬礼上，对死者的亲人不应该有不耐烦的表情。

# 第二十七章
# 孩子养育礼仪

# 通知怀孕的消息宜缓

怀孕或者分娩虽然是常见的事情之一，但是并不意味着同别人分享怀孕的细节或体重增加的情况是合适的做法。只有注意这个细节，你才能够成为一个遵守礼仪的孕妇。同时你还应该知道在街上遇到孕妇时，什么样的行为才是有礼貌的。

当你知道自己怀孕时，或许会开心地想跑到顶楼上大喊大叫。这种兴奋之情是可以理解的，但是请不要很快地公布这个消息。其实这和礼仪并没有关系，这是因为妇女在怀孕10周或12周之前很容易流产，如果还没有达到这个时间，为了避免在公布怀孕的消息之后公布流产的消息，请等到怀孕满12周后再和大家分享喜悦之情。

**温馨提示：**

□ 向亲朋好友通告怀孕的消息最好选择在怀孕 12 周后，因为此时胎儿已基本稳定，流产的几率很小。

# 与合适的对象交谈怀孕的细节

在同别人分享怀孕的细节之前，应该先想想如果别人告诉你卧室中的事情，你会有什么样的感受？想必这会让人们感到非常地不舒服。所以如果过多地同别人分享你怀上孩子的细节，也会让他们难堪。

但如果你正在给一些有类似情况的夫妇提供建议，讨论这些话题也是可以的。因为一般的朋友也许接受不了，但是有相关问题的就可能对此比较习惯，或许他们还可以从你成功怀孕的经验中受益。

**温馨提示：**

□ 当用家用试纸测试发现怀孕时，你可能想把这个结果保存在日记中。这个想法是很好的，你可以将怀孕测试结果拍下来，保存在相册中。

# 合理解决穿着问题

在怀孕过程中，除腹部会变大外，脚也会肿大。事先应该准备一双宽松的鞋子在怀孕的时候穿，这样就不用经常抱怨鞋子不合脚了。拖鞋、运动鞋或是靴子都是不错的选择。

如果要穿的鞋子不适合工作场合，你应该提前向上司和同事解释原因。礼貌地解决穿着问题，总比因为脚疼而使自己脾气变坏要好。

**温馨提示：**

□ 怀孕的过程中，身体会发生一系列的变化，对此，你要做好心理准备。

□ 如果你因怀孕双脚肿大，需要穿着与工作场合不相合的鞋子，应请求上司和同事的谅解。

## 对怀孕者体重的大幅增加不可笑话

体重增加是怀孕过程中另一个非常正常的现象。为了养育孩子你不得不增加体重，但有些人并不能理解为什么怀孕会增加那么多的体重，所以不要同别人分享这些细节。

**温馨提示：**

□ 虽然我们不能避免怀孕带来的生理反应，但是不要忽略一些需要重视的异常

### ◇与他人分享胎动的喜悦时要慎重◇

孕妇在怀孕之后都会感觉到胎动。你肯定希望亲朋好友能触摸你的腹部和你一起感受胎动。如果他们对触摸别人的腹部并不反感的话，那是一件非常美妙的事情，但并不是每个人都喜欢这么做。

千万不要强行抓过朋友的手直接放在自己的腹部上，要事先询问对方是否想感受胎动，然后尊重对方的决定。

同样地，如果你想感受一下胎动，在触摸孕妇的腹部之前，先征求她的同意。

疼痛。当你发现有不正常的状况时，比如严重的腹部疼痛、发热、手和脸部的肿胀，应该立即去看医生。

□ 如果朋友告诉你她在怀孕时体重增加了很多，不要表现得很惊奇或者很夸张。你的朋友希望你微笑着肯定地告诉她：生完孩子后你一定可以减掉这些体重的。

## 妥善处理怀孕中的呕吐问题

晨呕是女性怀孕的特征表现之一。如果你曾经怀孕，或者和孕妇交谈过，就会发现发生晨呕的情况非常普遍。事实上，只说晨呕是不恰当的，因为有些孕妇一整天都会表现出恶心、难受。大部分医生会告诉你晨呕只是怀孕后前3个月的反应，接下去的3个月，晨呕和恶心的现象就会消失了。

在怀孕的时候，你可能会感觉非常地不舒服，恶心和呕吐几乎压垮了你，但无论情况有多么严重，这些细节都不应该同朋友、同事分享。每个人都知道孕妇会呕吐，但是没有人想了解其中的具体细节。除非你在他人面前呕吐，否则尽量不要跟他们提到晨呕。如果发生那样的状况，你应该快速并有礼貌地道歉，马上去洗手间。

如果晨呕仅仅发生在早上，处理起来并不困难。但是如果一天当中都会发生，你经常需要说对不起，那么就应该提前为这种尴尬做好准备。你可以告诉领导、同事以及日常生活中需要打交道的所有人，因为怀孕的关系，自身经常会感觉不舒服，你其实并不是有意要在电话会议或者晨会时去洗手间。希望你这样真诚的告知，可以使得人们理解你暂时的苦恼。

**温馨提示：**

□ 如果你的朋友因为怀孕经常呕吐，你要尽可能对她有耐心，不要指责她们去洗手间的次数太多或是所花的时间过长。她们面对呕吐其实已经够烦恼了。

## 与朋友交流怀孕带来的身体变化

体重增加、双脚肿胀和频繁的胎动并不是怀孕后要面临的所有问题，你还会经历各种各样由于怀孕带来的周身不适。胎儿的生长会引起你臀部和腿部的疼痛；哺乳会导致胸部柔软以及背部疼痛。

你可以向曾经怀孕的朋友倾诉怀孕带来的不适，寻求一些帮助。如果通过锻炼或咨询都不能找到缓解不适的方法，那只能自己忍受这些痛苦了。

**温馨提示：**

□ 如果你怀孕时感到周身不适，可以向曾经怀孕的朋友交流感受，以缓解压力，但不要向未曾怀孕的人倾诉，她们或许对此不感兴趣。

## 不要给准妈妈讲生孩子时的痛苦过程

第一次经历生产的女性通常会对生产感到恐惧，即使是第二次或者第三次生产的女性，也可能对预产期的到来感到惊慌。如果你已经生过孩子，有临产的朋友向你询问这方面的问题时，尽可能提供一些建设性的意见，而不要给准妈妈讲生孩子时的痛苦过程。这并不是说你需要美化生产的过程，而是说你的朋友需要的只是意见和技巧，这样她才可以准备得更加充分。所以，即使你在生孩子的时候有筋疲力尽的感觉也不用告诉她，她并不需要知道这些。

**温馨提示：**

□ 如果你是一名孕妇，当身边的朋友讲述生孩子遇到的痛苦时，要告诉她们讲这些经历并不合适。在孩子出生之前，尽量避免和喜欢分享恐怖经历的朋友碰面。

## 给孩子和母亲选择合适的礼物

如果准妈妈在邀请函上提供了挑选物品的商店名字，那么选购礼物就非常方便了。你可以选择礼物单上他人还未准备的物品。礼物单上的物品通常是准父母需要的，因此你可以放心购买。如果你发现礼物单上已经没有你想要赠送的价位的礼物了，那么衣服、毛毯和尿布都是一些不错的选择。卡片也是比较实惠的礼物，准父母可以使用这些卡片写感谢信。

如果你希望在庆祝会上打开这些礼物，那么需要提前练习自己的脸部表情。这样才可以在打开一个不喜欢或者认为不合适的礼物时不会露出沮丧的表情。在众人面前打开礼物时，必须一直保持微笑和优雅。

最后，请朋友在你打开礼物的时候记录赠送礼物的宾客和所赠送的礼物，方便日后写感谢信。

**温馨提示：**

□ 在庆祝会上打开客人赠送的礼物时，要始终保持微笑，即使对礼物不满意，也不可露出沮丧的表情。

## 要妥善处理死产或先天性缺陷

生孩子是令人激动的事情，但是有时候事情并不顺利，生产过程中也会出现一些并发症。孩子有可能死产或者天生带有某种缺陷。当不幸降临时，你便不能成为幸福快乐的准妈妈了。你并没有迎来一个期待中的健康的孩子，相反需要面对的是孩子天生的缺陷。无论谁都会为此感到哀伤、心烦。

当然，亲朋好友都还在焦急地等待孩子出生的消息，想知道到底是男孩还是女孩。你要给自己一些时间整理思绪来对待这个出乎意料的不幸。接下来你和伴侣必须想好怎样将这个不幸的消息告知他人。

如果孩子没有存活，你或者你的丈夫可以在告知他们孩子出生时间的同时说明孩子没有存活的事实。如果孩子生来带有生理缺陷或者遗传病，除了告诉他们孩子出生的时间和体重外，也可以提到医生已经诊断出孩子带有先天性缺陷。

当人们知道孩子没有存活或者带有先天性缺陷时，可能会陷入沉默。面对这样的消息，你可能会不知所措，但是不要置之不理，要安慰孩子的父母。孩子的父母先是面对生产的困难，接着还面对这样的不幸，作为亲友要尽可能地给他们支持和帮助。

**温馨提示：**

□ 得知朋友的孩子死产或有先天性缺陷，要尽力帮助他们面对不幸，而不可置之不理。

□ 如果你自己的孩子死产或有先天性缺陷，也要坚强地接受事实，尽快走出悲伤。

## 不可取笑别人家孩子的名字

给孩子取名字是一件很重要的事情。要选择父母双方都觉得好听的名字，还要有一定的意义。当然，只有你和另一半才有权利决定你们孩子的名字，这也是一种责任。

有些人总是喜欢批评别人为孩子取的名字，因此在孩子出生前不要急于告诉他人自己所考虑的孩子的名字。如果你实在忍不住想要和他们分享，那么要做好充分的心理准备，并不是所有人都会给你期待中的反应。

当你听到一个自己并不喜欢的名字时，仍要尽可能地保持礼貌。取笑别人的名字是非常粗鲁的行为。如果对方没有询问你，就不要提供一些自己喜欢的名字作为参考。然而，如果你听到一个不是十分明白的名字，或者不知道怎么写，又或者不知道父母取这个名字的灵感来自哪里时，可以礼貌地询问。

**温馨提示：**

□ 不要随便批评别人为孩子取的名字，即使你不喜欢，或者感觉很怪异，也要尽可能保持礼貌。

## 拜访新妈妈要选择恰当的时间

当你得知朋友生了孩子时，可能会本能地冲向医院看望妈妈和婴儿。这是非常好的行为，但时间也许不太合适。刚分娩的母亲已经筋疲力尽，她可能想单独和孩子一起休息片刻；或者她正在试着给孩子哺乳，但是并不习惯在他人面前进行。在你带着水果篮驱车前往医院之前，应该先打个电话询问孩子的父母现在是否方便接受拜访。得到他们的许可后，再前往医院看望。如果现在并不是最佳时机，就要尊重孩子父母的意见，等他们从医院返回家中后再去拜访。

**温馨提示：**

☐ 拜访刚生孩子的朋友要注意选择时机，不可鲁莽行事，最好在拜访前先征求对方的同意。

### ◇拜访新妈妈不可逗留太久◇

# 及时通告孩子的出生

听到孩子出生的消息，每个人都会感到很兴奋。新父母要在孩子出生后的2～3个星期内发出告示，同亲朋好友分享这个好消息。告示中要包括大家所好奇的所有细节，比如孩子的出生日期、时间、身高和体重、头发和眼睛的颜色，当然还有名字。如果你还有年长的孩子，也可以让这个小哥哥或小姐姐来宣布弟弟或妹妹的到来。

**温馨提示：**

□孩子出生后，由于过度忙碌和疲惫，你或许没有精力选择告示的形式。所以应该提前计划和安排，这样孩子出生后，就可以立即按照计划进行。你只需要在卡片上补充孩子出生的细节就可以了。

# 保持正常的人际关系

保持健康正常的人际关系，不要将所有的话题都集中到孩子身上，应该包括一些其他内容。如果社交活动中，你总是叙说和孩子相关的话题，比如："难道他不珍贵吗？"或者"你简直无法相信她是多么的漂亮！"别人马上会对你失去兴趣。试着询问对方的生活、工作或者伴侣和孩子的情况。也许你已经很长时间没有和他们相处了，他们可能想告诉你一些新鲜的事情。虽然孩子的出生是你生活最大的变化，但是你需要认识到这并不是所有的亲朋好友或者同事最为关注的焦点。

**温馨提示：**

□要知道，你的孩子只是你生活的中心，并不是你所有亲朋好友或者同事生活的中心，所以，与别人交谈时，不要总是把话题集中在孩子身上，而应该关心一下对方的工作和生活。

# 向亲朋好友寻求帮助

从抱着新宝宝迈进家门的那一刻起，你就将面对许多琐碎的家庭生活：洗衣服、做饭、照顾孩子，还要接待亲朋好友的拜访。事实上，你完全可以接受亲朋好友提供的帮助。他们可以帮你整理衣服或者到杂货店购买尿布，这些对你会有很大的帮助，当然你不能提一些粗鲁无礼的要求。你也可以让朋友帮忙修剪草坪或者遛狗。

从医院返回家中后，你可以列出在最近几天或者几周里亲朋好友能够帮忙处理的家务。当有人询问是否需要帮助时，可以提供这个单子以便他们选择。这么做有双重的好处：不仅可以避免你们处理大量的家务劳动，朋友也不会因为看望孩子而打扰到你们。他们可以一边帮忙处理家务，一边享受和孩子在一起的乐趣。

**温馨提示：**

□ 给刚刚做父母的亲友提供帮助时，不要自以为是，要事先询问对方需要什么帮助，然后满足他们的要求。

## 不要随便要求别人抱自己的孩子

有些父母总是将孩子递给他们所遇到的每一个人，这是不礼貌的。首先要确定对方是否愿意接触孩子。

新父母可能很难相信有人会不喜欢孩子。当你和孩子一起在公共场所玩耍时，不要直接将孩子递给别人然后说："抱抱。"如果对方担心抱不牢而将孩子掉到地上怎么办？或者对方并不喜欢小孩子又该如何？要给他人选择的机会。不要强迫别人抱孩子，应该事先询问对方："你想不想抱抱孩子？"其实大部分人都会回答说："是的，我很乐意。"但如果对方回答："我并不确定是否要抱抱孩子。"或者"现在不想"或"不"，那么就不要勉强。

当新父母将孩子递给你时，你可以礼貌地拒绝："我刚刚碰过脏东西，不想让您的孩子因此感染生病。"或者"我很笨手笨脚的，担心会抱不住孩子。"希望孩子的父母明白你的暗示。如果他们没有领会，你就只能直截了当地告诉他们："不要让我抱孩子，我并不喜欢这么做。"

**温馨提示：**

□ 你当然喜爱自己的孩子，但其他人未必如此，因此，不要随便要求他人抱你的孩子。

□ 如果有新父母要你抱他们的孩子，而你并不喜欢，可以找一个借口礼貌地拒绝。

## 对亲友赠送礼物表示感谢

得知孩子出生的消息后，朋友们都会赠送礼物。你应该写信对他们的慷慨表示谢意。如果新生儿庆祝会时你非常幸运地收到感谢信笺，那么可以直接用它们写感谢信了。你还可以给孩子拍一些数码照片，和感谢信一起寄出。朋友花费时间给孩子准备礼物迎接他（她）的到来，你也应该给他们写信表达自己的谢意，即使要花几个星期的时间（大部分人都能够理解，对于新妈妈来说，时间总是不够的）。

**温馨提示：**

□ 孩子出生后，对于朋友赠送的礼物，要及时表示感谢。

## 对不需要的礼物可退回商店

不要因为那是别人赠送的礼物，你就必须保存下来，哪怕是自己不喜欢、不需要或不适合孩子的。你可以将礼物退回商店，但是不要让赠送礼物的人知道。如果决定退回某个礼物，但是不知道它是哪个商店的，不要向赠送礼物的人询问这个问题。你可以将暂时无法退回的礼物保存起来，或重新赠送给他人，也可以捐赠给慈善机构。

## ◇为新生儿选择衣服做礼物◇

孩子出生后，什么时候送礼物、送什么样的礼物并没有明确的规定。大部分人会选择衣服作为礼物。衣服是比较实惠的选择，因为孩子一天会穿脏很多套衣服。但是，在选择衣服的时候要注意：

**温馨提示：**

□ 赠送礼物时附上礼物的购买发票。这样即使你弄错了孩子衣服的尺码或是挑选了不符合孩子年纪的物品，父母也可以选择退还或者调换礼物。

## 带孩子拜访亲友要事先询问是否方便

正如你不希望朋友意外来访一样，你也不要带着孩子做同样的事情。未经预约出现在朋友家门口，然后理所应当地认为对方能够盛情招待你们，这其实是非常不礼貌的行为。如果那时候主人正在就餐该怎么办？如果孩子正在休息又该如何呢？因此无论在何时何地何种情形下，都要提前电话确认后再安排拜访。

在带着孩子拜访亲朋好友前，还必须考虑如何给孩子更换尿布。当然你必须随身携带尿布——不是有一个尿布包吗？——但是并不是每个家庭都愿意将发臭的尿布留在自家的垃圾桶里，所以要事先安排好尿布的丢弃问题。你可以携带一个塑料袋，把脏尿布包起来后放在里面，然后丢在朋友家外面的垃圾桶里。如果外面没有你可以丢弃脏尿布的垃圾桶，那么将它放在车里带回家后再扔掉。

**温馨提示：**

□ 带孩子拜访朋友的过程中孩子可能需要吃东西，那么你要事先让朋友知道你可能需要哺乳孩子。询问朋友你是否可以借用一下卧室，或者在肩膀上披一条毯子。如果这两个要求都无法得到满足，那么你只能等到孩子不需要那么频繁喂奶的时候再去拜访这位朋友了。

## 对朋友的礼物要回赠

赠送礼物并非单方面的行为，也就是说礼物并不是你做了某件事后得到的回报。如果赠送礼物的朋友在不久的将来要生孩子，那么你就可以回送礼物，这是赠送礼物非常合适的时机。

根据自己的经验，你可以选择孩子喜欢或者你发现对父母特别有用的物品作为礼物。你还可以在卡片上这样写："劳拉在推车里特别喜欢这个会嘎吱嘎吱作响的玩具，希望您的孩子也会像她一样喜欢。"

**温馨提示：**

□ 俗话说："礼尚往来。"对于赠送礼物给你的朋友，应在合适的时机回赠礼物。

# 保证孩子充足的睡眠

睡眠对孩子的成长发育非常重要，因此你必须保证孩子有充足的睡眠。孩子有可能在坐车途中就会睡着，因此在拜访朋友前，必须做好充分的准备。如果孩子在车上已经睡着了，而你必须把孩子带到朋友家里，要提前确认朋友家里是否有比较安静而且光线较暗的地方给孩子睡觉。但不能因为你的孩子睡着了就要求其他人保持安静。如果孩子已经睡着，而你觉得这并不是一个拜访的好时机，可以将车停靠在马路边，打电话给朋友取消、推迟或重新约定拜访的时间。

**温馨提示：**

□ 良好的睡眠对新生孩子的成长至关重要，因此，要尽量避免在孩子已睡着的情况带他外出拜访朋友。

# 抱婴儿前要先洗手

小孩子对细菌特别敏感，因此应该让想抱你孩子的人先洗手。这并不是无礼的行为，而且也不会让他们觉得你像他们的母亲一样唠叨严苛，你这么做仅仅是为了保护自己的孩子而已。如果有人拒绝了这个要求，那就不要让他接触你的孩子，因为孩子的健康才是首要的。如果一对新父母计划带着孩子来拜访你，而你刚好生病，那么应该让对方取消这次拜访。在你完全康复之前，应该远离新父母和孩子。

**温馨提示：**

□ 当一个双手很脏的小孩子准备触摸你孩子的脸和手，你必须马上阻止他，将小孩子的手从你孩子的身上移开，因为婴儿很喜欢将手放在嘴里。如果那个小孩子已经碰到了你的孩子，应立即将婴儿的手擦干净。当然你也可以将那个小孩子的脏手也一并擦干净。

# 选择合适的哺乳场所

如果你是一位正处于哺乳期的母亲，那么需要寻找一个适合哺乳的地方。哺乳虽然是很自然的事情，但并不适合在公共场所进行。当你准备和孩子一起外出的时候，事先观察一下周围的环境，确定是否有适合哺乳的地方。大部分百货公司的女更衣室里都有很舒适的凳子或者长椅，很适合哺乳。野餐时，你可以利用汽车的后座。在他人家里的时候，你可以在卧室中哺乳。

**温馨提示：**

□ 如果在户外的某个地方或者公共场所遇到正在哺乳的母亲，或许她不够小心谨慎，但不要对此感到大惊小怪。法律并没有规定不能在公共场所哺乳，但这并不是说母亲就可以不考虑孩子外出时的哺乳问题。

## 尽量避免在他人面前哺乳

在"我和妈妈"养育培训班或者类似主题的活动小组中，哺乳期的母亲并不需要担心哺乳的问题，因为房间里面的每个人都和你一样正处于哺乳期。这是少数几个可以自由哺乳，不需要担心是否会妨碍到别人的公共场所之一。当然，一般的公共场所，比如在餐厅就餐时，你应该礼貌地事先询问一起用餐的人是否介意你在他面前哺乳。如果对方并不习惯他人在自己前面哺乳，你必须想出替代方案。既要保持礼貌，又要解决哺乳问题，这确实比较棘手。

### ◇避免人前哺乳的两种方法◇

无论你为哺乳做了多好的准备，有些妇女还是不希望在他人面前哺乳。遇到这种情况，有以下两种方案可供选择：

奶瓶就在包里，奶瓶里面有奶水。

用吸奶器将乳汁吸出后，装到奶瓶里面喂。但是这种情况会受到奶水可能会变凉的限制。

不哭不哭，妈妈在给你冲奶粉了啊，很快就好了。

直接用奶粉代替母乳。在一些公共场所，如果母亲不方便哺乳，可以带着热水和奶粉，到时给孩子冲奶粉代替母乳。

在使用奶瓶喂婴儿时要注意，使用奶瓶喂养的时候要注意，切忌随便要求朋友帮你用奶瓶喂食孩子，他们对此可能不感兴趣，也没有经验。

□ 尽管你已经为哺乳制订了周详的计划，但是最终可能仍然需要寻找一个地方快速地哺乳，购物的延误或者迟到都会导致这种情况的发生。孩子一天 8 ~ 12 次的进食会让你感觉很累。

## 不可随意丢弃脏尿布

除非你拜访的家庭或者商店有更换尿布的装备，否则不能简单地将脏尿布丢在离自己最近的垃圾桶里。脏尿布对人们的感官会有很大的刺激，因此即使是无心之举，你也不能让别人来承受这种痛苦。

尽量在房子外找一个可以丢弃脏尿布的垃圾桶。如果没有这样的地方，你需要随身携带一个塑料袋，这样你就可以将脏尿布包好放在里面，然后在回家的路上扔掉。

温馨提示：

□ 切忌随意将更换下来的尿布扔在室内的垃圾桶里，这是一个极不礼貌的行为。

## 及时给孩子更换尿布

在孩子能够控制自己的身体功能之前，你需要一直处理尿布的问题。在随后的几年里，你每天都需要频繁地购买、更换和丢弃脏尿布。你必须尽可能小心谨慎地处理尿布问题。

在你闻到尿布的一些异味时，就需要马上更换尿布。干净清洁能够使孩子保持开心健康。当然这也是礼仪要求，没有人希望和一个充满臭味的孩子待在一起。每天都照顾孩子，父母有可能会被累坏。当你抱着朋友的孩子或者在旁边闻到脏尿布的气味时，应该提醒孩子的父母需要更换尿布了。这是非常礼貌的行为。如果你能够熟练地更换尿布，也可以代劳一下。孩子的父母会感谢你的体恤。

温馨提示：

□ 如果你没有及时地更换尿布，孩子很可能会患尿路感染或者产生一些其他的身体不适，他会表现出不高兴。为了让孩子更加地健康和开心，在尿布脏了之后要尽快更换。

## 在朋友家为孩子更换尿布要注意卫生

当孩子需要更换尿布时，无论身处哪里，你都必须尽可能快地更换尿布。但即使很着急，也不可以不注意礼仪。

不要在朋友家的餐桌旁或者卧室昂贵的地毯上更换尿布。事先询问朋友是否有适合更换尿布的地方。更换尿布后，你可能需要清理朋友家的地板或者卧室中换尿布的小盆子，只有通过事先询问，你才能够保持礼貌，不至于影响朋友的正常生活，超过他们可以忍受的极限。

现在大部分的尿布包都配有更换尿布的衬垫。通过使用衬垫，你可以保护孩子裹尿布处的皮肤，防止孩子的皮肤接触一些不干净的东西。

**温馨提示：**

□给孩子更换尿布时要注意场合，切忌在餐桌旁进行，如果是在朋友家中，最好询问适合的地方，以免弄脏人家的地毯。

## 经常给孩子洗澡

儿科医生可能会告诉你最好不要给孩子天天洗澡，但是如果孩子身上粘了食物，或者刚刚换过尿布，并且擦不干净的时候，你需要给孩子洗个澡。每个人都喜欢干净、带有清香气味的孩子，没有人喜欢脏兮兮的孩子。

有些父母选择在厨房的水槽里给孩子洗澡。这样不需要弯腰，比较省力方便。而且你可以一直用手拉着孩子，控制孩子的行为，相对来说也比较安全。

如果你需要在朋友家厨房的水槽里给孩子洗澡，不要自以为那并没有问题。水槽里曾经清洗过孩子的屁股这件事情可能会使很多人觉得不舒服。所以，在这么做之前要先征询对方的意见，这样才不会破坏你和亲朋好友之间的关系。

还有，不要想当然地以为别人家里有孩子洗澡需要的所有东西。当然你可以借用他们的毛巾或者脸巾，但是如果他们没有婴儿用的洗发水的话，也不要瞪大眼睛觉得吃惊。你可以在尿布包里随身携带旅游装的孩子专用沐浴露。

**温馨提示：**

□如果没有水槽，轻便的浴盆也是孩子很好的洗澡用具。你可以将浴盆放在车子的后备箱里面。当旅途中需要给孩子洗澡的时候就不用担心妨碍到他人了。玩具店和杂货店里都有这样的浴盆。

# 根据孩子的哭声辨别其需求

除了咕咕声和微笑，孩子和你交流的另一种方式就是哭。你知道狗的叫声是会根据不同的情况改变的，孩子的哭声也是如此。很快你就可以根据孩子的哭声来判断他的需求了。什么样的哭声代表孩子想要睡觉了，而什么样的哭声表明孩子被弄疼了。

除了交流需要以外，不要让孩子长时间地哭，特别是周围还有其他人的时候。在公共场所，如餐厅、电影院或商场，尽可能地让孩子平静下来。通常，孩子在湿、脏、累、饿或者不舒服的时候才会哭。如果你发现将孩子抱起来四处走动仍旧不能让孩子停止哭泣，那么试着更换孩子的尿布。如果孩子仍旧在哭，那么看看他是不是饿了、太冷或者太热？是不是衣服上的东西蹭得他不舒服？现在是不是睡觉时间？没有人会觉得你离开去哄孩子入睡是不礼貌的行为。相对让孩子一直在那里哭而言，身边的人会更感激你带孩子回家休息。

孩子最终都会选择自己的入睡方式。有些父母选择让"孩子哭出来"以表达意愿。如果在别人家里，发现孩子正在大声哭，不要打扰，他可能想要睡觉了。听到孩子在卧室里面哭可能会让你感到非常的不舒服，但是你必须尊重孩子父母的判断，不要抱怨。

**温馨提示：**

□ 孩子的哭声也是与大人进行交流的一种方式，不同哭声代表着不同的含义，新父母要留心观察。

□ 如果你的孩子在别人家里不停地哭闹，最好还是立即带孩子回家休息。

# 为孩子的小睡创造条件

同进食一样，每天保证充足的睡眠能够帮助孩子成长和发育。在婴儿时期，孩子可能一天需要2~3次的小睡，而随着他们渐渐长大，小睡次数会逐渐减少。你需要根据孩子的休息时间来安排自己的生活。在孩子需要休息的时候，你不能有娱乐、不能有生日聚会，甚至不能外出就餐。如果你在孩子需要休息的时候带他出去，由于缺乏睡眠，他会表现得特别烦躁，也许还会不停地哭。这是不礼貌的行为。

婴儿床和摇篮是孩子睡觉的最佳地方。如果不具备这些条件，那么儿童汽车座椅也是不错的选择。给孩子一个安静的较暗的场所，这样他可以保证充足的睡眠，并且休息期间不受打扰。

如果在外面时孩子睡着了，不要认为所有的人必须因此停止手上的事情保持安静。当你在别人家里的时候，不要粗鲁地对其他孩子说："小声点"——这并不是你的家。当孩子需要睡觉时，找到一个比较安静的场所。如果没有，那么你应该礼貌地为自己的行为道歉，然后解释你的确需要带孩子回去休息了。

如果你在别人家里做客，他们的孩子要睡觉了，不要调高收音机的音量或者大声说话。在孩子睡觉的时候，保持安静。这是非常礼貌的行为。

# ◇使用儿童推车要避免妨碍他人◇

　　带孩子出门时，使用推车会使得自己的行动更加便捷，但是使用推车并不意味着你可以将礼仪也推到一边。

　　如果你带着推车在街上走，一定要尽量小心，不要走人多的地方。

　　推车有时候也会成为障碍。如果不小心撞到了别人或者碾过他人的脚时，你应该马上道歉。

　　如果走道过窄无法通过推车，你可以选择另外一种携带孩子的方法，比如抱着孩子。

**温馨提示：**

□ 婴儿的睡眠没有规律性，除了夜间睡觉以外，白天还需要数次的小睡，因此，要随时随地为孩子创造安静舒适的睡眠场所。

## 礼貌地使用儿童汽车座椅

法律规定婴儿或者小孩子坐车时必须要坐在儿童汽车座椅里，你最好遵从规定。如果你要带他人的孩子去某个地方，确定自己知道如何使用儿童汽车座椅：不仅仅是如何将儿童汽车座椅安装在自己的汽车里，还要知道怎样将孩子固定好。事先阅读使用儿童汽车座椅的注意事项。

如果朋友要求你顺路搭载孩子，但是她并没有提供儿童汽车座椅，你完全可以拒绝。你可以告诉她：不使用儿童汽车座椅载孩子，你会觉得非常得不舒适。如果你有多余的儿童汽车座椅，问她是否愿意借用。如果对方拒绝使用儿童汽车座椅，那么拒绝搭载她。

**温馨提示：**

□ 使用儿童汽车座椅具有非常普遍的意义。你需要在使用前确保儿童汽车座椅正确安装。一项最新的儿童安全研究表明，85％的父母并没有正确安装儿童汽车座椅。在将孩子放在椅子上之前，要仔细地检查两遍。

## 及时处理孩子的发热

由于孩子没有完善的自身免疫系统，很容易生病。当孩子感觉不舒服或者有可能会传染时，有礼貌的父母会让孩子待在家里，不让他去日托所或者和邻居家的孩子们玩耍。如果仅仅因为你实在想出去而使得其他人感染生病，这就是非常糟糕的行为了。

同样道理，不要让孩子服用药物使其暂时退烧，然后就让他出去。这对因此感染病症的人是非常不负责任的行为。如果亲朋好友或者日托所的负责人发现你不诚实，可能会影响你们的关系。你必须处理好孩子生病的问题。在孩子康复之前，不要让他外出。

为了预防小孩发热感冒，作为有礼貌的父母，应该做到以下几点。

对策1：在感冒流行期少外出

在感冒流行期，要尽量避免带宝宝外出，尤其是人多的公共场合，尤须避免。

对策2：全家都要常洗手

宝宝的好奇心强，喜欢东摸摸、西摸摸，无形中手上便染上了许多病菌，而大人的生活圈子更大，手所碰触的事物更多，手上的病菌当然也就更可观；所以，全家都要养成常洗手的习惯，才能减少宝宝感染的几率。

对策3：让宝宝多喝水

多喝水，可以加强身体的新陈代谢，对身体有益，因此在感冒流行时，让宝宝多喝水，可以有预防的效果；此外，假如宝宝真的感冒了，多让宝宝喝水，可以补充体液，让宝宝更快恢复健康！

对策4：保持室内的通风

密闭的空气，反而会降低宝宝的抵抗力，因此即使是冬天，也别将门窗关死，要保持室内通风。这样才能让宝宝更健康，更不易受病毒感染。

对策5：打流行性感冒疫苗

最后还有一招，就是带宝宝打流感疫苗。

**温馨提示：**

□ 如果孩子生病，最好不要带孩子外出，以防感染别人家的孩子。

□ 治病不如预防，平时要注意宝宝的卫生，以防感染细菌。

# 了解孩子的个人喜好

如果你希望孩子在他人面前有良好的礼仪，必须了解自己孩子的喜好。如果你儿子不喜欢喧闹，那么他不可能在街道狂欢节或者吵闹的群体中有良好的表现。如果你的女儿有音乐天赋，无论什么时候都听着她那最喜欢的曲调，你最好不要扼杀她的兴趣，而应该为她准备足够多的CD。

小孩子没有很好的自我控制能力，也不明白爬楼梯或者在交通拥挤的马路上玩耍有多么危险。另外，他们也不能领会分享的意义。但是对父母而言这又意味着什么呢？为了成为有礼貌的父母，你必须小心地看管孩子。不仅要确保孩子没有危险，还必须保证不会给他人的孩子带来麻烦或者危险。当然，你不能期待孩子的行为超乎年龄地成熟。

**温馨提示：**

□ 对孩子的培养要因势利导，找出他们的兴趣所在，再加以引导和鼓励，这样往往能事半功倍。你不能期望孩子做他们并不喜爱或超乎他们年龄限制的事情。

# 及时让孩子得到休息

随着年龄的增长，孩子对这个世界的好奇心也越来越强，你可能认为他已经有足够的精力来面对每天的生活。在他2岁的时候他可能已经不需要早休时间了，但是午睡还是必需的。即使他玩得正开心，你还是必须把休息好放在第一位。正如婴儿需要休息以便更好地生长和发育，小孩子同样需要休息。

周围的环境会影响孩子的发育。如果孩子得到了充分的休息，他会更加兴奋地融入到周围环境中。如果你的儿子或者女儿对周围的一切都失去了兴趣，而且行为非常糟糕，即使你有非常美好的意图，但是这些情况已经很明确地暗示你，应该马上带孩子回家休息了。

**温馨提示：**

□ 小孩子平均每天需要2个小时左右的午睡时间。为了让孩子拥有更好的行为和养成良好的睡眠习惯，你必须规划好每天的作息时间，这样你在午睡时间回家的时候，能够看到孩子正乖乖躺在床上。

# 及时给孩子喂食

饥饿也会导致孩子行为古怪。当你血糖降低的时候，可能会觉得非常疲惫、烦躁易怒，孩子也不例外。你可以保持有规律的三餐，随身携带一些点心以防孩子突然饿了需要东西吃。开心的孩子才会受身边的人喜欢。

**温馨提示：**

□ 有些孩子在吃了某些食物后行为变得很糟糕，原因可能是孩子对这些食物过敏。如果你发现孩子在吃了某些食物后表现出不正常的急躁，甚至昏厥，把这些情况告诉医生，然后给孩子做一个检查，确定是不是有过敏症。

# 让孩子学会文明就餐

你可以在家里练习就餐礼仪。比如，在餐桌上，你可以提醒孩子咀嚼的时候不要说话，不要打断他人发言，用轻柔的声音交谈。此外，以身作则，确保自己的餐桌行为同你对孩子的要求是一致的。接下来你可以经常带孩子去餐厅就餐，练习这些礼仪。

在家里和餐厅练习良好礼仪的时候，分散注意力是让一个饥饿的孩子保持礼貌的最好方法。有些餐厅会安排一些适合孩子的活动和配套设施，这样等待食物的时候孩子就不会无所事事了。但是你不能指望每一间餐厅都提供足够的儿童书籍和蜡笔画。因此外出就餐时，可以携带一些玩具和画笔，这样孩子就可以很好地打发等待食物的时间了。如果你忘记带玩具和画笔了，也可以和孩子即兴地做一些小游戏，比如"隐蔽的刽子手"或者在座位和桌子之间捉迷藏。

最后，无论你有多累、多饿，都必须确保孩子在就餐过程中保持良好的礼仪。

如果他打算从椅子上爬下来，或者想要同坐在旁边的一对夫妇说话，你必须马上制止。也许你觉得他非常的可爱、聪明，但是就餐的同伴并不一定赞同你的看法。如果孩子已经就餐完毕，想在座位周围转转，你必须向他解释：餐厅里面不允许跑动。如果他不能安静地坐着，你们当中的一位可以带他到外面散散步。如果那样仍旧无法让孩子保持安静，你只能将剩下的食物打包带回家，以防孩子变得越来越不耐烦，影响餐厅里面的其他人。

如果你带着小孩子外出就餐，必须明白如何保持孩子的礼仪才是首要的事情，这并不是和伴侣享受轻松就餐的时刻，除非你请个保姆一起外出。

# ◇正确选择孩子的活动时间◇

因为孩子在早晨的时候精力比较充沛，这个时候将孩子集中起来也比较容易，所以活动聚会应该安排在早上。

大部分孩子在临近午睡时间时开始精神恍惚。如果你强迫孩子们在午睡时间活动，他们可能会变得很暴躁。

如果你发现孩子对任何事情都失去了兴趣，可能他已经累了需要休息。为了避免孩子的行为变得很糟糕，应该及时带孩子回家休息。

作为孩子的父母，你应该随时注意孩子在各个时间段的情绪状况，这样才能很好地安排他和其他孩子玩耍的时间。

**温馨提示：**

□ 要使孩子在餐厅就餐时保持良好的礼貌，平时在家里就要严格训练他们的餐桌行为，并练习一些常见的就餐礼仪。

## 让孩子在公共场所行为良好

在操场或者公园中，只要你的孩子不欺负其他孩子，你可以让他无所顾及地释放出所有的活力。然而在需要保持相对安静的场所，比如餐厅或者图书馆，那么你必须看牢孩子，阻止他乱跑。

另外，在孩子们可以自由玩耍的场所，没有人会介意你的孩子加入其中并大声地喊叫说笑。但是在电影院或者餐厅中，如果孩子大声喧哗，你必须立即制止并告诉他："嘘……保持安静！"

你不应该让孩子在公共场所大声地喊叫。孩子大声哭闹肯定有非常明确的原因，比如弄疼了、找不到你了或者受到了惊吓，找出原因然后尽量解决它。让他人忍受孩子的哭闹和尖叫是非常不礼貌的行为。

**温馨提示：**

□ 为了让孩子养成讲礼貌的好习惯，首先你必须成为有礼貌的父母，以身作则教育孩子。使"请""谢谢"成为自己的日常用语，这样孩子也会学着使用这些词汇。

## 在超市和商店适度满足孩子的要求

父母有时候不得不带着孩子去购物。再也没有比超市和商店更好的培养孩子良好礼仪的场所了。孩子们总是想要货架上的每一样东西，但是父母不可能一直满足他们的要求。设置限度能够培养孩子的优先意识，这样孩子也不会认为自己所有的一切是应得的。

如果你没有满足孩子的要求，他可能会在通道中间赖着不走，那么以下两种方案或许能够给你提供一些帮助。首先，你可以试着同他讲道理，让他平静下来。孩子的年龄越小，越不容易讲道理。当然，不要把讲道理变成谈判，最终在孩子的哭闹中屈服。这不是练习的目的。如果最终你屈服了，只会告诉孩子：他抱怨得越多，达到目的的可能性越大。

然而，如果讲道理并没有达到目的，而孩子的哭闹也越来越厉害了，那么你必须放弃购物车，取回寄存的东西，马上离开商店。你不仅仅要教育孩子养成良好的习惯——如果你的行为很糟糕，那么我会马上带你离开商店——你还必须避免让其他人忍受孩子糟糕的行为。你可以将孩子带到室外，尽可能让他平静下来。将购物车留在过道中会妨碍其他购物者，但相对忍受孩子的哭闹而言，这是比较礼貌的行为。

**温馨提示：**

□ 带孩子去超市时，即便你有足够的支付能力，也不能对孩子的需求一一满足，要设定一定的限制，以培养他们优先选择的意识。

□ 不要轻易为孩子的哭闹所屈服，不该满足的要求决不能让他们达成。

## 让孩子在飞机、汽车和火车上保持良好礼仪

询问任何一个乘客，和小孩一起搭乘公共汽车或者飞机时最为糟糕的事情是什么，你肯定会听到以下答案：孩子不停地哭闹，一直踢别人的座位或者疯狂地跑动。孩子们必须学会判断同他人一起旅行时，哪些行为是对的、哪些是不对的。从孩子使用儿童汽车座椅开始，你就应该让他知道踢座位和大声尖叫是不礼貌的行为。

在外出旅行的时候除了要让孩子注意礼仪外，还要确保他在旅行途中不觉得枯燥，你可以给他安排一些娱乐项目，这样他不会因为无聊而使得行为很糟糕。这样你就可能需要额外携带一个背包，用来放玩具和食物，身边的旅行者肯定会因此感激你的。

**温馨提示：**

□ 让孩子在旅途中做一些事情是一个好主意，但是同时还要考虑到孩子的娱乐项目可能会影响到其他旅客。大声地给他读故事、帮助他做家庭作业或者让他玩电子游戏，这些都能够很好地打发旅途时间，但是都会打扰到坐在你们旁边的乘客——他们可能正在安静地工作或者睡觉。

## 让孩子与同学分享玩具

孩子在学校的行为可以很好地反应他受礼仪教育的程度。孩子们会在教室里遇到以后人生中可能遇到的所有情景（社会缩影），包括同其他人的交流、交朋友、分享事物和适当地表现。

如果你在操场上或活动小组中教育过孩子要学会分享，他在学校的生活中就会游刃有余。大部分孩子能够很快感受到分享带来的好处——如果你同别人分享玩具，你就能多一个人一起玩耍。但是，如果孩子的老师告诉你，你的孩子并没有像你要求的那样友好地同别人分享东西，那么你需要在家里重新开始培养他的这种技巧了。

没有人希望班级里有一个爱说谎或者喜欢打架的孩子，但是实际上小孩子很容易因为挫败而说谎或打架。你没有必要专门花费时间教育孩子这两种行为是不对的。但是当你看到或者从老师那里听到这样的事情时，你要明确地告诉孩子这是一种不好的行为。迟早他会明白，说谎和打架不会赢得朋友，只会让身边的人远离，在学校里也不是礼貌的行为。

# ◇不可责骂和体罚孩子◇

行为规范有很多形式，有些可以接受而有些则不被接受。很多人选择责骂或着体罚孩子，其实这样并不能让孩子学会更多正确的行为规范。那么，该怎么教育孩子呢？

约束孩子的行为，不能光靠责骂和惩罚，得教育孩子明辨是非，知道自己的行为为什么不对，这样下次遇到同样情况，他们就不会再犯了。

管教孩子之前，务必先管住自己的脾气，你的愤怒会对孩子造成十分恶劣的影响。

不管什么样的情况，都不应该采取暴力的教育方式，这样只会伤害孩子，留给自己责骂孩子后的内疚心情。

孩子还需要养成的一个习惯是小声地说话，有些老师也会要求学生这么做。如果你的孩子总是大声地喊叫或者怪声怪气地说话，你就要仔细检查自己平时在家里的行为。如果你自己总是大声说话，孩子也会学你。如果家里的每一个人都是低声地交谈，孩子也会很好地适应教室里的说话声调。

**温馨提示：**

□ 不要通过体罚教育孩子不能说谎或者打架。让孩子体会被打的感觉并不能帮助其改善行为，只会对他造成伤害。这看起来是快速解决问题的好办法，但是从长远看只会伤害孩子。不要用让孩子感到羞愧的方式来教育孩子。

## 巧妙表达不良情绪

表达自己生气、心烦、沮丧的情绪并没有错，但是要做一个真正礼貌的人，你必须巧妙地处理它们，不要影响到其他人。孩子也应该如此。如果你发现孩子有不好的口头禅或者需要一些词汇来表达自己的沮丧心情又不会引起别人的反感，那么为他找出一些可以自由使用的替代语。你可以用实体词汇代替，比如"糖果""缝补它"或者"皮特的理由"，或者使用一些风趣的语言，这样就不会让别人不愉快，比如"奶酪和饼干"。

**温馨提示：**

□ 语言是影响孩子心理健康成长的重要因素，你必须帮助孩子清除掉不良的口头禅和经常使用的带有消极影响的词汇，同时，用一些带有积极影响的词汇代替它们。

## 尊重他人的着装

孩子在着装方面可能会出现不礼貌的行为，其中之一就是当他们遇到有些人的着装不符合自己的标准就会直接指出来，或者认为他们的着装令人讨厌。每个孩子都希望被他人接受，但是不幸的是，孩子是否被接受，往往同孩子的着装有关。如果你的孩子发现学校里面某个同学并没有穿特定牌子的运动鞋或者裤子，你不应该让他指出来。你应该让孩子明白并不是每个家庭都能够负担得起，也并不是每个孩子都在乎自己的穿着。最重要的是尊重每一个人，因为喜欢这个人而喜欢，不是因为他的穿着。用服饰来评判一个人是非常不礼貌的，不要让孩子这么做。

**温馨提示：**

□ 不让孩子成为时尚的追随者的最好途径是你自己不追求时尚。如果你总是指出别人车子或者衣服的牌子，孩子很快就会和你一样关注他人衣服的品牌。

# 教育孩子合理着装

孩子的着装也会导致不礼貌的行为。如果学校有明确的着装规定，你就应该给孩子树立一个好榜样，确保自己的着装符合要求。如果你孩子的学校规定学生不能穿露背背心、露脐衬衫或者平底"人"字拖鞋（俗称夹拖），你就不要让他穿着这些去学校，哪怕一次也不行。

还有一些场合要求孩子合理着装才不会引起别人的反感，即使他不高兴这么做，也必须如此。

**温馨提示：**

□ 培养孩子根据不同场合合理着装的习惯，告诉他们这样可以赢得别人的好感。如果是在学校，要严格要求他们穿着校服。

# 避免在孩子面前讲脏话

每个父母都自以为自己在讲脏话的时候，孩子没有听见。可是过不了多久，孩子就会学父母的样子说脏话。脏话就像阴险的病毒，孩子几乎无法避免和它们接触。但是如果你努力改进自己的语言习惯，久而久之，孩子也能够慢慢学会文明用语。

有些家长将脏话定义为R级片里面经常听到的词语。而有些家长则认为"讨厌""愚蠢"或者"怪人"也是脏话。这意味着同样的词汇在不同的家庭里面有不同的意义。

在你指责孩子说脏话时，首先要想一下自己判断脏话的标准是什么，哪些词语你认为是脏话而哪些不是。你还必须判断话语的上下句关系是否会影响脏话的定义。

例如，如果你孩子因为拉链拉不上感到非常沮丧，可能会说类似的话："噢，这愚蠢的拉链卡住了。"你可能觉得"愚蠢的"这个用词在这里并没有那么让人讨厌，不值得批评。然而，如果他下次随口称呼你或者某个兄弟姐妹为"愚蠢的"的时候，就要干涉了。正如你有可以接受和不可接受行为的界限一样，也应该有类似的文明用语和不良用语的界限，以确保孩子能够知道并理解它们的区别。

**温馨提示：**

□ 设定脏话的判定标准，这样孩子就可以清楚地知道哪些词汇不可以用。有时候你还必须反复重申一些特定的词汇，告诫孩子不要在别人面前使用，特别是同别人在一起时，对方可能会觉得某些单词是无礼的，而你并不认为。

# 第二十八章
# 校园礼仪

# 出入校门要下车

通常在学校对内的守则或对外的"友情提示"中都会有这么一条：出入校门请下车。首先，出入校门不下车必然违背了相关规定；其次，骑车或开车出入校门时不采取"低调"姿态，很可能会造成对别人的妨碍甚至引起车祸；再次，出入校门不下车，给人以趾高气扬、过分张扬的印象。如果你的身份是前来参观访问的客人，出入校门不下车更会给自己所代表的单位带来不好影响。

**温馨提示：**

□ 骑自行车进出校门的时候，应下车推着进出。

□ 开机动车、电动车、汽车等进出校门时，必须减速并注意避让和暂停。

□ 结伴骑车进出校门时，应避免并排走。

# 女教师不宜戴首饰上课

女教师戴首饰上课不妥。

人们都说教师是"灵魂的工程师"。当"工程师"戴上光彩夺目的项链、手镯、耳环等首饰，首先，学生们的目光会被吸引，如果女教师的首饰叮当响，学生们的耳朵也会被吸引；其次，女教师戴首饰上课，有炫耀和心思不在工作上之嫌，容易给人以非教师的错觉。

教师不塑造出合格的职业形象，就是对学生、对自己职业的不尊重。

**温馨提示：**

□ 女教师应避免佩戴耀眼的首饰，如夸张的耳环和项链、戒指等。

□ 女教师应避免经常更换新款首饰。

□ 女教师应化淡妆上岗，穿着应端庄、朴素。

# 教师不可私拆学生信件

有的教师为了控制早恋而私拆学生信件；有的教师为了惩罚学生而私拆学生信件；有的毕业班的教师为防止学生思想受到消极影响进而影响升学率，就私拆学生信件，以便及时了解学生的"思想动向"，防患于未然。殊不知这样做是错误的。

首先，私拆他人信件是对他人隐私的侵犯，也是对他人权利的侵犯，而学生的隐私和权利同样不能受到侵犯；其次，私拆他人信件会严重影响师生关系和教师形象，甚至导致难以挽回的后果。私拆他人信件是心理阴暗的表现，以这种手段教育学生，是对学生的伤害。

**温馨提示：**

□ 教师应尊重学生的隐私，避免私拆学生的信件。

□误拆学生信件后，教师应向学生道歉。

□教师不应无故扣押学生信件，更不应将信件抛弃。

## 对学生的简单问题也要耐心解答

为人师表，传道、授业、解惑，难免遇到学生询问些自己觉得过于简单的问题。这时候如果你对其表示不屑一顾，可就大大地伤了学生的自尊心。

对学生的简单问题不屑一顾，第一会打击学生学习、求知的积极性，导致其信心受挫；第二会给学生留下凶恶、不耐烦、没有爱心的印象，其他教师看到了，会觉得你对工作不负责、缺乏敬业精神；第三是对你自己形象的贬低。

◇平等地对待所有学生◇

在任何学校，老师偏向好学生都不是新鲜事。但是这样做会产生十分不利的影响：

1.使其他学生感到不公平，对教师产生不信任感甚至抵触情绪。

2.让好学生产生侥幸和骄傲心理，甚至歧视普通学生，这样更不利于所有学生的发展。

所以，老师应该做到对所有学生一视同仁，当成绩好的学生犯错时，教师不应偏袒对方。

**温馨提示：**

□ 对学生的任何问题，教师都应该认真解答。

□ 解答学生的问题时，教师的态度应热情，话语应尽可能地浅显易懂。

□ 学生提出简单问题，教师不应冷语相加。

## 批评学生要在办公室进行

很多人觉得对于犯错误的学生，尤其是性格顽劣的男学生，当众狠狠批评才有教育效果。其实不然。

当众批评学生会伤害其自尊心，对方如果较为敏感，甚至可能造成严重的心理伤害；当众批评学生容易助长其逆反心理，非但难以解决问题，反而容易将矛盾激化、将问题严重化；当众批评学生容易让其他学生对被批评者产生鄙视、排斥等负面情绪或对师生关系产生戒备心理，从而给教师与学生交流造成无形的障碍。

**温馨提示：**

□ 批评学生时，应尽量选择私下的场合。

□ 当众批评学生时，语气应尽量委婉。

□ 当众批评学生时，应避免打骂。

## 不可武断批评学生

不分青红皂白就批评学生，随便给学生下结论，是很不负责任的做法。

武断批评学生，第一显得教师说话、做事缺乏考虑，不假思索、偏听偏信；第二容易激起学生的逆反心理，导致其态度强硬，听不进批评和建议；第三会影响师生之间的正常交流，影响教师在学生心目中的形象，不利于今后的教育活动。

**温馨提示：**

□ 批评学生前，必须先了解清楚情况。

□ 批评的时候，应避免感情用事。

□ 教育学生时，不要片面地批评。

## 误解学生后要道歉、解释

教师教学任务重，也可谓是"日理万机"，匆忙之中和情急之下有时候难免会误解学生。如果不道歉、不解释，这就是教师的不对了。

本来是甲犯了错，你却误以为是乙犯错，予以严厉批评；学生出于好心，你却误认为顽劣，对其冷眼相待；学生已经尽力，你却认为他偷懒，并给予处罚。误解学生而不道歉、不作解释，必然会使学生蒙受委屈，如果学生想不开，甚至会造成不必要的伤害。对于其他学生而言，你的做法会让你失去学生们的信任和喜爱。

**温馨提示：**

▢ 无论出于什么原因误解了学生，都应及时向其道歉。

▢ 批评学生之前，应先看自己是否有误。

▢ 有必要的话，教师应在全体学生面前把事情澄清。

## 热情回应学生的问候

教师在校园里遇上学生，或者在大街上、商场里等地方与学生相遇，如果对学生的问候不作回应，这样的教师必定不是学生心目中的好老师。

不回应学生的问候，会给人以摆架子、故意与学生拉开距离的印象。如果教师面对学生的问候表情冷淡甚至略带嘲讽，学生会觉得教师对自己有成见；如果学生恰好是大家眼中的"坏学生"，教师的不予理睬会对学生造成伤害。

**温馨提示：**

▢ 有学生问候自己时，应及时回应。

▢ 回应学生的问候时，态度要和蔼、礼貌。

▢ 回应学生时，应看着对方的眼睛。

## 懂得赞美学生

老师不懂得赞美学生是不称职的。

对优秀学生从不赞美，对方会觉得压力过大，甚至对自己的优秀产生怀疑和焦虑；对不求上进的学生从不赞美，对方会觉得自己无可救药，甚至丧失上进的信心和兴趣；对普通的"中间型"学生缺少赞美，对方会觉得自己没有希望。赞美是美德，没有赞美，学生就不容易发现自己身上的优点。

**温馨提示：**

▢ 作为教师，应及时发现学生身上的优点和闪光点并及时予以表扬和鼓励。

▢ 教师赞美学生要发自内心并实事求是。

▢ 教师赞美学生应避免过多、过滥。

## 尊重其他同事

学校是社会的一部分，因此和其他职场类似，教师之间能力有大小，职称有高低，受欢迎程度有不同，各种差异是难免存在的。不尊重其他同事的现象，当然不少见。

# ◇见到老师要打招呼◇

遇到老师不打招呼，一方面会被认为是故意躲避、赌气或胆小、害怕老师，另一方面会使他人觉得这对师生之间有矛盾。

> 哎呀，碰到老师了，赶紧走！

如果老师面带微笑地迎向学生，学生却马上别过头去并加快脚步远离，换作任何其他身份的熟人都会被这样的反应"打击一下"。

当然，在下面这两种情况下学生见到老师可以不打招呼：

> 老师没看到我，我就不打招呼了吧。

如果距离老师很远，并且对方没有看到自己，可以不打招呼。

当老师正在与别人交谈或正在繁忙地处理事务时，可以不打招呼。

教学能力突出的年轻教师不尊重同事，会被认为是年轻气傲；资格老的教师不尊重同事，会被认为是倚老卖老；水平一般的教师不尊重同事，会被认为是嫉妒心理的体现；男教师不尊重女性同事，会被认为是性别歧视。

即使无意在言行举止上表露了不敬，也是与教师为人师表的职业形象大相径庭的。

**温馨提示：**

□ 教师应对同事采取热情友好的态度。

□ 对待年长的教师应予以更多的尊重。

□ 当同事之间产生矛盾时，应礼貌地妥善解决。

## 与学生交流要实事求是

讲课时提问，做出高深莫测的样子；回答学生的问题时，做出高高在上的样子；课下遇到学生，做出无所不知的样子；动不动就拿"我教了这么多年能不知道吗""我是老师我自然是对的"等话语搪塞学生。这样的行为俗称"倚老卖老"，是容易遭人耻笑的。

与学生交流时倚老卖老，如果你明明不知道答案而硬装，你会失去在学生心目中的"高大"形象；如果这种场景被其他老师看到，对方也会从此轻视你——因为你虚伪。

**温馨提示：**

□ 与学生交流时，应避免卖弄学识。

□ 与学生交流时，应避免以自己的身份专断行事。

□ 与学生交流时，不要不懂装懂。

## 男生不留长发

男生留长发在如今的校园中也算得上是独特的风景，许多男生觉得这样很酷，显得与众不同。这的确与众不同，但是不合礼仪。

男生留长发，容易减少阳刚之气。如果恰好留长发的男生容貌秀气，很容易被路人误认为是女性，难免因此而惹出笑话甚至带来麻烦。男生留长发，更多的结果是被贴上"愤世嫉俗""不合群""古怪"的标签，被别人疏远。

**温馨提示：**

□ 男生的发型应根据自己的脸型和发质来设计。

□ 男生的头发应避免长时间不修剪、不清洗。

□ 男生头发的长度应以不长于10厘米为宜。

# 不是自己的老师也要打招呼

对于从未见过的人，就算他的职业是教师，我们不与对方打招呼无可厚非。但如果对方是自己学校的老师，只是没教过自己，比如隔壁班的老师、高年级或低年级的老师等，不打招呼就显得不礼貌。

遇到自己熟悉的、不是自己的老师，最起码应该对他致以问候。如果对方恰好也对你眼熟，你的冷漠就会给对方留下心胸狭窄、目光短浅的印象。因此，遇到不是自己的老师仍不要视而不见。

**温馨提示：**

□ 遇到自己熟悉的外班老师，应礼貌问候对方，尤其是相遇地点在校园内时。

□ 如果对方步履匆匆，且明显没有寒暄的表示，可以不打招呼。

□ 在狭窄的通道遇到自己学校陌生的教师，应礼貌地问候并为其让路。

# 进出老师办公室要有礼貌

进出老师办公室对每个学生而言都是经常遇到的事，但同时很多人都没注意过自己进出老师办公室时的表现。这是不应该的。

大步流星地进出老师办公室，脚步匆忙，一进门还带进两脚泥，显然会惊扰老师，并污染办公室的地板；进门不吭声，出门也不吭声，这是对老师心存不满的表现；进门后"哐当"一下摔门，出门时"哐当"一下带门，别人会以为你进办公室是为吵架来的。

进出老师办公室时不注意自己的言行举止，怎能充分表达对老师的尊重呢？

**温馨提示：**

□ 进入老师办公室时应先敲门、报告一声，出门时应道"再见"并随手关门。

□ 进出老师办公室时开门关门动作要轻。

□ 进出老师办公室时脚步要轻而稳。

# 在老师办公室不应停留太久

在老师办公室里，无论是请教问题还是聊天谈心，都不应停留太久。

在老师的集体办公室里停留太久，容易影响其他老师的工作，影响办公室的整体氛围，还容易有刺探办公室情报的嫌疑。在老师的独立办公室停留太久，有刻意接近老师、拉关系的嫌疑；如果是女同学在男老师办公室停留时间太长，还可能给双方带来名誉上的损害。

**温馨提示：**

□ 在老师办公室中，如果事情已经做完，应尽快离开。

# ◇不可当众顶撞师长◇

当众顶撞师长，即使你很有道理，这样的举动也是错误的。

当众顶撞师长，会给别人留下"刺头"的印象，可能会导致别人疏远你。如果你是学生干部，这样做会影响你的威信和良好形象。

当众顶撞师长说明你性子急、暴躁，自制力欠佳，爱出风头。如果你言辞激烈到让双方难以收场，你无疑是在演闹剧和丑剧给别人看。

如果真的对老师有意见，可以私下约时间交谈、沟通，如果师长说错话，作为学生也应控制自己的情绪。

□在老师办公室里应避免与老师开过多玩笑。
□如果没有必要,不要单独在老师办公室停留。

## 不可在办公室里翻老师的物品

学生进老师办公室帮点小忙、找老师谈心等是无可厚非的,但趁机翻老师的物品就不对了。

在办公室翻老师的物品,首先有窥探隐私之嫌;其次,容易打乱老师物品的摆放规律,如果你翻的是老师的资料,可能会使老师整理起来很麻烦;再次,如果你翻的是私人物品或钱包、提包之类,会有偷盗之嫌。如果翻看的时候恰好被老师看到,你恐怕钻到地缝里都仍然觉得难为情。因此,无论是从尊重老师的隐私角度,还是从保持办公室的整齐以及赢得老师的信任角度而言,在办公室里翻老师的物品都是不礼貌的。

**温馨提示:**

□在老师办公室时,除非经过允许,否则不要私自乱翻。
□在老师办公室里,不要当着老师面或趁老师不在或不注意四处乱翻。
□在老师办公室整理文件资料时,应避免乱翻无关的资料。

## 尊重实习老师

不少学生面对实习老师做出种种不敬之举:上课前,在讲台桌斗或桌面上放几条虫子;上课时,故意提出刁钻问题;下课时,躲在实习老师身后突然发出几声怪叫……这些行为是不礼貌的。

对实习老师不恭,首先,会影响教学效果,破坏师生关系;其次,容易给实习老师留下不好的印象,也给其他同学留下欺软怕硬、爱搞恶作剧的负面印象;再次,如果言语过分,会伤害实习老师的自尊心,使对方难堪。

**温馨提示:**

□实习老师同样是老师,理应得到学生们的尊重和配合。
□实习老师经验不足,学生对对方失误应予以谅解。
□实习老师心态年轻,学生应主动、积极地与其交流。

## 有事要请假

父母从家乡赶来看你,你私自出校与父母团聚;朋友从外地来,约你一起旅游,你不作任何声明就和朋友旅行去了;自己有些不舒服,不请假就去看病……你这样做事也许省事得很,却会给别人带来不便。

有事不请假，必然不能保证你的出勤率，是违反纪律的。如果你所在班级是模范班级，你的行为是心中无集体的表现。有事不请假，学校或班级有什么最新通知就无法传达到你。如果某些临时活动需要你参加，你的做法就辜负了大家的期望。有事不请假，别人会为你的安全担心。如果你夜不归宿或连续几天不露面，大家可能会用报警来解决问题。

**温馨提示：**

□ 无论什么原因需要耽误上课或离开学校，都必须事先请假。

□ 请假必须得到允许才能生效。

□ 请假后不应擅自延期而又不及时告知老师。

## 不在背后议论老师私事

哪位老师评优了，哪位老师怀孕了，哪位老师家中亲人去世了，哪位老师和校长吵架了……背后议论老师私事的学生大有人在，然而这么做是错的。

背后议论老师私事，有栽赃、诽谤的嫌疑，如果传开了，不仅影响老师的形象，也影响自己的形象；背后议论老师私事，给人以"不务正业"之感，如果恰好被你所议论的老师听到，对方一定会很不愉快。此外，背后议论老师私事，还容易造成不良风气。

**温馨提示：**

□ 不要养成打听老师私事的习惯。

□ 道听途说的事情不要说，自己不清楚的事情不要传播。

□ 如果获悉老师的私事，不要主动向外传播。

## "课桌文化"不可取

学校的课桌上常常能见到各种各样的文字或图画"作品"：有人刻下名人名言，美其名曰"励志"；有人刻下自己的名字或简笔画，意在彰显自己的风格。这样做似乎给校园带来了很多生动活泼的气息，但其实"课桌文化"不是什么好现象，不值得提倡，更不值得效仿。

课桌上布满刀痕，留满各色颜料和笔迹，这首先是对公物的破坏，其次是对自己形象的破坏。课桌不是私人用具，在课桌上留下自己的风格可能会遭到下一个使用者的反感，并可能使对方成为别人眼中课桌"涂鸦垃圾"的制造者。如果你在课桌上留下的是污言秽语，下一个使用者就得替你背上黑锅。

**温馨提示：**

□ 不要在课桌上乱刻乱画。

□不要在课桌上乱贴纸条等杂物。
□不要在已经存在的"课桌文化"上"添砖加瓦"。

## 不在课堂上打瞌睡

上课打瞌睡既耽误自己的学习，又影响别人听课，还容易导致师生的误解。相信任何一个老师都不欢迎在自己课堂上睡觉的学生。

在课堂上打瞌睡，第一，说明你没有精神，不能专心听讲，甚至根本"没时间"听讲，这是对老师劳动的不尊重；第二，别人会想：你可能是故意这样做，以此来表示对老师的不满、对老师所任课的科目的厌恶，或者向其他同学表示你敢于公然违反课堂纪律；第三，上课打瞌睡容易使师生分心，如果你东倒西歪甚至说梦话，会扰乱正常教学活动。

温馨提示：

□上课时应避免瞌睡、打盹。
□平时应注意按时作息，上课前应调整好心态。
□课间休息时应避免剧烈运动。

## 不可在课堂上起哄

上课时老师读错了一个字，学生立刻在讲台下哄笑；老师的讲解有些枯燥，个别学生便相互做出怪相，引逗其他同学发笑。这种在课堂上起哄的表现是不礼貌的。

在课堂上起哄，第一会严重扰乱课堂秩序，影响讲课和听课效果；第二会干扰老师情绪，打乱其教学思路；第三会浪费大家时间，且不利于自己塑造一个良好的形象。在课堂上起哄，短时间可以制造笑料，但这种无聊的行为是会招人厌恶的。

温馨提示：

□在课堂上，学生应专心听课。
□上课时，学生应积极思考，从自身做起维护课堂秩序。
□学生应对老师怀有尊敬之心。

## 尊重有缺陷的同学

同学眼睛斜视，就处处拿他开玩笑；同学腿部有残疾，就故意学对方的样子；同学说话口吃，就故意在他面前说绕口令……

嘲笑别人是不礼貌的做法，针对别人的生理缺陷、形象上的瑕疵大肆嘲笑更是不礼貌。嘲笑有缺陷的同学，必定会伤害其自尊心，使对方对自己的缺陷更加敏感；嘲笑有缺陷的同学，不能使你得到别人的欣赏，反而会遭到鄙视；嘲笑有缺陷的同学，说明你冷漠、自私，不懂得考虑他人的感受。

**温馨提示：**

□ 不要用好奇或鄙视的目光看待有缺陷的同学。

□ 对有缺陷的同学应主动帮助。

□ 对比较敏感的同学，不要刻意指出其缺陷。

## ◇男女生交往要得宜◇

　　男生女生是校园的两道风景，如果双方交往不当就会煞风景。

　　男生女生交往过密，无所顾忌地打闹、嬉笑，会给人以疯癫之感，说不定大家会把你们划入早恋的行列。

　　男女生互不沟通，见面就脸红，或者见面就红眼，这是过于疏远的表现，歧视异性或惧怕异性，同样会让人觉得怪异。

　　社交法则中强调人人平等，男女生交往不当，在外人看来，是学校教育的失败；从交际的角度来看，是个人交际能力的欠缺和对交往礼仪的误解。因此，学校和学生个人都应该注意，在校园中男女学生应该适当交往。

# 不可偷看同学的信件、日记

偷看同学的信件、日记是不礼貌的行为，也是不尊重的表现。

偷看了同学的信件或日记，如果对方与你关系一般，你就不太可能有机会得到他的信任并成为对方的朋友了；如果对方与你关系很近，你就很可能立刻失去对方的信任，从此被他从友人的名单中删除。如果对方信件或日记中记的是流水账，他会认为你太无聊、太好奇；如果对方信件或日记中记录了不愿外传的秘密，你的做法会让对方愤怒和委屈，甚至因此而对你做出过激行为。

**温馨提示：**

□ 应避免对同学的信件或日记产生好奇心。

□ 同学不在场时不要翻看对方的任何私人物品。

□ 同学不在场时你可以离开以避嫌疑。

# 严禁撕毁、涂改学校公告

撕毁或涂改学校的公告容易造成信息丢失或错误，从而导致一些重要通知无法及时而正确地传达给有关人员；撕毁或涂改学校公告，是对学校公告制定者和张贴者、发布者的不尊重，是损害其劳动成果的表现；撕毁或涂改学校公告，你可能被视为捣乱分子或对学校有强烈的不满。

如果是为了张扬个性，采取撕毁、涂改学校公告的方法只会引来大家的耻笑；如果被有关人员抓个正着，你受批评和处分是必然的事。

**温馨提示：**

□ 对学校的公告应本着尊重的态度看待。

□ 如果对学校的通知或布告上的信息有怀疑或不满，应采用与制定者沟通的途径解决。

□ 未经同意，不要覆盖张贴好的公告。

# 不在教学区、宿舍区打球

在教学区、宿舍区打球不是不可以，只是不应该打扰别人的作息。

教学区是学生上课、老师工作的地方，而宿舍区是师生们休息的地方。别人上课的时候你在教学区打球，会影响教学效果；别人休息的时间你在宿舍区打球，会影响别人的休息。在不适当的场所做事，即使你做得再好，也是对其他人的打扰。

因此，在教学区、宿舍区做其他剧烈运动或吵闹，也是错误的行为。

**温馨提示：**

□ 打球时应选择专门的活动区，避免打扰正常的师生作息。

□打球应避开别人休息和工作时间。

□打球时应避免大喊大叫或时间过长。

## 受奖后要徐步走下台

受奖后立刻匆匆忙忙跑下台去，这种表现会让所有人失望。

受奖后头也不抬、一言不发地跑下台去，给人以紧张、胆小、不尊重人的印象。受奖后急匆匆地跑下台去，颁奖者会觉得自己未受到应有的尊重和回应；评委会觉得受奖者太性急，只顾尽快看到奖品、抱住奖品，功利心过重；观众会觉得受奖者不懂得互动，不给大家一个认识他的机会，同时也不给自己一个当众表现的机会。受奖后跑下台去，还容易使人误解：别人还未来得及与你交流就已经被晾在一边了，这怎么能体现出你对大家的尊重和礼貌呢？

**温馨提示：**

□受奖后，应首先向授奖者鞠躬、致谢。

□受奖后，还应向台下观众鞠躬致意。

□受奖后，下台时脚步要从容、稳定，避免慌乱。

## 就餐时不可长时间占座

就餐时长时间占座不是好行为。

公共餐厅座位有限，就餐时间有限，长时间占座容易给找不到座位的人带来麻烦。如果恰逢高峰期这样做，你必然会引起众人侧目。餐桌的用途就是吃饭，如果把公共餐厅的餐桌当作茶室的"餐桌"而大发聊兴，你显然是将公用餐桌当作了私人财产，并擅自改变它的用途，这样会给别人留下磨蹭、迟钝、不讲公德的印象。

**温馨提示：**

□就餐时间应避免长时间聊天。

□就餐时应避免一个人占两个人的座位或少数人多占座位。

□高峰期在公共餐厅就餐时，应避免拖延吃饭时间。

## 不可乱倒剩饭剩菜

把剩饭剩菜丢在餐桌上、胡乱扔在地上等等，只要将其倒在不该倒的地方，就是错误的。

乱倒剩饭剩菜，必然会与浪费联系到一起；乱倒剩饭剩菜，难免给人以视觉和味觉上的不愉快；乱倒剩饭剩菜，还容易给别人留下没有教养、素质低下的印象。如果你衣冠楚楚，这种行为更会使你的形象在别人眼中大打折扣。

在公共场合做事，如果不考虑公共环境的整洁，不考虑别人的心情，显然是缺乏公德的表现。

**温馨提示：**

□ 剩饭剩菜应倒入指定的垃圾箱或垃圾桶。

□ 打饭时应避免过量。

□ 在餐厅吃饭时应尽量避免浪费饭菜。

# 不用书本提前占座

在学校尤其是大学校园里，用书本甚至纸条提前占座已经成为独特的"景观"，甚至成为顽疾。

同学请你帮忙占座，你很义气地拿上七八本书占一排座位，然后自在地出去闲逛一番，后来者看到空座上的书本，必定会觉得气不打一处来。外校同学听说本校有名人讲座，好不容易找到教室却发现空座上已经放满书本，必定会觉得很委屈。如果占座而不坐，更是显然的"资源浪费"。用书本提前占座是对按时到来而遵守秩序的人的欺压，是自私的行为。

**温馨提示：**

□ 听课时寻找座位应本着"先到先坐"的规则来实行。

□ 应避免一人为多人占座的行为。

□ 若自己占了多余的座位，应将其让出。

# 在图书馆看完书要归位

从历史类书架上抽的书，看完后放到法律类书架上；从美术类书架上抽取的书，看完后放到科技类书架上；看完书后不放回任何架子上，而是随手丢在椅子、窗台上等不适合藏书的地方……你这样把书籍的类别混淆、随意给它们搬家，只能给别人带来麻烦。

胡乱给书归位，容易给别人找书增添困难，浪费别人时间；随意放置书籍，容易使其因为得不到保护而被意外损毁；到处乱放书籍，会造成书架混乱，不整齐、不美观，也给工作人员增加了工作量。

**温馨提示：**

□ 在图书馆看完书，一定要将书放回到原位。

□ 在图书馆看完书，一定要尽量按照最初的方位摆放书籍。

□ 在图书馆看到被放错位置的书籍，应主动将其归位。

## ◇爱护图书馆的书◇

图书馆的书被"开天窗"，缺页、破损几乎是每个图书馆都深感头疼的事。作为学生，应该爱护图书馆的每一本书。

# 不可同时占几本书

同时占几本书的这种霸道行为令人有些哭笑不得。有的人说：我写文章、查资料必须用这几本书。这是狡辩。

同时占几本书，给人一种"吃着碗里看着锅里""贪多嚼不烂"的印象，别人会觉得你贪婪、自私；同时占几本书，会造成资源积压，被你扣押但却闲置的书无疑会让迫切需要它的人感到为难。同时占几本书，还可能会误导别人跟随你的举动。如果别人一下子拿了好几本书而其中一本正是你急需的，你会不会觉得人家是在"以其人之道还治其人之身"呢？

**温馨提示：**

□ 在图书馆看书时，一次只能看 1 本。

□ 自己暂时不需要的书应该放回书架。

□ 必须同时参考几本书时应征得管理人员的同意。

# 进实验室要遵守规定

进实验室不遵守规定绝对是错误的。

进实验室不按规定程序和剂量取用实验药品，容易造成误取或浪费，导致实验失败或不圆满。如果你取用的是危险性药品，可能会导致意外事故。不按规定有秩序地做实验、进行观察、听从讲解，可能会造成实验效果差强人意，影响其他同学观察和学习。不按规定随便用手接触实验用具，可能会造成器皿损坏或丢失，给实验室造成损失，同时也给你带来不必要的麻烦。不按规定操作本身就是破坏纪律的行为，如果你在别人善意提醒下依然故我，会让你显得目无集体、任性、不专心、不尊重别人。

**温馨提示：**

□ 进实验室一定要按照规定做事。

□ 进实验室时不要碰触禁止接触的实验用品。

□ 进实验室应避免未经允许而单独行动。

# 写签名、赠言时态度要恭敬

在毕业纪念册上留言时态度不恭，为别人签名售书时态度不恭，为友邻单位留下签名时态度不恭，这种人和这种场景想必大家见过不少吧！

在任何情况下写签名、赠言时态度不恭，接受者都会觉得你盛气凌人、摆架子、不情愿、虚伪而做作。尤其是当签名留言者身份远远高于接受者，并且有旁观者在场时，接受者会觉得自己感受到的受挫感和屈辱感更加强烈，同时书写者的名誉和形象也严重受损。

写签名、赠言时态度如果不好,签名赠言就失去了意义。写签名、赠言时态度不恭,还不如不签、不写。

**温馨提示:**

□ 写签名或赠言时态度应礼貌。

□ 写签名或赠言时应避免涂改。

□ 为不同的人写赠言时应避免用完全相同的话语。

## 不可强行给别人题赠

毕业时师生之间,更多的是同学之间,彼此题赠是对友谊的绝好表达。但不一定所有的题赠都会受到欢迎,比如强行送出的题赠。

彼此关系一般甚至有矛盾,一方强行给另一方题写赠言,对方可能会觉得题写者很无聊。强行给异性题赠,对方可能会认为你在变相骚扰,对方说不定希望你的字立刻从他的留言册上消失。强行在别人留给他人的地方题赠,对方会认为你固执、怀有嫉妒心理。强行给别人题赠,对方还可能会认为你故意借机炫耀字迹或文采,或者缺少朋友,借机"过瘾"。强行给自己不熟悉的人题赠,对方会觉得受到了干扰。

**温馨提示:**

□ 未经邀请,不要强行给别人题赠。

□ 自己与别人关系一般时,应避免主动要求题赠。

□ 题赠时,应避免强行翻看别人的赠言。

## 积极参加集体活动

不积极参加校园集体活动是不应该的。

举行联欢会时,明明很善于表演却死活不肯出节目,别人会觉得你做作;举行足球比赛时,有意无意地拖自己球队的后腿,别人会觉得你吃里爬外;开展墙报设计活动时,有很好的创意而不肯贡献,别人会觉得你心胸狭窄。不积极参加集体活动,会使人觉得你缺少合作精神,甚至排斥与别人交往、看不起大家,从而让人误解和疏远。

**温馨提示:**

□ 除非有特殊原因,否则不应拒绝参加集体活动。

□ 参加集体活动时,态度应积极、踊跃。

□ 在集体活动中自己有能力上场时,不应退缩。

# ◇参加集体活动要穿校服◇

学校举行集体活动时，通常会要求同学们穿校服。如果你故意不穿，就说明你不懂礼仪。

参加运动会时不穿校服，列队集合或者上场表演时，你会破坏集体形象。

参加集体参观时不穿校服，接待方可能会认为你是混进来的而拒绝让你进入。

与其他成员一起参加集体辩论赛时不穿校服，你的突兀会破坏团队的整体和谐形象，并且容易使观众对你产生不合群、性格乖戾的印象。

# 第二十九章
# 出行与游览礼仪

## 不随地吐痰

痰是人体的废物，从卫生角度来看，它是疾病的传染载体之一。在公共场合随地吐痰，是无视别人健康的行为。从礼仪角度而言，随地吐痰的姿态极为猥琐，令人厌恶。越是衣冠楚楚的人这样做，越容易给人留下表里不一的印象。一个职业经理人若无其事地向草坪吐一口浓痰，转身继续器宇轩昂地与业务关系的同伴高谈阔论，他之前所建立的完美个人形象必定因为那骇人的一吐而倒塌。另外，吐痰还容易让别人误以为你在暗示对对方的蔑视或不满，引起别人心理上的芥蒂。

**温馨提示：**

☐ 应避免在大庭广众之下吐痰。

☐ 吐痰时应寻找厕所，也可用卫生纸巾来处理痰液，然后将其弃置垃圾桶。

☐ 在室内应寻找痰盂吐痰并避开别人。

## 不可在景点刻字留名

有的人造访某处景点，尤其是前往自己一生可能只去一次的地方，往往要留下"某某到此一游"之类的字迹，有的甚至用喷漆喷涂各种字迹。这是不礼貌的。

在景点刻字留名，会损坏建筑或景观的完整原貌，这不仅谈不上美观，更会对景观造成难以修复的伤害。如果你刻字的对象是重点保护的文物，你的做法简直就是对历史的亵渎。在景点刻字留名可能会给自己留下永久性的骂名，任何游客来到你留名的景点，都会知道你参与了违规的破坏行动。如果留下籍贯，你家乡的人们将被一并唾骂；出国旅游这么做，等于给国人丢脸。

**温馨提示：**

☐ 参观任何景点都不应在所到之处刻字留名。

☐ 如果景点有允许刻字的服务，应该在指定区域或媒介上刻写。

☐ 参观游览时应避免乱碰建筑或设施。

## 不在公共场所聚众围观

远处人声嘈杂，听起来似乎是有人在打架斗殴，赶忙加快脚步跑过去看；看到有很多人围着高声叫卖的小贩，赶忙冲过去凑热闹；听说出了车祸，就赶快向人群聚集的地方奔跑……哪里人多去哪里，哪里热闹去哪里，这种做法是错误的。

公共场所不是自家小区，不是说书卖艺的剧场。众人汇聚，给人一种乱凑热闹、没有修养、没有自制力和是非观的印象。聚众围观，容易造成场面更加混乱，交通阻塞，不方便别人经过。从礼仪上讲，如果被围观的是无聊人的闹剧，你的行为无疑会令人不齿。如果你与人结伴而行时见到热闹就凑，不仅浪费大家时间，还会给同伴留下糟糕印象。

**温馨提示：**

□ 在公共场所，应避免到人多拥挤的地方聚集。

□ 在公共场所，不要对人群聚集之处趋之若鹜。

□ 不要在公共场所刻意制造噱头。

# 自觉排队

买车票时，在超市购物付款时，在医院排队挂号时，别人都在焦急等待冗长的队伍慢慢变短，你却公然加塞。这种蛮横、不讲理的做法是无法让人服气的。

排队加塞也许是因为事情紧急，但无论如何，这都是令人难以接受的。这种行为破坏了正常的秩序，侵犯了他人的权利，在排队的高峰期，尤其容易引起众怒。如果你的理由是身份地位不一般，别人会对你的狂妄自大产生强烈反感；如果你的理由是帮助尊贵客人尽快解决问题，你的客人会因为众人的侧目而感到难堪；如果你在严守公共秩序的同伴面前加塞，对方可能因此不再信任你、尊重你。

**温馨提示：**

□ 排队时应按照先后顺序进行排列。

□ 排队时应按照规定站在指定区域。

□ 排队时应礼貌对待前后左右的人，防止冲撞。

# 不在地铁站内打闹

在地铁站内打闹不礼貌。

地铁通常是最繁忙的交通工具之一，人行通道上有时候会达到"站不开"的极度拥挤状况。在这种情况下打闹、嬉戏，无疑会影响其他乘客。在自动扶梯上打闹，容易撞到别人，阻碍其他乘客；在站台上打闹，容易造成危险，万一你掉下站台，或把别人挤下站台，会有性命之虞。上车后打闹，容易使身处拥挤环境中的人们更加烦躁。如果公然展示你和同伴的亲密或矛盾，是把自己的感受强加于别人的恶劣做法；如果你打闹中再加出言不逊或暧昧，更会令其他人反感。

**温馨提示：**

□ 在地铁站内应按规定排队进站、上车。

□ 在地铁轨道旁应避免追逐、打闹。

□ 在地铁站内候车时应避免推挤、跑跳。

## ◇公交车上应主动让座◇

乘公交车时，如果车上人少，你坐在老幼病残孕专座上没问题，任何人都不会对你侧目；但如果车上人多，而又有年老体弱的人在场，不让座就会显得太麻木。

乘坐公交车时应主动给老人、儿童、孕妇、病弱人士让座。

在公交车上让座时态度应礼貌，当别人向你致谢时应给予回应。

公交车上不让座，是极端自私、冷漠的表现。因此，作为健康的人，在乘坐公交车的时候应该主动给不方便的人让座。

## 乘车要自觉买票

有些人觉得乘车逃票是"本事"，更是省钱的绝招，其实这么想的人太过狭隘了。

乘车逃票首先使车辆运营者遭受损失；其次是使售票人员的责任无法得到体现；再次，如果你以这种方式向同伴表示自己有能耐，而你的同伴恰好厌恶投机的行为，你的做法相当于给对方下绝交通知。如果有其他乘客揭发你的行为，想必你的表情不会太自然吧！

**温馨提示：**

□ 乘坐任何公共交通工具都应按规定买票上车。

□乘车应避免买短途票而乘长途车的行为。

□如果乘车来不及买票，上车后应及时补票。

## 乘公交车不可堵着车门

乘公交车时我们常常遇到人满为患的情况，很多人上车后根本挤不到车厢中间，于是就顺其自然地堵在车门边上。这样做可不讨巧。

堵着车门容易妨碍他人上下车，如果你动作太慢，别人就可能因上不了车或下不了车而错过站点。如果对方赶时间，就会因为你堵着车门而耽误下车。此外，堵着车门也不利于安全。如果你被挤倒，很可能会撞到别人，引发小小的骚乱。在公共场所，一切事情都应该从大家的利益出发，否则就是对礼仪的蔑视。

**温馨提示：**

□乘公交车时，应站在不妨碍别人的位置。

□将到终点站时，应走向车门近处。

□别人下车时，应礼貌地给对方让路。

## 乘火车不可从窗口上车

乘火车时，每到运营高峰期，就很容易看到有人从列车窗口上车的情景。有人觉得这样潇洒、有个性，其实这完全是错误的。

乘火车时从窗口上车，第一是破坏秩序，第二是不雅观，第三是容易造成危险，导致破坏车窗或者使自己受伤的结果。从车窗上车，让人觉得你太过性急，不肯礼让别人、不爱护公共设施，只懂得自己方便。如果你与别人因公出差这样做，会让你的同伴也受到其他人异样目光的注视。从窗口上车，你还可能引起其他好事者的效仿，从而引发事故。

**温馨提示：**

□乘火车时一定要从指定的车厢门口进入。

□乘火车时应避免推挤他人。

□乘火车时应避免起哄。

## 在火车上不宜脱鞋

在火车上脱鞋，对于很多经历过长途旅行的人来说恐怕都不陌生吧！别觉得很自在，其实这样做是极其不礼貌的。

火车空间狭小，空气不易流通，如果车上人多，人均空间自然更加少得可怜。在这种环境下脱鞋，很容易使不雅的气味散发出来。而且，在火车上脱鞋也会给人以视觉上的侵犯，有谁会愿意看别人的脏脚丫和花袜子呢？没有人会觉得这样做是礼貌的表现。无论脱鞋者身份如何，此举都会让他颜面尽失。

乘坐公共汽车、地铁等其他公共交通工具时脱鞋也是错误的行为。

**温馨提示：**

□ 在火车上应避免脱鞋、脱袜子。

□ 男性在火车上应避免随意脱上衣。

□ 在火车上，不要随意将脚伸到他人座位下面。

## 进门后要替紧随其后者把门

进门后替紧随其后者把门是多数人易忽视的礼仪。

和朋友一起进出旋转门，进门后不替朋友把门，对方可能会被转动的门打到，甚至受伤；和下属一起通过弹簧门，进门后不替下属把门，对方很可能会被门弹到，也很可能受伤；与陌生人一起通过厚重的金属门或玻璃门，不替对方把门，对方同样可能遭遇"打击"。进门后不肯为后来者把门，有冷漠之嫌。如果后来者是女性、老人或孩子，你的行为更会让人觉得你受教育程度太低。

**温馨提示：**

□ 进门后应主动为下一位马上要进门的人把住门。

□ 进门后不要猛地关门。

□ 进门时应自然地向后看一下，以免妨碍到后来者。

## 不在草丛、林地乱丢烟头

外出郊游、踏青时不要随便丢烟头，这是隐患极大的有害行为。

草丛、林地是郊外风景的重要基础，给人们带来无限情趣，但任何的不慎都可能给公共草地或林地造成损害。乱丢烟头破坏环境美，满地烟头着实让人看着不舒服，加上散发出来的残余烟味，更是令人不快。如果天气干燥，风力适当，未掐灭的烟头很容易导致火灾。从公共礼仪角度来说，在草地、林地上乱扔烟头会给清扫人员带来负担，给其他游人带来不愉快，自己或许也被扣上"污染源"的名号。

**温馨提示：**

□ 在草丛、林地时应避免用烟头接触草木。

□ 郊游、踏青时应尽量避免吸烟。

□ 在草丛和林地吸烟时，应将烟头彻底熄灭后再丢入垃圾箱内。

# ◇使用公共游乐设施要照顾别人◇

公园、游乐场里，供多人同时使用或集体合作使用的游乐设施随处可见。既然是公用的，就不要不考虑他人的意愿。

这人都打了半个小时了，这么不自觉啊，看不到这么多人在等着吗？

使用公共游乐设施时，应避免一人独享，不要霸占着位置不让其他人使用。

我们还是去用别的健身器材吧，就让孩子们玩这个吧。

使用公共游乐设施时，应照顾比较弱小的人。不要随着自己的心意随便使用，妨碍他人。

你怎么突然加速？孩子会害怕的。

使用公共游乐设施时如果涉及到速度问题，应与同时使用的其他人协商，不要擅自加速或改换方向

使用公共游乐设施而不照顾他人容易引发矛盾，破坏大家的心情和友好关系，还可能造成意外事故。这是自私的表现，也是不礼貌的行为。

# 不在有人游泳的水域跳水

在旁边有人游泳的地方跳水，这是会引出麻烦的。

在有人游泳的水域跳水，第一是会打扰到正在游泳的人，影响对方的心情，甚至使其受到惊吓。第二，在有人游泳的水域跳水可能会造成意外伤害，可不是用一句"开玩笑"的解释就能够解决的。

在有人游泳的水域跳水，给人一种只顾自己开心、不管他人感受的印象。在公共场所打扰到他人是不礼貌的。

**温馨提示：**

□跳水前，应先确定附近没有人游泳。
□跳水时，应提前告诉距离自己不远的人。
□跳水不小心妨碍到他人时，应及时道歉。

# 听音乐会要穿正装入场

穿着拖鞋、短裤听音乐会和穿着西装下游泳池一样令人感到匪夷所思。

即使我们不能像西方国家那样穿着正式的西装、套装去听音乐会，至少也不能穿得过于邋遢、随便。穿着拖鞋、短裤去音乐会场，会明显地与处处讲究细节的庄严会场产生强烈的反差，给人以不雅之感。在一群正装出席的表演者面前穿得过于随便，给人的感觉就像主人穿着睡衣接待客人。穿着拖鞋、短裤听音乐会是对演奏者和音乐厅的不尊重。

**温馨提示：**

□进音乐厅欣赏音乐会时应尽量正装入场，女性应避免穿过于休闲的暴露装。
□在音乐会上应穿着整洁。
□进入音乐厅时女性应适当化妆。

# 避免在音乐演奏的中途入场

一场气势非凡的音乐会对人们而言是绝对美好的享受，但音乐演奏中途受到打扰的话，人们的享受就会打折。

如果你是演奏者之一，演奏途中突然有人大摇大摆地闯进除了音乐没有任何杂音的音乐厅时，你必然会觉得自己受到了冒犯和轻视。由此可见，在音乐会演奏中途入场，必然会破坏现场的演奏气氛以及听众专心欣赏的心情。演奏中途入场，说明你是一个伪乐迷，不懂得尊重演奏者，同时也说明你是个自私的人，不懂得照顾他人的感受。此外，这说明你还是个没有涵养的人，不遵守音乐会的规则。

温馨提示：

□ 管弦演奏会通常惯例是上半场以序曲开场后演奏协奏曲，下半场则是一首交响曲。
□ 音乐会正式开始后，音乐厅会关闭所有的门，每曲演奏完毕、下一曲演奏之前才会再次开启。
□ 迟到者只能在演奏中途音乐厅打开门的时间入场。

## 听音乐会要保持安静

听音乐会时，不要无所顾忌地聊天。

听来华访问演出的国外乐团演奏，边听边和同伴评头论足或者说家长里短的事情，你的声音必然会影响周围专心听音乐的人，让他们难以全心投入地欣赏音乐。如果台上的演奏者看到你的样子，必定会觉得中国人素质低。受别人邀请听音乐会时大肆聊天，对方可能会觉得自己邀请你是浪费门票和感情，因为你不懂得欣赏音乐的基本礼仪——安静和专注。

温馨提示：

□ 听音乐会时，应保持安静。
□ 在音乐厅中，应避免与旁边的人大声交谈。
□ 在音乐会上，应避免长时间与别人交谈。

## 观看演唱会时不可在场内随处走动

明星的演唱会往往会令狂热的崇拜者们疯狂，然而当这些崇拜者在观看过程中看到有人在场内随意地四处走动，感觉就不会那么好了。

在演唱会现场走来走去寻找一个更好的观看位置，在演唱会场内到处走动寻找熟人或不时地购买零食、上厕所……无论你走动的原因是什么，别人都会因为你晃动的身影而影响心情，同时影响观看效果。这是不懂得换位思考的表现。

温馨提示：

□ 观看演出时应尽量安静地坐在自己的座位上。
□ 观看演出过程中如果需要走动，应礼貌地向周围的人表示歉意。
□ 观看演出期间在场内走动时应尽量避免挡住别人。

## 不对台上的演员喝倒彩

观看舞台表演时，演员舞步出错，你就立刻大声叫好；演员说台词失误，你就立刻大声拍手跺脚甚至吹口哨；演员的表现不够精彩、到位，你就毫不留情地谩骂，用语言和动作羞辱对方，这些行为统称为"喝倒彩"。这些表现都是不礼貌的。

对演员喝倒彩，第一，容易增加演员的紧张感，使其难以及时调整状态更好地表演；第二，容易引起其他观众的迎合或反感，破坏现场观众的情绪。对演员喝倒彩是心胸狭窄、喜欢搞恶作剧、不懂得体谅别人的表现，对演员以及其他观众都是不尊重的。

**温馨提示：**

□ 观看演出时应对演员报以礼貌的态度。
□ 即使演员有不尽如人意之处，也不要向台上抛掷杂物以示不满。
□ 演员表演欠佳时，应避免大声怪叫、起哄。

## ◇演唱会上不可乱扔荧光棒◇

演唱会上的荧光棒可谓是壮观一景。演到高潮时，台上台下一片欢腾，观众手中的荧光棒从挥舞变成抛洒，看起来很激动人心，很能烘托气氛。其实这么做是错误的。

首先，人激动时往往力气会很大，乱丢荧光棒可能会伤到别人。如果你不小心丢在别人头上、身上，对方即使毫发无损，也会觉得受到了侮辱。

其次，胡乱飞舞的荧光棒堆积起来是不折不扣的垃圾，这必定会造成演出现场的污染。

因此在观看演唱会时，应避免毫无目的地乱扔荧光棒等助兴用品，在挥舞东西时应避免妨碍到周围的人，演出结束时要带出场地，不要随地乱扔。

# 别人通过时礼貌让路

在电影院、演唱会现场，恐怕每个观众都希望不受打扰地从头到尾看完整场电影或者表演。但如果别人需要暂时离开座位，你不让对方通过就不对了。

别人通过可能是因为上厕所或接打电话，可能是因为购物或与别人会面，而你不让路会让别人觉得你不讲理、故意为难对方。如果双方争执起来，还会影响到周围的人。

温馨提示：

□ 演出过程中，别人要通过时应主动让路。

□ 自己坐在通道旁边时，不应拒绝给别人让路。

□ 给别人让路时，不应表情不悦、态度蛮横。

# 观看球赛时不可声嘶力竭

体育比赛大概是最能让观众绽放激情的场合。看到激动人心之处，就声嘶力竭地狂喊球员的名字；看到自己喜欢的球星失利，就手脚并用地挥舞，同时大力吹哨或狂吹小喇叭。这镜头"动人"的另一面是对礼仪的破坏。

观看球赛时声嘶力竭，肯定会影响到周围的其他观众。当你手脚并用发泄激情时，说不定旁边的观众会被你吓得不敢动。如果你看球时声音高昂加上谩骂，就是对自己形象的不负责任；如果你观看的是国际赛事，你更有可能被当作本国球迷形象的代表，从而给国际媒体留下一个粗鲁的整体印象。同时，你已经无意间为祖国做了负面广告。

温馨提示：

□ 观看球赛时应避免起哄、吹口哨，以免影响周围的观众。

□ 观看球赛时应避免口出脏话。

□ 观看球赛时应避免辱骂自己支持球队的对手。

# 不可把嚼过的口香糖粘在桌子下面

如果你留心的话，大概经常能在电影院等公共座椅下面、扶手上面、椅背上发现嚼过的口香糖；不经意触到，说不定会吓一跳。这样做的人也许出于恶作剧，也许出于无心，但无论如何，这都是令人唾弃的坏习惯。

把嚼过的口香糖粘在椅子下面，首先，是对公共场所卫生的破坏，会给工作人员带来清理的负担；其次，这样做是对下一个就座者的不敬，对方可能会因这意外的发现感到恶心，从而没有好心情欣赏节目；再次，这样做会给剧场的整体形象抹黑，还容易导致他人效仿，从而造成更多的口香糖垃圾。

**温馨提示：**

□ 嚼过的口香糖应用纸包起后抛入垃圾箱。

□ 应避免在座椅上下粘贴胶状食物。

□ 应避免在公共场所的座椅上涂抹鼻涕等脏污。

## 在超市购物不可用手接触裸露食品

在超市购物买散装食品时，千万别图省事或因为其他原因而舍弃专用工具用手去取。

在超市买米，放着专用的铲子和勺子不用，偏用手抓；在超市买散装饼干，不用夹子而用手拨来拨去；在超市买糖果，将专用夹子放在一边，只用手挑拣。这样做一方面是让其他顾客对超市食品的卫生产生怀疑，一方面会让别人对你的公德产生怀疑。如果你将不宜用手翻动和抓取的散装食品弄得形状损坏，更会给超市造成经济损失。这样做除了显示你是个故意捣乱且自私的人之外，并不能说明你多么有个性。

**温馨提示：**

□ 在超市购物选取食品时，应按提示使用相应的工具。

□ 在超市购物时，应避免用手抓完食品后在相应的器皿中搓手。

□ 在超市购物时，应避免将已经挑好的商品再倒回货柜。

## 试衣时应注意不要弄脏衣服

买衣前试衣是天经地义的，但试衣时弄脏衣服就不是你应该做的事了。

试衣服前刚吃完烤肉串，双手不擦就试衣，难免使衣服粘上油污；试衣时如果不注意分寸，穿套头衣服就容易使衣服沾染上你脸上的化妆品；刚出了一身大汗，就马上进店试衣，试完后衣服上说不定已经浸染了汗液和汗臭。试衣时弄脏衣服，既是对衣服的不爱护，又是对售货员的不尊重甚至刁难。

如果你是售货员，看到衣服被顾客污染，恐怕很难心平气和。不要因为衣服不是自己的就不注意自己的形象，以至于给别人留下一个自私、品质低劣的印象。

**温馨提示：**

□ 试衣服时，应避免让自己的汗液、化妆品等沾染衣服。

□ 试衣服前，最好保证自己的身体是清洁的，女性最好事先擦掉唇膏和睫毛膏。

□ 试衣服时，应避免在衣服上留下手印等。

# ◇试衣后应把衣服放回原位◇

　　试衣完毕，随手将其丢到一边，也不看是不是它原来所在的位置，这种做法是不招人喜欢的。因为试衣后乱丢衣服会带来不好的影响。

　　1.破坏了衣服和衣店原有的整齐，甚至会让衣服掉在地上。

　　2.给售货员增添了额外负担，因为她们还要重新整理一遍。

唉，又要重新叠起来。

真是不好意思，不知道被哪个顾客弄错了，这件衣服不是这个牌子的。

这个牌子的衣服以前挺好的，现在怎么成这样了！

　　3.容易使不同种类的衣服放错位置，给不同品牌带来声誉上的损坏。

　　因此，试衣完毕后若不满意，不应一言不发地丢下衣服就走，而应对售货员礼貌地道谢并将衣服交给售货员或整齐地放到原位。

# 不可随意拆开商品包装

在商场或者超市购物时，不要随意拆开商品包装。

购买果汁、食品等物品时随意拆开包装，如果你不买，食物就会很容易变质、作废；随意拆除小家电、工艺品的包装，它们会因为失去保护而容易损坏；随意拆除名牌商品的包装，它们会因为不完整而容易受到质疑。随意拆开任何商品的包装，都是对商品完整性的损害，都会影响它们的外观之美以及销售；随意拆开商品包装，会给工作人员整理和调换商品增加负担，并且容易引起别人的效仿，产生不良影响。

**温馨提示：**

□ 对于货架上有"禁拆包装"明显标志的商品，不要打开包装。

□ 对于货柜上摆放有样品的商品，不要拆非样品的包装。

□ 对于包装破损后会引起变质的商品，不要拆开包装。

# 看过商品后要归位

在商场或超市购物时，别忘了将看过的商品归位。

在商场中浏览一圈之后，把食品放在家电区，把卫生用品放在散装食品区，把内衣放在玩具专柜，把图书放在化妆品区……这样乱放商品的行为让人觉得很不妥。乱放商品会破坏商场商品摆放的秩序和美观，给工作人员整理以及其他顾客挑选商品带来麻烦。

看过商品后不归位，让人觉得你做事有始无终。更重要的是，你会给别人留下做恶作剧以及品德不够优良的印象。

**温馨提示：**

□ 看过商品后应将其放回原物所在柜台或货架。

□ 不是同一类别的商品不要放在一起。

□ 易相互污染的商品不要放在一起。

# 品尝超市食品要按规定进行

违规品尝超市食品不是个好习惯。

独立包装的食品，拆开包装后就失去了它作为商品的价值，不能再售出；整体包装的食品，拆开后同样不能被顺利出售；散装食品，随意品尝容易造成交叉污染，带来卫生隐患。随意品尝超市食品容易被认为是顺手牵羊的举动，从而招致诧异的目光甚至麻烦。违规品尝超市的食品，不利于自己的健康和公众形象，也会影响超市的利益。如果你与别人结伴购物或者在境外做出这样的举动，必定会遭到鄙视。

**温馨提示：**

□ 除非摆放有允许顾客品尝的样品，否则不要擅自品尝超市食品。

□ 对于大块的糕点类食品，不要擅自掰取品尝。

□ 对于液态、较软、较黏的食品，不要随便品尝。

## 住旅店不可大肆浪费

外出旅行、出差时，住旅店最平常不过。然而，有许多人却在住店期间丢了自己的脸面，因为其大肆浪费。

住店期间极尽所能浪费水资源和电源，即使暂时不在房间也开着灯，即使洗漱完毕也不及时关水龙头；住店期间狂打房间内的免费电话，乱拨电话号码找人聊天；除了房间里配备的免费用品，额外再向服务员索要并迅速用光……这种行为让人联想到暴发户，给人以小人得志的印象。设想你因为业务关系与外地客人同住旅店，你的浪费难免会让对方怀疑你的为人和信用。

**温馨提示：**

□ 住旅店时，对于免费提供的洗漱用品不要刻意浪费。

□ 住旅店时，不要浪费水。

□ 住旅店时，不要滥用电源、电器，也不要长时间开灯或将全部灯具都打开。

## 禁用旅店的毛巾擦皮鞋

用旅店的毛巾擦鞋是恶劣的行为。

用旅店的毛巾擦皮鞋，必定会让尘土、鞋油等污垢沾染到毛巾上，给别人的健康带来隐患。即使你擦完后将毛巾洗净，这种行为也是缺乏修养、品质低下的表现，给人以粗俗不堪的印象是必然的。如果你的同伴看到你这样做，他下次一定不愿意再住旅店，因为没有人希望自己擦脸用的毛巾曾被别人擦鞋。

用旅店的床单擦鞋、用旅店的饮水杯刷牙、用果盘装烟灰，等等诸如此类的行为也都是错误的。

**温馨提示：**

□ 擦鞋时应使用专用的器具。

□ 毛巾只能用来擦手、脸、身体，不应私做他用。

□ 不要用旅店的毛巾擦桌椅或自己的皮包。

# ◇在旅店说话时应关上房门◇

　　室内从来都是私密之地，敞开门给人以"暴露癖"的怀疑。同时，路过的人也难免怀疑你敞开门是为了观察对方，这是对路人的不尊重。住旅店敞着门说话，会带来以下不好影响：

> 这俩人怎么也不关门。

> 1.会影响旅店的形象，同时影响你的形象，会让别人觉得你是不懂礼仪的人。

> 你们可以小点声音吗？我们住在隔壁感觉有些吵。

> 2.会影响其他房间的客人，造成不好的影响，而且也容易导致好奇者探头窥视。

> 3.如果你和同伴说话的内容是隐私或行业机密，开着门说的话，会很容易泄露给他人。

　　因此，住旅店时进入房间后应将房门关好，还要注意不要在房间里大声喧哗。

# 不可攀爬雕塑、栏杆等禁攀设施

游览、观光时，一定要避免攀爬雕塑、栏杆等禁攀设施。

看到某景点有造型独特的动物雕塑，就攀爬上去拍照；为了抄近道或者显示自己的童心未泯，就攀爬栏杆；想表现自己的大胆，吸引众人眼球，攀爬高墙或陡峭的假山；因为好奇就冒着被罚款的危险攀爬受保护的文物，以便"一睹真容""一亲芳泽"。诸如此类的攀爬行为，绝对不是聪明、有个性的表现。

攀爬禁攀设施，一方面对自己和他人的安全造成隐患，一方面给你所攀爬的设施或文物造成安全隐患，此外还干扰正常的游览秩序。

**温馨提示：**

□ 在任何景点都不应违规攀爬雕塑等设施。

□ 属于文物的雕塑等设施一定不能攀爬。

□ 有"危险"标志的装饰性建筑物一定不要攀爬。

# 停车时注意不要妨碍交通

停车时，千万别妨碍交通。

将车停在别人家大门口，阻碍人家进出，停在社区、商店门口等人流拥挤的地方，你的阻碍将更大；将车停在狭窄的单行道上，你会严重阻碍别人通过；在高速公路上突然停车或不在安全区域停车，不仅会造成交通阻塞，还可能造成事故。

为了保证大家的安全和出行效率，也为了你的形象，不要随意停车、随处停车。

**温馨提示：**

□ 停车时，应避免停在路口。

□ 停车时，应避免停在靠近车流、人流量大、狭窄的地方。

□ 停车时，应避免停放在不允许停车的地方。

# 接受陌生人帮助后要说"谢谢"

接受陌生人帮助后连声"谢谢"都不肯说的人肯定会让人失望。

别人好心为你指路，你却不道谢，对方一定会觉得失落；别人热情地帮你捡拾掉落在地的东西，你却不说"谢谢"，对方必定会觉得委屈；别人体贴地提醒你前方道路无法通行，你却没事人一样走过，对方难免会觉得自己是在多管闲事。接受别人的帮助而不道谢，是对对方不尊重、不信任的表现，也是戒备心过强、冷漠无情的表现。

**温馨提示：**

□ 接受陌生人帮助后一定要诚恳地道谢。

□ 接受陌生人帮助后应礼貌地与其寒暄几句。

□ 接受陌生人帮助后如果有必要，可询问对方是否需要帮助。

## 携宠物出行要注意避免妨碍他人

城市居民们养宠物早已成风，闲暇之余带宠物遛弯更是司空见惯。携带宠物出门无可厚非，但使其骚扰到别人就值得商榷了。

带猫狗出行时不注意控制其情绪，任其对别人狂叫甚至抓咬，容易惊吓到别人或伤害别人；带宠物出行时不注意控制其大小便，不及时处理其大小便，甚至不予理睬，容易污染环境，影响别人的行走和心情；带宠物出行时不仔细看管，任其在人群中乱跑甚至跑上马路，容易阻碍交通，危及你宠物的生命。

**温馨提示：**

□ 带宠物出门时应防止它吠咬路人。

□ 带宠物出门时应妥善处理其粪便。

□ 带宠物出门时应避免让其亲近害怕动物的人。

## 在景点注意别妨碍他人拍照

外出时，我们经常能看到观光旅游的人们拿着相机到处取景。如果你妨碍了他人拍照，会是一件令对方很不愉快的事。

眼看别人正在拍摄景观，你偏要向他对准的地方走去；别人好不容易摆好了姿势，却被你的身影挡住；别人刚好举起相机，你从旁边经过时却撞了对方的身体。换作是你拍照，受到如此打扰你一定也会郁闷。

在景点妨碍他人拍照显得缺乏公德心，不懂得照顾别人的感受，不懂得礼让，还容易给人以故意捣乱之嫌。

**温馨提示：**

□ 在景点游览时，应避免向有人正在拍照的地方走。

□ 如果有人请你帮忙拍照，不应断然拒绝。

□ 不要刻意走进正在拍照的镜头中。

## 乘船时不可在甲板上乱挥衣服

乘船时，很多第一次乘船的人上船后总忍不住站在甲板上兴奋地大声喊叫，同时乱挥衣服。这种表达喜悦的心情可以理解，但这种行为是不应该有的。

第一，在甲板上乱挥衣服容易影响他人，引起别人行动不便。如果你挥到他人

# ◇乘船时晚上慎用手电筒◇

乘船时晚上用手电筒四处乱照，透过窗户甚至在船舷上到处照，是错误的做法。

身上，对方肯定会觉得你冒犯了他。第二，在甲板上乱挥衣服对你的安全没好处。船在行驶中难免会摇晃，这样做容易跌倒。第三，也是最关键的一点，这样做容易被其他船只认为是旗语，是在求助或挑衅，从而浪费其他船只工作人员的时间，也会为本船工作人员带来负担。

**温馨提示：**

□ 白天乘船时应避免将衣服挥来挥去。

□ 乘船时，不要在甲板上胡乱挥舞颜色鲜艳的布条、手帕、围巾等物。

□ 乘船时，应避免长时间站立在甲板上挥舞双手。

## 乘飞机时不可无故频繁呼叫乘务员

乘飞机时无故频繁呼叫乘务员是不礼貌的行为。

通常飞机座位上都有呼叫按钮，供乘客呼叫乘务员使用。刚点完餐，乘务员离开你的座位不久，你就呼叫，让对方再替你拿食物；自己觉得座椅不舒服，就立刻呼叫乘务员质问对方"怎么回事"……轻易呼叫乘务员，给人以自以为是之感，不仅增加乘务员的负担，而且会打扰你周围的人。如果是夜间休息时间，你的呼叫更会给别人带来不快。

**温馨提示：**

□ 夜晚休息时应避免随意呼叫空乘。

□ 能自己处理的问题应避免呼叫空乘。

□ 不要以呼叫空乘来打发时间或检验飞机上的服务质量。

## 乘机时不可冒昧与邻座搭讪

乘飞机时，有的人觉得必须和身旁的乘客搭话聊天才显得礼貌，其实不然。

对于一些"忙人"来说，乘机期间是难得的休息时间，如果你冒昧与邻座搭讪，很可能会让对方反感。冒昧与长者搭讪，是对对方的不敬；冒昧与女性搭讪，是对对方的骚扰。冒昧打扰邻座，一方面会让对方被迫离开"自己的世界"，浪费对方时间和精力；一方面容易被认为是无聊和别有用心，因此而给别人留下"脸皮厚""自来熟"的印象。

**温馨提示：**

□ 乘机时落座后，你可以礼貌地向旁边的乘客点头致意。

□ 如果邻座无意与人交谈，不要刻意挑起话题。

□ 如果你的邻座正在沉思、打盹或工作，更不要打扰对方。

# ◇在飞机上不可占据过多空间◇

飞机上空间有限，所有乘客不能占据过大空间，否则就容易遭人诟病。

在飞机上放行李不要妨碍到别人。如果将自己的行李横在座位旁边的通道上，必然会影响乘务人员和其他乘客通行。

在座位上不要过于自由地伸展自己的身体。在座位上随意伸胳膊伸腿，或者将脚伸到别人的座椅下面，必然会引起邻座乘客的反感。

就餐时将旁边的乘客挤到一个角落里，对方必定会觉得你太霸道。

在飞机上占据过多空间，是自私和没有修养、没有公德的表现。如果你的服装上有单位标志，或者你是名人，你的做法会让你的单位和你名誉扫地。

# 乘机时礼貌对待别人的搭讪

乘机时如果有人与你搭讪，千万别对对方翻白眼。

漫长的空中旅途尤其是国际航班难免会让人觉得孤单，别人和你搭话没有什么不可理解的。对别人的搭讪翻白眼，第一，给对方一个凶狠、恶劣的表情，使对方遭到很不友好的排斥，容易伤害对方的自尊；第二，显得你戒备心强、不懂得换位思考，甚至让对方觉得你怀有敌意。

拒绝也是需要礼貌的，翻白眼显然超出了礼仪对我们的要求。

**温馨提示：**
□ 乘机时如果有人向自己搭讪，应礼貌地向其点头或微笑以示问候。
□ 如果你不想与别人交谈，可以礼貌地告诉对方"我想静一静""我想睡一会儿"等。
□ 如果搭讪者纠缠不休，你可以礼貌地拒绝对方，但态度应避免粗暴或表示不屑。

# 乘机点餐时不可提出过分要求

乘坐飞机时，通常会提供免费或部分收费的餐饮。在飞机上提供的餐饮没有质量问题且品种尽可能丰富的前提下，抱怨飞机上没有你想要的口味，抱怨饮料和食品色泽不对，甚至抱怨食品的形状不美，这样做是极不礼貌的。

飞机是一个远离地面的环境，也是一个空间有限、承重有限的环境，即使后勤工作做得再好，也难免使一些人无法特别合心。在这种环境下，点餐时提出过分要求的行为可以说是"过分的"。别人会觉得你在变相炫耀自己的尊贵，贬低别人的身份和品位，并有挑衅和戏耍乘务员之嫌。

**温馨提示：**
□ 乘飞机点餐时不要索要飞机上未备的食物、饮料。
□ 乘飞机点餐时应避免吹毛求疵。
□ 乘机点餐时应避免提刁难性问题。

# 野餐完毕后要清理场地

野餐完毕后，不要任杂乱的场地保持原样。

如果野餐完毕后，烧烤过的柴草、吃剩的骨头、废弃的饭盒、矿泉水瓶、脏污的织锦，等等所有的垃圾都保持原样，你这样做难道是为了让别人看到此景时想象你野餐时的快乐吗？

这样做的结果必然会对环境造成污染，同时给其他游人带来不好的印象，还可能给一些人树立了野餐后不收拾残局的榜样。不能让所到之处保持它原有的清洁、美丽，这不是爱环境和懂礼仪的人做的事情。

**温馨提示：**

□ 野餐完毕后，应将所有垃圾清理并带离野餐场地。

□ 野餐完毕后，应尽量将现场的灰烬处理掉。

□ 野餐时，尽量不要破坏现场的原貌。

## 使用公共卫生间要冲马桶

在商场、车站、餐厅等公共场所使用公共卫生间后不冲马桶，这样的行为格外让人反感。

使用公共卫生间不冲马桶，第一，会严重影响卫生间的清洁，增加恶劣气味的浓重程度；第二，会给管理人员增添负担；第三，会令后来使用的客人对当地的公民素质产生质疑和贬低心理。如果外宾使用这样的卫生间，你能保证他会对我们的国家有好印象吗？使用单位的公共卫生间不冲马桶也是不道德的。

**温馨提示：**

□ 使用公共卫生间时，应及时冲水。

□ 使用公共卫生间时，应避免将公用卫生纸拿走私用。

□ 使用公共卫生间时，应避免随处丢弃废纸、杂物。

## 不可在公共场所长时间占用卫生间

如果长时间在公共卫生间里不出来，会受到众多等待者的谴责。

有的人把公共卫生间当作化妆室和更衣室，在里面没完没了地梳妆、换衣服；有的人把公共卫生间当作休闲胜地，居然在里面看书看报；有的人没有什么其他的事情，却也慢吞吞地很久不出来……

在公共场所长时间占用卫生间是自私的表现。

**温馨提示：**

□ 在公共场所使用卫生间应该注意时间不要太长。

□ 在人流高峰期的公共场所使用卫生间时，应尽量避免大便。

□ 使用卫生间时不要故意拖延时间，洗手时不要长时间占用洗手池。

## 情侣在公众面前不可行为过于亲密

情侣在大街上亲热接吻，会影响交通；情侣在公园里过于频繁地搂抱，会影响别人看风景的心情，对方还会担心你们误解其有窥视行为；情侣在严肃的博物馆、会场等地紧凑着说悄悄话，会影响现场的气氛。

情侣在公众面前行为过于亲密，给人以过于张扬和暴露之感，令人不好意思向他们所在的方位观看。这种将别人视为空气地展示私密动作的行为，显然是不尊重他人、缺乏教养的表现。

**温馨提示：**

□ 在公共场合，情侣的举止应大方自然，避免长时间的拥抱、亲昵。

□ 在公共场所，情侣之间应避免过分打闹。

□ 在公众面前，情侣之间应避免态度暧昧。

## 在公共餐厅就餐要尊重服务员

顾客盛怒叫骂、呵斥服务员，无论如何都是不礼貌、不应该的。

呵斥服务员，别人会觉得你歧视对方。如果你身边是身份较高的同伴，你的举动有变相讨好和炫耀身份之嫌；如果你身份一般，则会有借机发泄不良情绪之嫌。在公共餐厅里呵斥服务员，必然会干扰到其他客人，同时会让被呵斥者蒙受委屈。就算对方的确有失职之处，呵斥也只能起消极作用。如果在环境幽雅的西餐厅，呵斥服务员更是令人鄙夷的举动。

**温馨提示：**

□ 在公共餐厅就餐，与服务员沟通时应采取平和、尊重对方的态度。

□ 服务员的服务如果未使你满意，可按照餐厅规定向其上级反映。

□ 在公共餐厅就餐时，应避免为了摆架子而训斥服务员。

## 在快餐店吃完饭后要及时离开

在许多快餐厅，不难见到吃完饭后逗留不走的人。或许你觉得自己既然付了钱，在这里多停留一会儿没什么。其实这样不合适。

在快餐店吃完饭逗留不走，会影响餐厅"快捷"的形象。如果是人流高峰期，会使后来的客人们不得不等待或者离开。聚会、商谈，选择快餐厅边吃边谈，拖很长时间才将饭吃完，这种行为明显与餐厅气氛不符，显得不合时宜。

在快餐店吃饭，把快餐店当作茶楼、酒吧，显然是不对的。

**温馨提示：**

□ 在快餐厅吃完饭后，应尽快离开。

□ 在快餐厅吃饭时，不要长时间地占座等人，更不要在座位上看书学习。

□ 在快餐店吃饭时，不要在饭桌上聊天超过一个半小时。

# ◇观看演出时的注意事项◇

在公众场合更应该注意自己的行为举止，在剧场观看演出的时候，如果行为不礼貌，很容易给他人留下不好的印象。在观看演出的时候，应该注意以下几点：

把帽子摘了吧，不要挡到后面的观众。

观看演出时不要戴帽子，如果戴了帽子，应将帽子摘掉放好。

观看演出时应避免坐不安稳、摇头晃脑，否则会挡住后面观众的视线。

千万不要踩着椅子看表演，挡住他人视线的同时，也会给人留下十分不好的印象。

## 观看演出时要按号入座

持票进入剧场后找不到自己的座位，便就近在空位上坐下；进入剧场后发现自己的座位太差，便抱着侥幸心理找个"好座位"坐下；觉得自己坐哪里都无所谓，于是不看座位号随意就座；打定主意要坐"好座"，于是不顾别人，厚着脸皮坐到不是自己的座位上。这都是错误的。

不对号入座，第一，容易引起纠纷，导致双方的不愉快；第二，会给别人留下蛮横无理的印象；第三，这样做会损害他人利益。如果别人的座位是特意买的与同伴相连的号码，或者别人的座位号花钱更多，你无疑会令对方恼怒。

**温馨提示：**

□ 观看演出时应对号入座。

□ 如果想换座位，应事先征得座位主人的同意或者确定该座位上无人。

□ 发现坐错位置后应及时找到正确的座位并向座位主人道歉。

## 在动物园不可违规给动物喂食

给动物园里的动物喂食在大多数人看来是很有趣的事情，并且看起来是对动物关爱有加之举，有的人甚至觉得这样做能把动物园相当一部分"伙食费"节省掉，这么认为是错误的。

随便给动物喂食，可能会导致动物吃得过多而影响健康，也可能因为吃的东西超出它们的食谱范围而引发疾病。如果人们喂给动物的食物带着塑料包装，动物可能会因为无法消化而危及生命。任意给动物喂食，也容易导致人被抓伤、咬伤等意外事故的发生。此外，这样做还会给工作人员增加管理负担。因此，违规给动物喂食对人和动物都不好。

**温馨提示：**

□ 在动物园不要随便给动物喂食。

□ 在允许喂食的地方，喂食应有节制。

□ 不应恶意给动物喂腐烂、变质的食物或动物食谱范围外的食物甚至非食品。

## 禁止攀折公园花草树木

随意攀折公园内的花草树木是不文明的行为。

公园内的花草树木是供游人观赏的，随意攀折是对公共环境的破坏，是不道德的行为；随意攀折公园内的花草树木，不但损害了植物的生长，还体现出你的个人修养和道德素质低下。如果你不是年幼无知的儿童而身为成年人，随意攀折花草树木说明你品行低劣，有故意损坏公物之嫌。

**温馨提示：**

□ 要爱护园内绿化，并教育儿童不得随意攀折花草树木。

□ 公园内的花草、树木如有严格限定"禁止入内"的区域，则不应强行进入。

□ 不要故意在草地、林间嬉戏、打闹或丢垃圾等杂物。

## 不可随意采摘公园果树上的果子

公园果树上的果子不能随便采摘。

随意采摘公园树上的果子，首先，是不劳而获的行为，是不道德的；其次，容易损伤树木，给公园的植物维护增添困难；再次，这样的举动显得爱占便宜、贪婪成性。此外，随意采摘公园果树上的果子还是破坏独特景观的行为，如果大家都这样做，硕果累累的美景就不存在了。

公共场所的财产不是属于个人的，采摘公园果树上的果子不符合公共场所文明礼仪的要求。

**温馨提示：**

□ 公园树上的果子不属于私人，不应随意采摘。

□ 公园树上的果子即使掉落，游人也不应捡拾据为己有。

□ 不要用石块等杂物投掷公园里树上的果子。

## 行路要懂得礼让

行路时横冲直撞、旁若无人是不合礼仪的。

马路上人来人往、比肩接踵，如果行人之间不互相礼让，就会发生顶撞、踩踏的现象，若遇到人群拥挤的场合，还有可能造成对他人的伤害。行路时不懂得礼让，如果不慎将别人携带的贵重物品撞落或损坏，则会引起不必要的麻烦，甚至引发口角。行路不懂得礼让，有时还会让人误以为是故意为之，有挑衅、滋事的嫌疑，如果不及时道歉或说明，更容易引发事端。

因此，出行时在遵守交通规则的前提下，还应懂得相互礼让，这样于人于己都方便。

**温馨提示：**

□ 在人群拥挤的地方要有秩序地通过，如不小心撞到别人或踩了别人的脚，应主动道歉。

□ 如果是别人踩了自己的脚或碰掉了自己的东西，应表现了良好的修养和自制力，切不可口出恶言、厉声责备。

□ 如果在路上遇到熟人或朋友，想与对方多交谈一会儿，应靠边站立，而不应站在路中间或拥挤的地方，以免妨碍别人走路。

# 避免逆行

行人逆向行走、车辆人逆向行驶都是有悖于交通规则的，不符合出行礼仪。

首先，行人逆向行走会给其他行人行路带来不便。大家都顺着一个方向走，你却偏偏逆着方向前行，不但会使本人行进受阻，还会招来众人反感的目光。逆向行走并不说明你具有"个性"。其次，如果在游览、观赏时逆向行走，其他人不得不让开道路，这样会造成交通阻塞、秩序混乱，影响游人情绪。车辆逆向行驶更是有违交通规则的做法。逆向行驶极容易造成交通事故，即使在特殊情况下，逆向行驶也是不合理的。

**温馨提示：**

□ 无论行人还是车辆，都应遵循"右侧通行"的交通规则。

□ 单车道路段，车辆应以右侧通行为准；如果分上、下道的路段，应严格按规定车道行驶。

□ 横穿马路，为缩短行走路程而跨越道路护栏等做法也是不可取的。

# 第三十章

# 涉外社交礼仪

# 不可随意拍摄、录音

出国访问时，未经允许不能随便拍摄、录音。

在国外的博物馆、科学实验室、工厂、公司等任何地方随便拍照、录像、录音，都可能涉及知识产权问题，对方可能会认为你在窃取宝贵信息。未经允许随便拍摄国外的居民，无论是工作人员还是女性、孩子，都有可能触犯当地的宗教习俗和民间的道德规范，从而引起误解和矛盾。

**温馨提示：**

□ 在有禁止拍摄标志的地方不要随意拍摄、录音。

□ 拍摄前应礼貌地咨询工作人员或拍摄对象。

□ 拍摄而遭遇制止时应立刻停止行动。

# 出境接受服务要付小费

在国内，接受服务付小费似乎很鲜见。但在国外小费通行的地区，接受服务而不付小费，多半是说不过去的。

接受服务而不付小费，一方面会被认为是你不满意对方的服务或者吝啬不肯付出，这样服务人员可能会降低服务水准；另一方面，不付小费会给人留下狡猾、挑衅的印象，有损我们的国格和人格。

**温馨提示：**

□ 出境接受服务时，应按照当地习俗酌情给服务人员小费。

□ 如果不熟悉所到国家和地区的消费习惯，应事先询问。

□ 付小费时，应尽量付所在国家的币种。

# 不可带病会见外商

带病工作、带病学习、带病会见客人，国人的意识中，带病做事是大公无私、勤恳敬业的表现，但如果你把这种观念带到外商面前就出糗了。

感冒发热时按原计划出席谈判，外宾会如临大敌，认为你无视他们的健康；手臂或腿上、脸上带着明显的外伤会见客商，显然难以给对方留下一个很好的印象。带病见客，在外国人看来，这是将疾病带给他人的表现，是不尊重他人的表现，是自私、恶劣的做法。

**温馨提示：**

□ 感冒时应与外商另约时间并说明原因。

□ 有传染性疾病时，应及时取消约会。

□ 会见非常重要时，应及时与外商协商修改日期，或征得外商同意后指定专人代替自己前往会见。

## ◇与外宾合作时要提供外语资料◇

与外宾合作而不提供外语资料，是很不得体的做法。是否提供对方国家语种的外语资料，体现了一个人对待外国人是否有基本的尊重和合作精神。

### 行拥抱礼时要注意分寸

有些人认为外国人都很开放，普遍实行拥抱礼。其实这种认识是非常片面的。

不管外宾所在国家是否实行拥抱礼就主动拥抱，对方会觉得你太过热情，显得虚伪；行拥抱礼时对异性外宾用力过度、长时间拥抱，对方会认为你是在对其进行性骚扰；行拥抱礼时极力闪躲对方的拥抱，会让人觉得你讨厌对方、看不起对方、不信任对方。

**温馨提示：**

□ 行拥抱礼时应按照外宾所在国家的习俗进行。

□ 异性行拥抱礼时应避免显得暧昧。

□ 行拥抱礼时应注意对象。

## 与外宾对话不可过于客套

寒暄是中国人的一大礼仪。人们在寒暄中表达问候，维系友好关系，展开交际，寒暄时所说的话俗称"客套话"。然而与外宾对话时也客套，十有八九会引起误解。

见到外宾客套地说"去我们家坐坐吧"，对方会真的把它当作一个建议来认真考虑；针对外宾的夸奖，客套地说"哪里哪里"，对方会把这当作一个真正的问题来回答；送给外宾礼物时告诉对方"不成敬意"，对方会觉得你随便拿了个东西打发他。与外宾对话时过于客套，对方难免将好意误解为恶意，将客气误解为诚恳。

**温馨提示：**

□ 与外宾对话时不要有过多的寒暄。

□ 与外宾对话时应尽量有话直说。

## 面对外宾恭敬有度

待客应该热情而尊敬，但恭敬过度却会招来别人的不尊敬，这是有违礼仪常识的做法。

见了外宾就像见了威严的长辈，唯唯诺诺，低着头，动不动就鞠躬；本该是商量事情，却做出一副唯命是从的样子；按照普通规格接待对方即可，却硬要超出相应规格两三倍来接待。面对外宾恭敬过头，一方面会让对方感到不适应、不自然；一方面会让对方觉得中国人个性懦弱，从而不利于中国人的形象。

**温馨提示：**

□ 面对外宾应避免低声下气。

□ 与外宾相处时应避免处处谦虚、贬低自我。

□ 面对外宾应避免过度的点头哈腰的动作和姿态。

## 行接吻礼时避免引起误会

接吻礼在涉外交往中是很容易见到的礼节，但如果没有经验而又不加注意的话，就容易引起不愉快。

对行使接吻礼的外国友人的轻吻大惊小怪或极力闪躲，对方会以为你厌恶、不信任对方；行接吻礼时动作夸张，特别是对待异性的亲吻表现出极大热情，会让别人视作骚扰和侮辱；对于不提倡接吻礼国家的外宾想当然地行此礼，或者被视为冒犯，或者被视为无知，成为笑话。

温馨提示：

□ 接吻礼适用于上级对下级，长辈对晚辈，朋友、伴侣之间，行礼时在受礼者额头或脸上轻吻一下即可。

□ 平辈之间的接吻礼通常是相互贴脸或轻吻脸颊，晚辈对长辈通常是亲下巴。

□ 对于有接吻礼习惯的外宾，不要对他们的礼貌举止表示惊讶或斥责。

## 慎用中式习惯称呼外国人

许多人会习惯性地以中国式习惯称呼外国人，这样做是欠考虑的。

见到外国人可爱的小孩，就热情地称之为"小鬼""小家伙"，孩子的家长会觉得受到了侵犯；随意用中国习惯称呼年长的外国人为"老先生""老太太""老头""大妈"，对方会因为你口中的"老"字而格外反感；用中国习惯称呼中年女性为"大姐"，对方会觉得莫名其妙；如果贸然称对方为"夫人"，而实际上对方未婚，对方同样会感到不快。

温馨提示：

□ 不要随便用中式昵称称呼不熟悉的外国人。

□ 不要刻意用"老"和"大""小"来区分不同年龄段的外国人。

□ 不要随便在对外国人的称呼前面加上"那个男的""那个高个女人"等修饰语以示提醒和区分。

## 不可随便抚摸外国小孩的头

中国人看到陌生人的可爱孩子，会情不自禁地上前抚摸孩子的头以示喜爱，孩子的父母通常在此时也会露出开心的表情予以配合。但这种做法不适用于外国人。

有些国家认为小孩是不可侵犯的，抚摸头意味着侮辱；有的国家将抚摸孩子的头视为诅咒，最轻的也会视为冒犯。

遇到外宾时，就算他们的孩子可爱之极，也不要不假思索地上前就摸脑袋。

温馨提示：

□ 不要随便抚摸外国小孩的头。

□ 不要随便拥抱和亲吻外国小孩。

□ 不要随便盯着外国小孩看，无论你是喜欢他还是讨厌他。

## ◇接待外宾时不可滥用人情◇

接待外宾时滥用人情是不合礼仪的。也许你会觉得在外宾面前展示了自己的神通广大，并最大限度地为外宾提供了方便。但结果可能并不是这样。

外宾会为法律和规则在你面前变得"无能为力"而感到吃惊和厌恶。

对方会为你给他带来的特权感到惭愧，对你的人品和能力产生怀疑，同时也会对我们国家的法律产生怀疑。

因此，无论是公务交往还是私人交往，接待外宾时都应依法办事，尤其不能滥用职权。当然，在涉外交往中如果外宾触犯法律，也不应睁一只眼闭一只眼。

## 接待外宾时要平等对待

在公务或私人的涉外交往中，对待外宾时的态度不平等是错误的。

同时接待A国和B国客人时，对待B国客人态度相对冷淡，对方会认为你对B国有仇恨或鄙视情绪；同时接待白人外宾和黑人外宾时，对待黑人外宾敷衍塞责，而对白人外宾关怀备至，对方会认为你对黑人怀有蔑视心理；同时接待几个国籍相同的外宾，对长相漂亮、衣着光鲜的外宾殷勤热情，而对相貌一般、衣着普通的外宾淡漠待之，对方会认为你浅薄、庸俗。更重要的是，外宾的所有误解都不再会是针对你一个人，而是针对我们整个国家。

**温馨提示：**

□ 接待外宾时应一视同仁，都应礼貌相待。

□ 在民间交往中接待外宾时，不应凭个人好恶区别对待。

# 不可将红酒一饮而尽

将红酒一饮而尽是不合礼的。

喝红酒时一饮而尽，别人会觉得你太性急，不懂得欣赏和品味，不懂得尊重主人。你这样做也可能会被认为是精神紧张、情绪不稳的表现，这显然不利于你的形象。如果你喝的红酒是名牌或珍贵藏品，一饮而尽会让主人为你的"暴殄天物"而深感痛惜；如果你是女性，别人会为你的缺乏修养而深感遗憾。

红酒向来是宴会上的"贵宾"，是高贵的象征，饮用时万万不可轻慢失态，否则就贻笑大方了。

**温馨提示：**

□ 红酒的最佳饮用温度是18℃～21℃，不宜冰镇。如果同时有几种红酒，应先喝新酒、淡酒，后喝陈酒。

□ 喝红酒前应先拭净嘴角，并深嗅酒的味道。

□ 红酒需要一小口一小口地喝。饮酒时应用手指夹杯腿或握杯，缓缓入口并令其在舌尖稍作停留。

# 参加西式宴会不可要求添饭

参加西式宴会尤其是家庭宴会时，不能向主人要求添饭。

参加西式宴会时要求添饭，意味着你没有吃饱、没有吃好，这是在向主人暗示他对你招待不周。这样会使主人难堪，也会使其他客人对你产生吹毛求疵、得了便宜还卖乖的印象。要求添饭，也会让人觉得你在批评主人吝啬、招待客人的经验不足。

**温馨提示：**

□ 参加西式宴会特别是家宴时，应避免要求添饭。

□ 参加西式宴会时，应向邀请者或家宴主人表示感谢。

□ 参加西式宴会时，应对饮食表示赞美。

# ◇传杯饮酒时要拭杯口◇

使用同一个杯子饮酒,是彼此间表达信任和友爱的行为。但即使如此,也不能不尊重别人、不体谅别人的感受,在传杯饮酒时应该拭杯口,显示自己的礼貌。

传杯饮酒时,应将杯口轻轻拭净,即使是给亲近的人也要如此。

女性在饮酒时应该注意,尽量避免将自己的口红留在杯沿上。

如果不擦拭杯口,就等于间接让别人吃自己的唾液或口红,这肯定是没有人愿意的。所以,在传酒杯的时候应该先擦拭杯口。

# 第三十一章
# 世界各地的礼仪

## 不要在加拿大人面前说他们国家与美国很相似

加拿大和美国在日常生活方面非常相似，它们也靠马路右边行车，它向美国出口大量的商品，最为重要的是除了魁北克省（母语是法语）外加拿大和美国使用的是相同的语言——英语。

尽管有这些相似性，加拿大和美国毕竟还是两个不同的国家，加拿大人不希望听到说他们和美国是如何相似的话了。由于和美国领土相邻，它们有部分相同的文化，但是加拿大人为自己的文化而骄傲。

温馨提示：

□ 加拿大人不喜欢别人拿自己的国家与别国相比较，所以与加拿大人交谈时，要注意这点。

## 注意英美词汇意义的差异

你或许知道英格兰、苏格兰、威尔士都讲英语，但是当你到达那里后，可能会发现有些话语和你想象的意思完全相反。下面是一些美国人常用的词汇，但是在英国具有不同的意思。

在美国，"fag"一词是对男同性恋贬义的称呼；而在英国是指香烟。

在英国，"bum"一词是指屁股，而在美国则指无业游民。

在美国你把东西存储在bin（箱柜）里面，而在英国，bin是垃圾桶的意思。

温馨提示：

□ 苏格兰（Scotch）是一种酒的品牌，并不是指苏格兰人。它是一个苏格兰人（Scot），遵从苏格兰人（scottish）的风俗习惯。错误地使用单词"Scot"，最终可能会得到一个格拉斯哥式的吻（重重地敲击头部）。

## 在英国要学会喝下午茶

在美国下午4点左右，大部分人已经准备下班回家吃饭了。但在大不列颠则还是下午茶时间。所谓下午茶就是安排在午饭和晚饭之间，主要给人们补充热量，调节精神。晚餐一般在下午茶后几个小时进行。

不要期待在大不列颠茶馆看到美国茶包或任何花茶。在大不列颠，茶的口味一般比较浓重。按照当地习俗，茶一般和烤饼、小三明治一起食用。在英国喝茶时，你当然可以在茶里添加任何东西，包括柠檬和糖。然而，如果你想向别人表明你了解大不列颠人喝茶的习惯，那么只能在里面加牛奶。

# ◇在英国进行商务会谈要注意的事情◇

在英格兰，大部分的商务会议都是在早上进行的。因此你必须按照这个规律安排会议。

如果你在会议当天飞往英格兰，并且到达的时间是早上，那么在飞机上好好休息，以便早上开会时能够保证思路清晰。

英国商人一般不喜欢在家中饮宴，聚会大都在酒店、饭店进行。在正式的宴会上，一般禁止吸烟。

**温馨提示：**

□ 入乡随俗，不同的国家有不同的习俗，要想在最短的时间内融入一个国家的文化，就必须了解它的习俗。

## 适应欧洲人的饮食习惯

美国和欧洲最大的不同是饮食习惯。欧洲国家早餐和午餐的时间和美国差别并不大，但是晚餐时间则相去甚远。

欧洲人不会在晚上8点之前吃饭，晚饭可能会持续到晚上10点。正因为如此，英国有下午茶时间，当然你可能会发现其他欧洲国家也有下午茶。如果你下午没有吃点东西，在晚餐时间到来之前你可能已经饿得饥肠辘辘了。

另外一个不同的地方是饮料的温度。美国人比较习惯冰饮料而欧洲人并不习惯。不要期待在苏打水或者啤酒里面能够加上冰块。几乎所有的欧洲酒吧提供的饮料温度都在室温左右。

记住欧洲是一个大陆，并不是某个国家。如果你知道某人来自一个具体的国家，不要简单地用欧洲人称呼他。你应该礼貌地按照具体的国家来称呼他，比如法国人或者瑞士人。

**温馨提示：**

□ 算上下午茶，欧洲人实际上平均每天要进食4餐，并且晚餐与上床睡觉之间的时间很短，这样的生活习惯更容易导致发胖。所以，如果你要去欧洲生活一段时间，千万要注意节制饮食。

## 在德国称呼人要用正式称谓

虽然德国人对于外来的旅游者非常慷慨热情，但是还是会比较倾向于接受较正式的称谓。通常你不应该以名字称呼德国人，请在姓氏前加上herr（女士）和Frau（先生）等称谓。

**温馨提示：**

□ 德国人对工作一丝不苟，在社交场合也举止庄重，讲究风度，与德国人相处时，几乎见不到他们皱眉头等漫不经心的动作。大多数德国人都忌讳13和星期五。他们还忌讳在公共场所窃窃私语，不喜欢他人过问自己的私事。

# 在东欧要注意礼仪区别

在20世纪90年代，柏林墙被推倒后，东欧和苏联发生了翻天覆地的变化，苏联解体。尽管国家的名字和体制发生了很大的变化，但是一些旧的习惯和生活方式却保留了下来。比如，在波兰和匈牙利，当人们给你一个拥抱，并且在两边脸颊上亲吻表示欢迎时，不要感到迷惑。接受主人的欢迎，听从他的引导。入乡随俗总不会错。

喝酒和干杯敬酒是东欧国家社交活动中很重要的一部分。同样，听从主人的安排。在主人敬酒之后，你才能品酒，千万不要在主人敬酒之前喝酒。

一些国家的语言总是很难听懂，要学会更是困难，但是如果你尝试使用当地的语言交流，即使只是说"谢谢、你好"，居民也会对此感到非常地开心。亲切和礼貌总是能够使事情变得非常美好。努力去讲一种外语，即使讲得并不是很好，也反应了你对当地文化和习俗的兴趣。

**温馨提示：**

□ 记住，俄罗斯人可能会举起任何酒干杯，但在波兰，你只能用伏特加酒干杯，而在匈牙利敬酒时不能碰杯。

# 在日本就餐要遵守其饮食习惯

当你去某个日本人家里或者日本餐馆吃饭时，需要做的第一件事是脱鞋子。日本人很少将外面穿的鞋子穿到房间里面，因为这样能够很好地保持房间地面的清洁，通常主人会在你进门后递给你一双拖鞋。

和它的邻居中国一样，日本人也是共同分享食物的，但并不是在食物上来时，每个人都去夹，而是将食物分发给其他人。你应该用筷子"干净"的一端取食物。"干净"端是指不用来吃的一端，一般是指筷子比较粗的一端。

吃饭时，你需要用筷子夹起大块的肉、鱼肉或者寿司。尽量每次只咬一小口，如果食物实在太小，那么可以将整块食物都放进嘴巴里。吃面条的时候，你应该将面条咬成小段而不是将所有的面条都一次性塞进嘴巴里。另外，吃中国菜时，如果你想喝汤，必须把汤盛在汤碗里再喝。如果汤里有较大的食物，你可以和汤一起喝下去，或者用筷子捞起这些食物然再食用。

**温馨提示：**

□ 在日本，主人会给你一块温暖的湿巾用于饭前清洁。湿巾仅仅用来擦手。清洁完毕，将它放到旁边。
□ 在两道菜上菜间隙，你需要放下筷子，将它们放在筷子架上（有凹痕的小台子），或者平行地放在座位前面的桌子边缘。

# ◇在日本问候他人要鞠躬◇

当你遇到某人或者向某人问好时，可能会本能地和对方握手。在日本，人们从来不握手。问候别人的方式是鞠躬。

鞠躬并没有规定的模式，有一些人只是低一下头、有些人则是弯腰、有些人鞠躬的时候会将手放在旁边、有一些人可能将手合在一起呈祈祷状。

原来他是这样鞠躬的！

如果你无法确定对方以何种方式鞠躬，让对方先鞠躬。如果觉得等待对方鞠躬显得很笨拙，简单地点一下头来表示问候也可以。

在日本，后辈要主动向长辈或前辈鞠躬问候，这是基本礼貌。在商务活动中，首先问候的人甚至被认为是把握谈话主动权的一方。因此，去日本时应该入乡随俗，主动鞠躬问候他人。

## 正确理解 "hay" 的含义

如果在日本进行商业活动，你不仅要鞠躬，而且要给对方递名片来表示自己很高兴认识他。

商务会议开始后，不要打断他人的发言。在日本，人们会等到对方发言完毕了才开始发表自己的见解。

如果你听到日本人说 "hay"（在日语里面是 "是的" 的意思），并不表示他同意你的观点。相反，他们的意思是：我已经知道你所说的意思了，我会考虑的。

温馨提示：

☐ 日本商人比较重视建立长期的合作伙伴关系。他们在商务谈判中十分注意维护对方的面子，同时希望对方也这样做。

## 去中美和南美旅游要学习西班牙语和葡萄牙语

中美洲国家基本都讲西班牙语。有一些比较发达的国家，比如哥斯达黎加和巴拿马，是讲英语的。在你计划去这些地方旅行之前，最好能够参加西班牙语速成班。这么一来，和当地人交流的时候会显得更加礼貌。南美大部分国家的官方语言也是西班牙语，而巴西则是葡萄牙语。

温馨提示：

☐ 南美洲大部分国家早期都是西班牙和葡萄牙的殖民地，因此，去南美洲旅游或经商，必须学习西班牙语或葡萄牙语。

## 在中美和南美旅游要有耐心

在中南美国家，生活节奏比较慢，餐馆提供饭菜和服务所耗费的时间要比美国长得多。在这个地区，社交活动或者聚会迟到并不被认为是粗鲁的行为，而是意料之中的事情。如果事情并没有按照你的时间观念进行，不要失去耐心，这样你才能够在中南美国家有一次愉快的旅行。

温馨提示：

☐ 南美洲与美国、欧洲及东南亚等国家相比，最大的特点就是生活节奏缓慢，他们似乎从不急于去做什么，所以去南美洲旅游得有足够的耐心。

# 不可在景点随便拍照

在中南美旅行还需要注意，在给某人或者某些事物拍照片前，先考虑一下是否可以这么做，特别是政府官员和官方建筑。大部分的中南美国家禁止人们给政府大厦、建筑、桥梁拍照片，如果你无视这些规定，不仅相机会被没收，而且还可能入狱。

**温馨提示：**

□ 许多国家在某些禁区或禁止拍照的地方，一般都有明显的标志。但边境口岸、机场、博物馆、新产品展览处、古文物、私人宅院等地，即使没有设立不准备拍照的标志，也禁止拍照。